札幌学院大学選書

子どもの熟慮性の発達

そのメカニズムと学校文化の影響

臼井　博［著］

北海道大学出版会

目　次

第1章　認知スタイルの研究の社会的意義
　　──子どもの個性理解への新たなアプローチ………………………… 1

- 第1節　子どもの個性理解への新たなアプローチ　3
- 第2節　熟慮性・衝動性研究の意義　12
- 第3節　本書の課題　26

第2章　幼児期から学童期の熟慮性の発達 ……………………………… 29

- 第1節　はじめに　31
- 第2節　児童の熟慮性・衝動性の安定性と変化および
　　　　　学業成績との関連(研究1)　33
- 第3節　幼児期から小学校低学年の熟慮性の発達(研究2)　49
- 第4節　熟慮性と認知的コンピテンスとの関連性：
　　　　　縦断的および因果的分析(研究3)　61

第3章　熟慮性・衝動性の発現メカニズムと
　　　　自己制御・適応的柔軟性 ……………………………………… 87

- 第1節　はじめに　89
- 第2節　MFFテスト(Matching Familiar Figures Test)の
　　　　　提示時間の遂行に対する影響(研究4)　90
- 第3節　熟慮型と衝動型のMFFテストにおける遂行の評価と
　　　　　メタ認知(研究5)　103
- 第4節　反応時間の制御による熟慮性・衝動性の柔軟性(研究6)　119

第4章　動機づけと文化の影響
——学校文化の中の熟慮性・衝動性 …………………………… 143

- 第1節　はじめに　145
- 第2節　熟慮型と衝動型の課題遂行における隠れた目標志向性（研究7）　147
- 第3節　仮想的な熟慮型と衝動型のモデルの知的課題の取り組みの評価と帰属（研究8）　166
- 第4節　連続的な成功・失敗経験の課題遂行に及ぼす影響（研究9）　186
- 第5節　小学生の熟慮型モデルと衝動型モデルの行動評価（研究10）　202
- 第6節　熟慮型モデルと衝動型モデルの行動評価：大学生と小学生の比較（研究11）　218

第5章　結論と今後の課題 …………………………… 231

- 第1節　本書の概要　233
- 第2節　本書の結論と意義　239
- 第3節　今後の課題と展望　245
- 第4節　熟慮性・衝動性研究の最近の動向　251

引用文献　255

(資料1) MFFテストの標準的な教示　265
(資料2) 研究3で使用した小学校教師の行動評定尺度　267
(資料3) 研究3で使用した幼稚園教師の行動評定尺度　270
(資料4) 研究11で使用した質問紙　273

あとがき　285
事項索引　291
人名索引　293

第1章　認知スタイルの研究の社会的意義
　　　──子どもの個性理解への新たなアプローチ

第1節　子どもの個性理解への新たなアプローチ

1.1　認知スタイルという個性をとらえる

　本書は，認知スタイル（cognitive style）の一つ熟慮性・衝動性が主題である。まず，認知スタイルとはどのようなものだろうか。認知スタイルは，認知型あるいは認知様式ともいわれることがあるが，一言でいえば，情報処理様式の個人差である。私たちは日常生活の中で実にさまざまな情報にさらされている。そのような同じ環境に生きていても，それらの情報のどのような側面に注意を向けやすいのか，どのような情報のタイプに親近感を持ちやすいか，などについては人によってずいぶん違っている。たとえば，美術館に行くと，抽象絵画に関心を持つ人がいる一方で，細密画や写実的な作品を好む人がいる。何かを説明する時に，すぐに図式化して説明するのが得意な人がいる。このタイプの人は必ずしもその内容を言葉で明瞭に説明することがうまいとは限らない。その逆に，言葉による説明は細かく，正確なのだが，無味乾燥で全体のイメージがつかみにくい人もいる。これとは対照的にとても興味をそそる説明をするが，話の論理的整合性となるとはっきりしないタイプもいる。また，同じ場所を旅行した時の思い出話をする時に，ある場所や建物の内部の構造について事細かに記憶している人がいる。これに対して，一つ一つについては漠然とした記憶だが，そこではいかに楽しかったかなどの情動的な強い印象を語る人がいる。このように，直観的，感覚的に物事を把握するのが得意な人がいるとともに，一つ一つの細かな部分まできちんと説明しなければすまないような人もいる。私たちが認知スタイルというのは，まさしくこのような個人差のことである。

　だが，伝統的な心理学においては，このような個人差を研究の対象とすることはほとんどなかった。たとえば，思考や学習などの認知過程に関心を持つ研究者たちの関心は，一般的な法則や原理の発見に向けられ，個人差はむしろ外れ値のような誤差要因として片づけられることもあった。せいぜい知

能などの能力差によると考えられてきた。

　認知スタイルという心理学の用語が出てきたのは1950年代であるが，人の思考や外界の認知のしかたの個人差に対する関心は古代ギリシャにまでさかのぼることができるらしい(Ferrari & Sternberg, 1998)。したがって，認知の働きの様式の個人差の問題は，人間にとっては永遠のテーマといっても過言ではなかろう。このように認知スタイルへの関心は古いのだが，その研究の歴史は意外に新しい。1940年代に始まるニュールック心理学(New-Look psychology)は，貨幣の大きさの認知にはそれに対する欲求の強さが影響するなどの，知覚にパーソナリティや社会的な要因が重要な影響を及ぼすことを明らかにした。この動きの延長として，空間知覚には一貫した個人差があること，しかもこの個人差は従来パーソナリティ領域で扱ってきたことと関連が強いという発見があった(Witkin et al., 1954)。この研究の心理学への貢献といえば，パーソナリティ研究の新たな切り口を開いたことである。これまでのパーソナリティ研究では，パーソナリティとは場面や状況の違いを超えて一貫性を持つその人らしい特徴という定義のために，やや固定的で変化しない行動特徴を集めてそれらを抽象化したり，プロフィールに表すことが多かった。これに対して，傾いた四角の枠の中の1本の棒を垂直に調整したり，図1-1のように視覚的に埋め込まれた図形の中から1つの図形を取り出す行動の個人差に焦点を当て，そこからパーソナリティにアプローチしたのである。後に場の依存性・独立性(FDI：Field-Dependence/In-

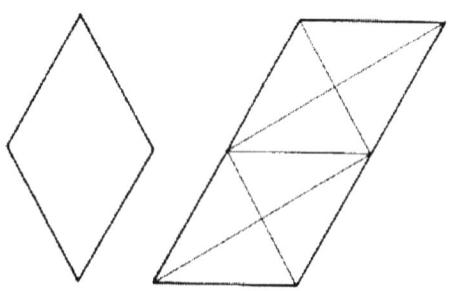

図1-1　EFT(Embedded Figure Test)の項目例

dependence）と呼ばれる認知スタイルは，空間的な知能と関係するばかりでなく，社会的な行動やパーソナリティとも明白な関連性があることが確認されるようになった。

　1960年代になり認知スタイルの概念が確立し，理論的な立場を異にする人たちがそれぞれ独自の認知スタイルを作った。たとえば，ゲシュタルト心理学の影響を受けたWitkinたちの場の依存性・独立性や，精神分析の自我心理学の人たちの認知的統制（cognitive control），熟慮性・衝動性など広い範囲にわたり，10～20種類にまで及ぶ（Kogan, 1983; Messick, 1976）。
　それでは，次に認知スタイルの性質について，もう少し詳しく見ていこう。

1.2　認知スタイルの定義

　認知スタイル（認知様式，認知型）（cognitive style）とはどのように定義されているのだろうか。いくつかの代表的な定義を見てみよう。

①知覚・記憶・思考の様式の個人差，あるいはまた，情報の理解・蓄え・変換・利用に関する個人特有のしかたのことである。
　知覚，想起，思考，判断の様式の個人差であり，これらの個人差はそのままパーソナリティの一部分とはいえないが，少なくともパーソナリティのさまざまな非認知的な次元と密接な関連性がある（Kogan, 1976）。

②人は見たり，記憶したり，考えたりするすべての行動を構造化する好みのやり方を持っている。このように情報や経験を組織化し，処理する上での首尾一貫した個人差は認知スタイルと呼ばれてきた。これらのスタイルは，認知の内容や認知的な遂行の中で現れた能力のレベルではなくて，一貫性を持つ認知の様式や形式における個人差である。それは個人の中で安定した態度，好み，習慣的な方略で，その人らしい知覚，記憶，思考や問題解決を規定するものである。社会や対人関係の機能も含む広い範囲の認知のしかたが人の行動全般に影響を与えるのである（Messick, 1976）。

③認知スタイルは刺激と反応の媒介過程を説明するための構成概念である。認知スタイルという言葉は，人が環境を概念的に体制化するとき用いる特色のある方法である（Goldstein & Blackman, 1978/1982）。

④認知様式または認知スタイルとも呼ばれ，広い意味での情報の体制化と処理に関して個人が一貫して示す様式をさす。これには，知覚，記憶，思考などの知的過程だけでなく，動機づけや態度といった人格過程の個人差も関与しているのがふつうである。認知型は，刺激と反応とをつなぐ個体内部の認知的な媒介過程を説明するために構成された，個人差に関する説明的な概念である。この媒介過程によって，環境は個人にとって心理学的な意味を持つように組織化され，処理されることになり，行動にもある程度の一貫性が生じるのだと考えられる（小嶋，1981）。

このようにいろいろな定義があるが，これらに共通していることは，何らかの認知的な課題に直面した時に，その課題のどのような側面に注意を向け，どのような課題解決方略に頼りやすいか，などの課題解決のすべてのプロセスに影響を与え，そして個人の取り組み方を特徴づける総体が認知スタイルであると考えられていることである。このような考え方は，次のような最近の定義にも受け継がれている。

　　　認知スタイルはそれ自体は能力ではなくて，人が有する能力を適用する好みのやり方である。一般的には，認知スタイルは人が情報を受容し，処理し，適用する様式をさす（Ruban & Olenchak, 2006）。

したがって，認知スタイルは知能や学力のような遂行結果ではなくて，こうした最終産物を生成する過程における取り組み方のスタイルである。それゆえに，研究上の関心は認知活動の結果（遂行）ではなくて，そのプロセスであり，情報処理の様式（スタイル）である。この点に関して，FerrariとSternberg（1998）は2つの個人差の視点を提示している。一つは，知的能力

レベルの個人差，もう一つはその能力をどう使うかという方法ないしは様式の個人差である。認知スタイルとはこの後者の個人差である。もちろん，スタイルは遂行結果とは全く無関係という訳ではない。今日に至るまで，認知スタイルに関する膨大な研究が行われてきた原因は，この概念と知能や学業成績などの教育実践にかかわる子どもの個人差との関連性が示されてきたことが大きいのである。

　また，認知スタイルの研究は認知課題の遂行結果よりもそのプロセスに主要な関心を持つことを述べたが，それはこの個人差が課題解決のすべてのプロセスにわたって影響しているからである。最初に問題が提示される時に，その問題のどの側面に注意を向けやすいだろうか，あるいはどのようにとらえやすいだろうか。たとえば，算数の文章問題を見て，言葉を一つずつ細かくチェックして，前の言葉と後の言葉とのつながりを追っていくように論理的に一つずつ理解を確認していくようなやり方をする子どもがいる一方で，文章全体の印象からイメージを浮かべて，問題の構造を図式化することが得意な子どももいるだろう。あるいは，さらに，答えを出す段階になって思いついたことをすぐに出して，途中で間違いに気づいたらその都度試行錯誤的に修正するようなタイプの子どもがいる。その一方で，自分の中で何度も考え直してみたり，まわりの人の答えと比べたりしてから出すような子どももいる。

　加えて，最近では社会・文化的な文脈で特定の認知スタイルの適合性の違いを論じる動きも出てきている(Ferrari & Sternberg, 1998; Ramirez, 2008)。マクロな視点から見ると，北米のパイオニア精神の伝統は，Sternbergの思考のスタイルでいえば立法的で自由主義的なスタイルを発達させやすいだろう。それとは対照的に，日本文化のような伝統志向性が強い文化では，むしろ行政的保守主義的なスタイルを発達させやすいかもしれない(Sternberg, 1997)。いずれにしても，どのような社会や文化においても，子どもの課題解決の方法やその好みには大きな個人差が存在するが，それらの個人差は社会化のプロセスにおいて促進的な働きかけを受けることもあるが，その逆に抑制的な働きかけを受けることもある。その結果として，ある文化・社会で

は特定の認知スタイルは周囲から支持的な反応を受け，パーソナリティの発達にとって有利に作用するかもしれない。

このように認知スタイルは，パーソナリティ特性(trait)のように状況の違いを超えて一貫して示す行動の特徴ではないが，これらの個人に特徴的な行動のしかたや認知のしかたには，ある程度類似した課題状況においてはかなりの一貫性もあることがわかっている。そして，認知スタイルが知的課題の遂行結果をそのまま左右するほどの作用はないかもしれないが，問題解決のプロセス全体を通じて大きな影響を及ぼす。その意味で認知スタイルの概念は，子どもの遂行結果(performance)と潜在的な能力(competence)との間のギャップを説明する重要な媒介変数でありうるし，またパーソナリティ，動機づけ，認知のプロセスをつなぐ概念である。

1.3 認知スタイルと認知能力の違い

認知スタイルはその定義に即して考えると，能力とは独立した概念であるが，その一方では両者の間の関連性や相互の影響性についてもしばしば言及されてきた。そこで，次には2つの概念のそれぞれの特徴と相互の違いについて述べることにする。

簡単にいうと，能力は「優れた―劣った」というような望ましさ(価値)も同時に含むような一次元的なスケールで表すことが多い。これに対して，認知スタイルはその人らしさを特徴づけるやり方であるので，望ましさを直接含まない概念である。Messick(1976)は両者の違いを次の5つの観点から整理しているので，彼の考えを紹介する。

(1) 認知の内容　対　認知過程

能力はwhatに対する解答であり，認知の内容に関することであるのに対して，スタイルはhowに対するものであり，どのようなやり方で問題にアプローチするのかであり，行動の表出のしかたに強く関連する。

(2) 単極性　対　双極性

能力は少ないから多いというように1つの極で表し，当該の検査得点が高いほどその能力レベルが高いと判断されるものである。これに対して，スタ

イルは解答の速さと解答の正確さのように2つの極で表すことが多いので，単一次元の得点の多少で規定することができない。
(3) 価値の絶対性　対　価値の相対性・状況依存性

　能力は知能にしても，学力にしても高いレベルの方が好ましいという明確な価値の方向性がある。これに対して，スタイルの場合には場の依存性・独立性の場合のように，このいずれが適応的な価値が高いかどうかは状況に依存することが多い。たとえば，場に独立的な人は依存的な人よりも分析的であるが，その一方で場に依存的な人は他者の心理的な状態に対してより敏感でありうる。

(4) 特殊性　対　一般性

　能力はその概念の適用範囲がスタイルに比べると狭い。言語能力，空間能力というように，ある限定された領域の基底的な次元の個人差をさすものである。だが，スタイルの場合はむしろ領域横断的である。いろいろな能力に関する検査に共通する取り組み方であるので，因子分析にたとえると能力は一次因子的な性質なのに対して，スタイルは高次の因子といえる。

(5) 心理検査　対　実験室・臨床

　これは能力と認知スタイル測定方法の開発の歴史に関する対比である。能力検査の代表といえる知能検査を例にとると，児童・生徒や大人など広範囲の人々に実施可能な方法を目指して開発され，鉛筆と紙により集団で実施できるようになっているものが多い。これに対して，スタイルの場合には知覚とパーソナリティに関心のある研究者により始められたもので，Witkinの場の依存性・独立性のように実験室をベースにして開発されたものや，またMenningerグループの人たちの認知的統制(cognitive control)の研究のように臨床的なベースを持っている。そして，こうした認知スタイルの伝統から個別検査の方式に依存しやすい。

　ついでながら，認知方略とスタイルの概念についても簡単に整理してみよう。まず，意識的に使うかどうかの違いである。スタイルは個人の習慣的なやり方あるいは好みであるので，日常的に特に意識しないで行うやり方である。これに対して方略の場合は，いくつかの選択肢の中から選ぶというよう

に意識が強くかかわる(Grigorenko & Sternberg, 1995)。

また，方略は課題や状況に依存することが多い。それに対してスタイルはある程度であるが，課題や状況が多少変化しても安定している。さらにいえば，方略は学習可能性が高いが，スタイルは無意識的な習慣的な行動となっているので行動の修正が相対的に難しく，安定した個人差である。安定性に関しては低い方から「方略＜スタイル＜能力」の順序になるだろう。

1.4　認知スタイルの実際的有用性

ここでは，発達心理学と教育心理学の視点から，子どもの養育や学校教育の実践における有用性について考えたい。

第1には，子どもの成長や発達にかかわる保護者や教師などの大人に対しては，新たな視点で子どもを理解するための手がかりを提供することである。親子の間柄でもそうだが，一言いえば通じるペアがある。以心伝心というか，妙なくらいにスムーズにコミュニケートできる相手がいる。それとは対照的に，しっかり，ていねいに伝えたつもりでも何かうまく伝わらない相手もいる。なぜこのようなことが起こるのか。これまでの多くの研究から，双方の認知スタイルの一致と不一致が大きな影響を与えていることがわかっている。たとえば，認知スタイルが同じである場合には，双方で好意を感じやすく，コミュニケーションなどの相互交渉がスムーズに運びやすい(Witkin & Goodenough, 1981)。こんな知識を持つことで，相互の理解が増して，双方の関係を良いものにするのに役立つ。第2は，これとつながることであるが，しつけをしたり，何かを教える場面で有効性を発揮する。子どもの情報処理のしかたには個人差があることに気づくことで，子どもの好みを考えた教え方の工夫につながる。たとえば，図式的に考えたり，イメージで全体像をつかむのが得意な子どもに対しては，言葉での説明に頼り過ぎることを避け，なるべく絵に描いて説明するように努める。教育実践の場で考えると，子どもたちの間の学習の違いを単純に知能や特定の能力の高低であると見てしまうことを抑える。そうではなくて，子どもにはものの見方や問題の取り組み方に違いがあるので，自分の教え方が子どもの認知スタイルと適合していな

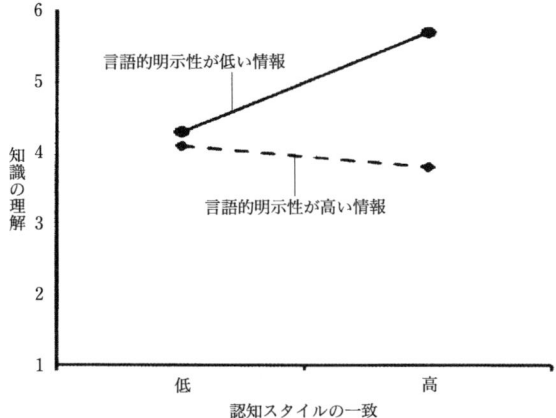

図1-2 教える人と教わる人の認知スタイルの一致と情報の明示性の程度が情報の理解に及ぼす影響(Chia-Wuほか，2010)

かったかもしれない。また，教師自身も子どもと同じように認知スタイルを持つので，無意識的にとっていた授業の方法がどのような特徴なのかを意識させることにもなる。このことは，誰に対しても優れた指導法があるのではなくて，その指導法の効果の大きさは教わる側の適性に依存するという適性処遇交互作用(ATI；Aptitude Treatment Interaction)からも理解できる。最近のChia-Wuたち(2010)の研究は，この問題に対して興味深い結果を提供している。彼らが対象としたのは成人であるが，2人ペアでセールスのコーチングを行う場面で，双方の認知スタイルが合致する場合とそうでない場合によって，知識の伝わり方の効率性に違いがあるかどうかを検討している。さらに，彼らは伝える内容が明確に言語化できるような明示性の高い場合に比べて，あいまいで言葉で説明するのが難しい明示性の低い内容の方が認知スタイルの適合性の影響を受けやすいという仮説の検討も行った。結果は図1-2に示すように，言葉でうまく伝えにくい内容では双方の認知スタイルの一致・不一致の効果が大きかった。これに類似した結果は，子ども同士のコミュニケーション課題においても認められている(青木ほか，1977)。

第2節　熟慮性・衝動性研究の意義

1.1　はじめに：なぜ，熟慮性・衝動性[1] なのか

　まず，熟慮性・衝動性(Reflection-Impulsivity)とはどのようなものなのかをここで簡単に説明しよう。何かの問題を解いていていろいろな答えが思い浮かぶことがある。その時に，最初に思いつきですぐに答えてしまうか，その答えで良いかどうかもう一度頭の中で考えてから答えるか，といった内省的な思考の長さ次元の個人差に関する概念のことである。

　これまでいくつかの認知スタイルについて説明してきたが，本書で熟慮性・衝動性に焦点を当てる理由は何だろうか。もっとも大きな理由は，この認知スタイルは幼児期から学童期の子どもの顕著な個人差の一つであるとともに，発達的な変化が明白であり，そして子どもの認知能力を中心にして，社会性など広い範囲の行動と関係があることである。このことを少し詳しく説明する。

　第1には，認知発達や自己制御行動を含めた社会・情動的な発達と関連した多くの研究がなされてきたことである。これとかかわって，教育実践や心理臨床への応用可能性が高いことである。たとえば，学習障害や注意欠陥多動性障害(ADHD)の診断や治療教育の効果の測定手段として利用されており，子どもの側の学習スタイルと教師側の教授スタイルとの交互作用として教育の最適化を考える上での重要な変数となる(Ackerman, Sternberg & Glaser, 1989; Morgan, 1997)。

　第2の理由は，この領域の研究が発達の理論の精緻化あるいは伝統的な発達理論の再検討へとつながることである。Witkinの場の依存性・独立性の概念は心理的な分化(psychological differentiation)としてLewinらゲシュタルト心理学者たちの考えをさらに応用したものである(Witkin, Dyk, Faterson, Goodenough & Karp, 1962; Witkin & Goodenough, 1981)が，熟慮性・衝動性の概念についても同様のことがいえる。たとえば，Brodzinsky (1985) は Piaget の認知発達の理論に対する重要な批判として発達の個人差を十分に説明してこなかった点をあげている。特に潜在的な能力（competence）と現実に実行可能な能力（performance）をつなぐ部分，つまり調整変数（moderator）の役割を重視し，熟慮性・衝動性の認知スタイルはこの一つと位置づけている。これにより彼は Piaget の操作的な思考の発達と熟慮性・衝動性との相互影響性について検討している。

そして，第3の理由は社会・文化的な視点，あるいは認知的社会化の視点（田島・臼井，1980；田島，2008）に由来するものである。このスタイルに関しては興味深い日米の違いが見いだされており，個人の認知のスタイルとマクロな文化的なスタイルとの交互作用が子どもの発達や社会化を考える新たな切り口になりうるからである。たとえば，社会化において言葉による自己主張が強調される欧米，特にアメリカの文化に対して，日本では大人や指導者のすることを注意深く観察して，そこで示された行動全体を模倣するような学習行動が重視される。こうした日本文化において，自己抑制的なスキルが発達にとってより効果的であるだろう。加えて，後述するように学校文化の影響も重要であろう。たとえば，集団的な課題解決の場面や仲間同士の協力場面が多い日本の教室では，自己主張よりもメンバー相互の自己抑制的な行動の発達が促進されやすいかもしれない。

1.2　熟慮性・衝動性の操作的な定義

熟慮性・衝動性の認知スタイルの概念としての定義はすでに述べたが，それでは具体的にどのようにして操作的な定義がなされるのだろうか。

(1) MFF (Matching Familiar Figures) テスト

熟慮性・衝動性の認知スタイルを測定するための標準的なテストが MFF (Matching Familiar Figures) テストである。このテストは，名前が示すように，なじみのある絵の見本合わせ課題である。図1-3に示すように子どもがよく知っている事物の絵の1つの見本と6個の選択肢から構成され，見本（標準刺激）が上に，その下には2行3列に標準刺激と同一のものと細部だけ変形している5個の合計6個の比較刺激（variant）が配置されている。ここ

14 第1章 認知スタイルの研究の社会的意義

図1-3 MFFテストの項目例

図1-4 KRISPの項目例

では，6個の比較刺激の中から標準刺激と同一のものを見つけて，それを指でさすことが求められる。その際には，最初の反応までの時間(潜時，初発反応時間(RT：Reaction Time))を測定し，項目ごとの最終的な誤数をカウントする。

Kaganたちが最初に作ったものは，2項目の練習の後で比較刺激が6個から構成されている12項目のテスト項目であった。図1-3に示すのは小学生用であり，幼児用には比較刺激が4個のもの，また成人用には8個の検査が開発されているが，実際に幼児期の後半から思春期に至る広い年齢範囲の人たちに実施されているのはこの6選択肢のテストである。ただし，Wrightが作成した幼児用の検査(KRISP：Kansas Reflection Impulsivity Scale for Preschoolers)(図1-4)は就学前の子どもには比較的よく用いられている(Wright, 1971)。

(2)熟慮型と衝動型の分類方法

子どもの初発反応時間と誤数の双方に関して，子どもの年齢集団の中央値に基づく二重中央値折半法により熟慮型と衝動型の認知スタイルに分類する。具体的には，反応時間が中央値よりも長くて，誤数がその中央値よりも少ない子どもは熟慮型であり，その逆に反応時間が中央値よりも短くて，誤数が中央値よりも大きい子どもが衝動型である。反応時間と誤数は相互にマイナス.5程度の相関があるので，全体のおよそ3分の1ずつがこの2つのスタイルのいずれかになる。残りの3分の1は，反応時間が中央値よりも短くて，誤数もその中央値よりも少ない速確型(FA：Fast/Accurate)と，その逆に反応時間が中央値よりも長くて，誤数も中央値よりも多いタイプの遅誤型(SI：Slow/Inaccurate)である(図1-5)。

このMFFテストは，6つの比較刺激は相互に非常によく似ていて，一見するとすべてが標準刺激と同一だと思うほどである。Kaganの概念化にしたがうと，これは反応不確定性(response uncertainty)をともなう課題であり，このテストを行う子どもには正答の候補(仮説)として複数の比較刺激が同時に頭に浮かぶが，即断できない状況である。そこでどれがもっとも正答らしいかを考える程度，つまり答えるまでに考える時間の長さが熟慮性・衝

図1-5　MFFテストに基づく4つの認知スタイルの分類

動性の認知スタイルである。Kaganはここでは単なる反応速度の個人差ではなくて，反応時間にはそれぞれの比較刺激に対する視覚的分析の質と量の違いが反映されることを強調する。それで，速い反応と誤数の多さ，そして遅い反応と誤数の少なさが結びついて，初めて熟慮性・衝動性の定義が成り立つとしている。つまり反応時間と誤数がかなりの程度のマイナス相関があること，換言すると速い反応と正確な反応のtrade-off（相互排反関係）が成立することが，この認知スタイルのもっとも重要な要件である。

　ところで，反応不確定性について一つ加えると，このテストの手続きそれ自体も子どもに対して不確定さを与えている。このテストでは，検査者は最初にどれかの比較刺激を指で示すまでの潜時（初発反応時間）を計時するが，その時になされる言語的なフィードバックは子どもの反応が正答であったか否かのみである。時間に関する情報は一切フィードバックされない。この種のテストやゲーム[2]では正答が1つということは，少なくとも幼児期の後期になると経験的にわかっている。また，このような事態では単に速く答えればよいのではなく，正確に答えることが大事なことを知っている。しかも，正誤のフィードバックが必ずあるので，正しく答えることが重要であることを再確認するような手続きとなっている。しかし，その一方で選択反応までの時間もストップウォッチで計測されていることにも気づくので，速く答えることもそれなりに大事だと考えるはずである。そうなると，子どもにとっ

てこの課題が要求するのは「正確さ」なのか「速さ」なのかについての不確定さを感じさせるのではなかろうか。

1.3 熟慮性・衝動性の研究知見の整理

以下において，熟慮性・衝動性の研究知見を要約的に整理して述べるが，次の節の本書の課題との関連性を考慮していくつかの領域に限定した。

(1) 安定性と課題間の一貫性

MFFテストのような視覚的な分析を必要とする課題では，内容や手続きが多少異なっても，それらの間で反応時間と誤数では有意な相関がある。また，課題内の反応時間と誤数の相関も有意なマイナスである(Messer, 1976)。

さらに，Yando & Kagan(1970)は反応の安定性について次のような興味深い研究を行った。彼女たちは6歳から8歳の子どもを対象にして，最初に通常の比較刺激が6個のMFFテストを実施して，熟慮型と衝動型に分類した。その後にMFFテストを10週間連続して実施したが，その際に比較刺激の個数を2個から12個まで毎週1個ずつ増やした。いずれにおいても反応時間では熟慮型が長く，誤数では逆に衝動型の方が多かった。また，比較刺激の個数が増すにともない衝動型では誤数も増大したが，熟慮型ではそうした傾向は見られなかった。

このように課題間の一貫性や再検査信頼性についてはアメリカや日本のみならず，世界のかなり広い地域で研究がなされている(Keller et al., 2004; Kirchner-Nebot & Amador-Campos, 1998; Messer, 1976; Rozencwajg & Corroyer, 2005; 臼井・佐藤，1976)。

(2) 視覚的な走査方略

このMFFテストで正答を得るためには，視覚的な分析を十分に行うとともに，思い浮かんだ解答を即座に反応することを思いとどめて，再考することも必要である。こうした心理的プロセスには，自己制御スキルが重要な働きをするだろうし，またどのような視覚的な走査の方略を用いるかにかかわってはメタ認知的なスキルも強い影響要因であろう。この走査の方略使用については，研究の初期にかなり集中的に検討されている。そこでわかった

ことは，熟慮的な子どもでは仮の解答が見つかっても，ひとまず答えるのを抑えて，すべての比較刺激を一つずつ調べて取り除く方略（除去法）をとることが多く，またその比較のしかたでも比較刺激の相互の共通部分（たとえば，図1-3のテディベアの場合には，リボンやいすの脚）同士を比べるような方略（同一部分比較方略）に依存することが多かった（Drake, 1970; Siegelman, 1969; 臼井，1975）。つまり，熟慮性・衝動性の認知スタイルは誤数と反応時間によって操作的に定義されるが，情報処理方略の明白な違いの結果である。

(3) 熟慮性の発達

Kaganたち(1964)は，小学校1年生から6年生までの異なる年齢集団の平均値の比較から発達的な変化を推定するデータ収集の方法（横断的な研究）から，学年とともに反応時間が増大するのとは対照的に，誤数には漸減傾向があることを見いだした。ところが，日本のこれに対応する横断的データではいくつかの点で異なっていた。波多野(1974)は5歳児から小学校4年生までのデータから，①小学校の入学を境にして急激な熟慮傾向を見せる（反応時間の急増と誤数の目立った減少）こと，②入学後も誤数はさらに減少し続けるが，反応時間では緩やかだが下降傾向を見せることである。また，この発達的な傾向性は臼井(1987b)の幼稚園期(5歳)から小学校2学年までの縦断的な研究によっても裏づけられている。

だが，その後の比較文化的な研究からは，さらに興味深い知見が得られている。Salkindたち(Salkind, Kojima, & Zelniker, 1978)は，アメリカ，日本，イスラエルの小学生のデータを分析している。図1-6より明らかなように，反応時間ではある年齢まで増加し続け，天井効果の後に減少に転じている。また，誤数ではその逆にある年齢までは減少し続け，床効果に到達し，安定化している。しかし，注目する点はこの変化に転ずる年齢に関して，日本の子どもはほかの2国の子どもに比べると約2年早いことである。具体的な年齢でいうと，この転換点は日本では8歳に対して，アメリカとイスラエルでは10歳になっている。もう少し詳細に見ると，5歳ですでに日本の子どもはアメリカとイスラエルの子どもよりも反応時間が長く，その分誤数が

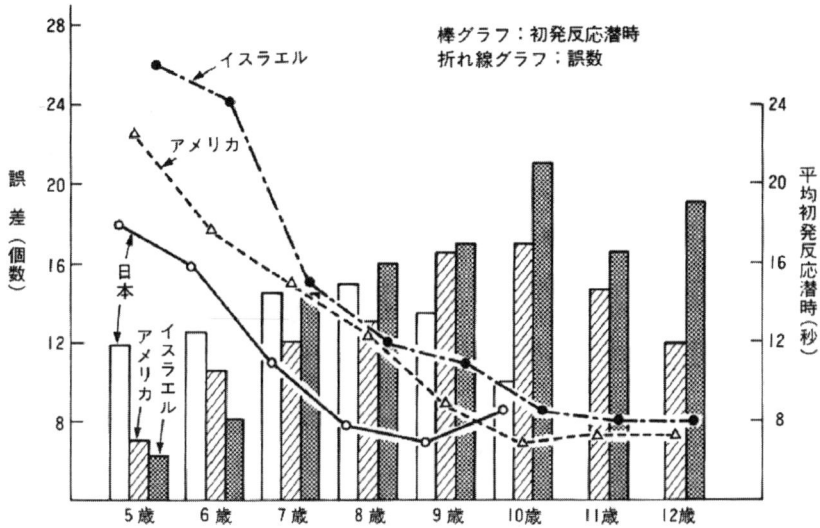

図 1-6 アメリカ，日本，イスラエルの子どもの初発反応時間(潜時)と誤数
出所）Salkind, Kojima, & Zelniker (1978)から合成

かなり少なくなっている。

SmithとCaplan(1988)は，この3か国のデータに新たにニューヨークに住む労働者階級の中国系アメリカ人の6歳から9歳児のMFFテストのデータを加えて，4つの異なる文化集団の比較を行っているが，その結果から，さらに興味深い事実が見いだされている。彼らは，反応時間と誤数をそれぞれ標準得点に変換し，衝動性と非効率性の得点を算出した。そして，各集団で年齢別に反応時間と誤数の平均値の標準得点を2次元座標にプロットした(図1-7)。まず，彼らが注目したのは，反応時間と誤数の年齢にともなう変化量の比率の相対的な大きさである。4つの集団すべてに共通していることは，誤数の変化率の方が反応時間のそれよりも大きいことである。たとえば，5歳から10歳までについて見ると，反応時間の変化率を1とした場合に誤数の変化率は，日本(5-8歳)，中国系アメリカ人(6-9歳)，イスラエル，アメリカ(双方とも5-10歳)でそれぞれ4.13, 1.65, 1.24, 1.67であった。つまり，この年齢範囲の発達的な傾向としては，反応時間を年々増加させながら，

20 第1章 認知スタイルの研究の社会的意義

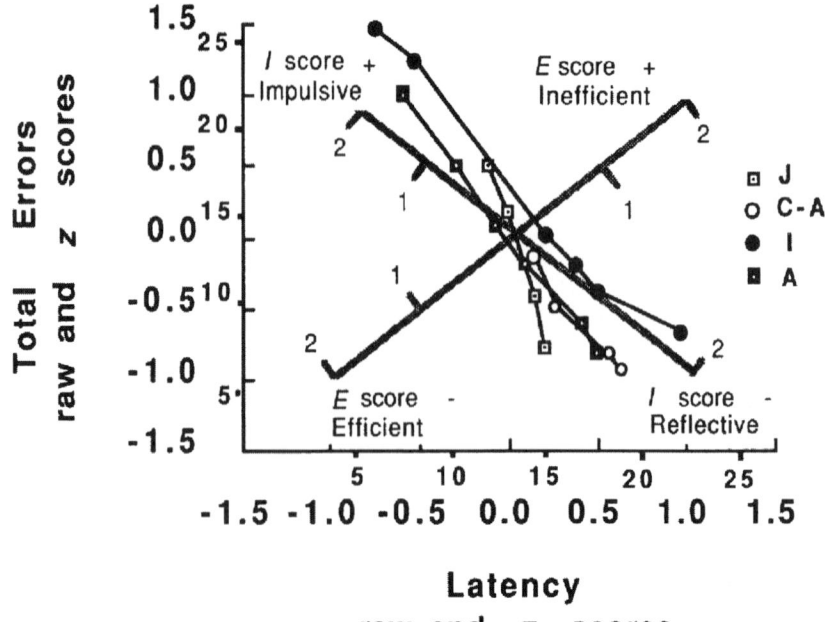

図1-7 日本(5-8歳)，中国系アメリカ人(6-9歳)，イスラエル(5-10歳)，アメリカ(5-10歳)の4つの文化集団の児童について年齢別にまとめた衝動性得点(I score)と非効率性得点(E score)

出所）Smith & Caplan, 1988, p. 51

それによって誤数を徐々に低減させているが，前者の増加率と後者の減少率を比べると，後者が上回る点では4つのサンプルで共通だが，その比率を対比すると日本の子どもの場合は特殊であり，誤数の減少率が極端に高くなっている。この傾向性は，8-9歳になるとさらに顕著になり，日本では4.57に上昇する一方で，アメリカでは1.42とむしろ下降している。このことから，日本では反応時間を増やすことなく誤数が低下する傾向，つまり「速くて正確」(Fast/Accurate)への変化がより強まったことが見てとれる。

SmithとCaplanはこれらのデータから，MFFテストに対する反応の発達が2段階で進行すると結論づけている。第1の段階は，熟慮性の増大であり，反応時間が増加するとともに誤数が減少することであり，長い反応時間

との交換(trade-off)で誤数が低減する発達の時期である。第2の段階は，効率化の段階であり，反応時間を増やすことなく(その増加量は最小限度で)誤数を低減させるようになることである。Salkindたち(1978)のデータで見るように，この第2の段階への移行時期は日本の子どもは8歳であり，アメリカとイスラエルの10歳よりも2年くらい早い。また，興味深いことに中国系アメリカ人の場合は9歳であり，アメリカとイスラエルの子どもよりもおよそ1年早かった。

　では，どのような文化的な経験がこのような違いをもたらしたのだろうか。いずれも仮説の域を出るものではないが，いくつかの原因が考えられる(Kojima, 1988; 臼井, 2001)。1つは，文字システムの違いに由来するとする仮説である。漢字はアルファベットやヘブライ文字に比べると形態的に複雑であるために，文字を読む時により多くの視覚的分析を必要とし，この能力の発達を促進するのではないかという考えである。2つ目は，日本の子どもの非言語的な知能の発達が相対的に早い可能性である。たとえば，WISC知能診断検査の日本における標準化の手続きにおいて，日本の子どもは動作性検査のすべての尺度においてアメリカのサンプルよりも高かったのである(Kojima, 1988)。そして，3番目の仮説は課題解決の構えや動機づけシステムに関する文化の違いである。日本では，特にアメリカ文化に比べると持続的に，じっくり課題に取り組むことを重視する文化の影響が強い。たとえば，小学校や中学校の授業に関する日米比較研究において，日本ではアメリカに比べると一つの授業で扱う主題の数が少なく，その持続時間が長いことがわかっている(Stevenson & Stigler, 1992)し，授業の中断もずっと少ない(Stigler & Hiebert, 1999)。また，こうした表面に現れた行動の違いの底流には動機づけのシステムの違いがある可能性がある。そして，動機づけシステムはより大きな文化的な価値観や信念といったマクロシステムによって支えられているのではなかろうか(小嶋, 2001)。

(4)認知的遂行との関係

　KaganはMFFテストにおいて熟慮的な反応をするために必要なスキルとして視覚刺激を細部まで分析することと，思いついた答えを自分で確かだ

と思うまで頭の中で考えることの2つをあげている。このような課題に対する心的な構えは広い認知的な課題の解決に有利に働くことが予想される。実際に初期の研究からは，このことを支持する結果が得られている。たとえば，熟慮型の子どもは，学校の算数の問題のように1つの正答を見つけるような収束的な(convergent)思考課題では誤数が少なかった(Klein, et al., 1976)。このほかにも，迷路学習，類推課題，概念達成などの認知課題や学力において熟慮型の成績が衝動型をまさっていた(Messer, 1976)。このように全体的に見ると，熟慮型は衝動型に比べて認知的な課題の遂行のレベルが高く，認知発達が相対的に早いことを示唆するものである。しかし，逆に衝動型の方が有利な課題もある。たとえば，直観的，分析的なアプローチが有効な課題解決場面がある。Rollins & Genser(1977)は，一度に複数の次元を処理しなければならない問題では，衝動型の子どもの方が効率的な課題解決をしたことを示した。この結果は，前に述べたように指導する側と子どもの側との適性処遇交互作用の視点の重要性を確認させるものである。また，後述するように熟慮性・衝動性と認知発達との関係については，まだ解明されていない。

(5)パーソナリティや情動

　ユーモアの理解については熟慮型の子どもの方が良いという結果がある。また，問題を解いていてわかったときの情動の表出としての微笑(mastery smile)に関しても研究がなされている(Brodzinsky & Rightmyer, 1976)。これによると，熟慮型では誤反応と正反応の感情の表出のコントラストが衝動型に比べて大きかった。この結果は，挑みがいのある課題に直面して，それに対する挑戦の意識では熟慮型の方が大きいことを意味している。

　情動や動機づけに関することでもっとも大きな論争になっているのは，不安についての見方である。これまでは，失敗に対する不安の大きさが熟慮的な行動へと導き，それとは対照的にぐずぐずしてしまうことへの不安が衝動的な行動へと導くと考えてきた。その一方で自分の能力に対する自信のなさのために，一刻も早く課題場面から逃れようとして衝動的に答えてしまう可能性もある。この問題については，後で具体的な研究を通して検討する。

　また，日常行動との関連性についても初期の研究からは得られている。た

とえば，自由遊び場面においては衝動型では注意の維持が少なく，攻撃的な行動や衝動的な行動が多かったことが示されている(Messer, 1976)。わが国の研究においても，幼稚園の時のMFFテストに基づく衝動性は教師評定による課題や作業のていねいさや粘り強さの2つと有意なマイナスの相関があり，この概念の生態学的な妥当性を裏づける結果となっている(宮川，2001b)。だが，それを支持しない研究もあり(Irwin & Gross, 1995)，今後の検討すべき余地を残している。

(6)熟慮性・衝動性の変容可能性と柔軟性

再認記憶，概念達成，読解やメタ認知課題などのさまざまな認知的な課題においては熟慮型の子どもの成績が衝動型の子どもを上回っており，発達的により成熟した反応を示すことが多い(Brodzinsky, 1985; Kogan, 1983; Kagan et al., 1964; Messer, 1976; 臼井，1979など)。また，衝動性が多動性やADHDと結びつくこともよく指摘され，衝動性の強さが幼児期後期から学童期にかけての教育可能性(educability)を妨げる可能性が強いことから，衝動的なスタイルの修正を試みる研究が多くなされてきた(Denney, 1972; Miyakawa & Ohnogi, 1979; Zelniker & Jeffrey, 1972)。たとえば，Zelniker at al.(1972)では比較刺激同士の細部比較を促進する課題を考案し，実際の視覚的な探索行動がどう変化するのかを検討している。この課題はDFF(Differential Familiar Figures)テストというもので，通常のMFFテストとは異なり，1つの比較刺激のみが見本と異なっているために，偶然にも見本と同一の比較刺激を見つけても，それが正答であるとは限らないので，比較刺激同士のさらなる比較を強く迫る課題状況を実験的に設定したものである。子どもたちの視覚的な走査行動をアイカメラでモニターした結果から，比較刺激相互の比較が増大したことがわかった。また，訓練前に比べて反応時間は増加しなかったが，誤数は減少したので，効率的な視覚的な探索方略の使用の促進につながった。これと関連して，宮川・大野木(Miyakawa & Ohnogi, 1979)は衝動型の小学生に6個の比較刺激の中から正答に達するまで不適切な比較刺激を順次取り除く除去法の手続きを訓練することにより，この方法の修正効果を示した。それと同時に，その効果は子どもの側の発達

的な要因(認知的な方略の多様さや利用可能性などの柔軟性)による影響も受けることを見いだした。

　この反応の柔軟性について認知発達と関連づけて，さらに考察を進めることにしよう。幼児期から学童期の中期までのように年齢とともに反応時間が増加し，それとは対照的に誤数が漸減する発達時期では，反応時間と誤数は認知発達の測度とは前者はプラス，後者はマイナスの相関を示すことが多い。したがって，結果的に熟慮型が衝動型の子どもよりも認知課題の成績が良い傾向が強い。すでに述べた Smith と Caplan の研究結果(1988)に即していうと，第1段階の認知スタイルの変化(熟慮性の増大)の期間内では，衝動性・熟慮性という認知スタイルの次元は認知発達のレベルを反映するように見えるのである。Brodzinsky(1985)は，ピアジェの操作的な思考の発達水準と熟慮性・衝動性の認知スタイルの次元が発達的に対応関係にあることを主張している。

　ところが，それ以降の年齢になり，誤数が床効果，反応時間が天井効果に達する時期(日本の子どもではおよそ8歳)に入ると，2つの測度は認知発達のレベルを反映するよりは，「速さ」対「正確さ」というような課題達成目標の違いや「直観的・全体処理」対「細部・分析的処理」というような個人の情報処理様式の好みが，より強く影響するようになるのではないか。そうだとすると，学童期の中期を過ぎると，認知能力とスタイルとの相互独立性が増してくると考えられる。つまり，特定のスタイルの使用可能性が認知発達のレベルにより拘束を受けることが少なくなるのである。そうなると，反応の幅は当然あるが，どのスタイルの子どもたちも状況や課題の要請に応じて，熟慮性と結びついた細部・分析的な処理も行えるし，衝動的な反応と結びついた全体的・直観的な処理も可能になると考えることができる。しかし，この仮説の妥当性に対する実証的な研究はない。

1) 熟慮性・衝動性の構成概念は Matching Familiar Figures Test という認知課題により操作的に定義され，またその構成概念が適用されるのは主に認知的な課題状況であるので，「認知的」熟慮性・衝動性というべきであろう。また，行動障害としての衝

動性との区別の上でも「認知的」と限定する方が適切であろう。しかし，英語の文献では "Reflection-Impulsivity" となっていること，本邦の研究でも「熟慮性・衝動性」と表されることが多いので，本書の中でも「熟慮性・衝動性」と表記することを基本とする。
2) 本研究では，MFF テストを「絵さがしゲーム」として実施してきた。

第3節　本書の課題

　これまで熟慮性・衝動性の認知スタイルが発達心理学の研究の新たな領域として出現してきた背景や，この研究のさまざまな知見の発達心理学への影響について述べてきた。そして，熟慮性・衝動性の研究にかかわるいくつかの論争点についても論じた。そこで，本書では熟慮性・衝動性の認知スタイルが発現するプロセスおよびメカニズムと，その発達に影響する動機づけや文化的要因について明らかにすることを全体課題とする。このために，本書では以下のような4つの具体的な研究課題を設定する。

(1) 熟慮性・衝動性の認知スタイルの発達

　熟慮性・衝動性の認知スタイルの短期間の安定性は幾度も確認されているが，長期間の安定性となるとデータは極端に少なくなる。また，幼児期の後期から学童期にかけての広い年齢範囲の横断的な研究や比較文化的な研究のデータからは，いくつかの興味深い発見が得られている。たとえば，小学校の入学を境にして急速な熟慮化，つまり初発反応時間の大きな増大と誤数の目立った低下が見られる（波多野，1974）という知見があるが，それぞれの年齢集団の等質性については確保されたものではない。また，これを裏づけるような縦断的なデータ，すなわち同じ集団を追跡した研究がないために，年齢の経過にしたがって上記の横断的なデータの結果が再現されるかどうかの確認ができていない。そこで，本書の第1の課題は，MFFテストによる熟慮性・衝動性の発達に関するこれまで欠落したデータを補完し，幼児期から学童期にかけての全体的な発達の様相を明らかにすることである（第2章）。

(2) 熟慮性・衝動性の認知スタイルと認知発達との相互影響性

　また，熟慮性が発達的に増大する現象を支える心理的なプロセスとしては，衝動的な反応を抑制する自己制御のスキルと，詳細な視覚分析を可能にする情報処理のスキルが中心的な役割を持つと考えられている。換言すると，このような認知能力が熟慮性の発達を促すと考えられるのである。この仮定に立つと，知能検査の成績や学業成績のような包括的な認知能力が，認知スタ

第3節　本書の課題　27

イルの形成に対して優越的な影響力を持つと推測できる。しかし，この逆の影響方向も考えることができる。つまり，熟慮的な取り組みが慎重で計画的な課題の取り組みを促し，あるいはメタ認知的なスキルの活用を促進して知能や学力を押し上げる可能性もありうる。この2通りの影響方向の優越性を検討することが第2の課題である(第3章)。

(3)熟慮性・衝動性の認知スタイルの柔軟性仮説

次に，熟慮性・衝動性の認知スタイルの柔軟性仮説の検討を課題とする。MFFテストの取り組みのプロセスについてメタ認知の側面からアプローチを試みるとともに，小学校の中学年から高学年にかけての発達的な変化についても明らかにすることを試みる。また，「スタイル」という言葉からは状況が違っても変わらない個人内で固定した行動パターンのようなイメージを持ちやすいが，はたしてどうであろうか。課題の要請に対してどの程度まで柔軟に行動を修正できるのか，またこの柔軟性は発達のレベルによる違いがあるのか，などのことを明らかにするのが第3の課題である(第4章)。

(4)熟慮性・衝動性の発達に関する動機づけと文化の影響

さらに，熟慮性・衝動性の発達に対する動機づけや文化の要因の影響の検討も重要な研究課題である。MFFテストの遂行における比較文化的な研究から日本とアメリカなど子どもの間には目立った違いがあることはわかっている。しかし，そうした違いを国レベルのマクロ文化の違いとして発達のプロセスをブラックボックスにするのではなく，こうした文化の違いを支える中間的な分析レベルの要因，たとえば親子関係の質や学校文化の影響についての認知的社会化の枠組みからの検討を行う。また，こうした認知的社会化のプロセスの中で速さと正確さの目標志向性や粘り強さなどの動機づけやパーソナリティ変数，課題の対処様式における価値づけ(価値観)についても，ここで明らかにしようとする。これが本書における第4の課題である(第4章)。

第 2 章　幼児期から学童期の熟慮性の発達

第1節　はじめに

1. 目　的

　本章では，2つの目的について検討する。一つの目的は，熟慮性・衝動性の発達の様相について明らかにすることである。熟慮性・衝動性の発達的な変化と安定性に対する横断的な研究(cross-sectional study)の知見については前章で述べたように，国際比較や国内のデータからも得られている。しかし，次の理由により，これらのデータから発達的な変化として結論するには留保しなければならない。横断的なデータでは異なる年齢集団の平均値を比べて発達的な変化を推定するが，各年齢集団の相互の等質性が確保されたものはほとんどないために，異なる年齢集団の間の違いのどれほどが発達的な変化なのか，単なるサンプリングの違いなのかを確定できないからである。この問題の解決のため，一つには，異なる年齢集団の間の等質性を確保したより厳密な横断研究を行うことにより，交差妥当性(cross validity)の確認を行うことである。今一つの方法は，同一のサンプルに対して追跡的な調査により継続的なデータの集積を行う縦断的な研究(longitudinal study)によって，すでに得られた発達的変化が再現されるかどうかを確認することである。しかし，データ収集のコストが高いこの種のデータはきわめて乏しいのが現状である。そこで本研究においてはこうしたこの研究領域の事情をふまえて，これまでのデータの欠落した部分を補い，より正確な発達的な様相を描こうとするものである。

　もう一つの目的は，熟慮性が認知発達を促進するのか，あるいはその逆に認知発達が子どもをより熟慮的に変えるのかについての，因果的な分析を行うことである。

2. 構　成

　まず，**研究1**では小学校2年生と5年生の児童を対象にMFFテストを2年にわたり反復実施し，初発反応時間と誤数に加えて4つの認知スタイルの分類における安定性と変化について分析を行う。

　研究2では，幼稚園の年少，年長，小学校1年生の3年齢グループに対するMFFテストの横断的な分析と，MFFテストの取り組み行動について評定と客観的な行動指標の両側面から分析を行う。

　この章の最後の**研究3**では，MFFテストのデータの縦断的な分析に加えて，熟慮性・衝動性と認知発達との影響方向の優越性を検討する。熟慮性・衝動性の認知スタイルの発達データが乏しく，特に幼児期の後期から小学校の入学を境にして急速な熟慮性の発達が横断的な研究により認められているが，それを支える縦断的なデータはないことから，縦断的なデータの収集により従来の知見の検討を行う。

第2節　児童の熟慮性・衝動性の安定性と変化 および学業成績との関連(研究1)

1. 問　題

　熟慮性・衝動性の研究において，この構成概念と記憶や推理などの認知機能との関連性についてはきわめて多くのデータが蓄積されている(Bjorklund, 1989; Grigorenko & Sternberg, 1995: Kogan, 1987; Messer, 1976; 宮川，2000；臼井，1979，1982b；山崎，1994)。しかし，この認知スタイルが時間を経てどの程度の安定性があるかについてのデータとなると，MFFテストに関する短期間の再検査信頼性を検討した研究を含めても少ない(Gjerde et al., 1985; Kagan & Kogan, 1970; Kogan, 1983, 1987; Messer & Brodzinsky, 1981)。ことに，わが国ではこの種のデータに関してはさらに少ない(臼井，1982a)。そして，非常に残念なことであるが，1年間の間隔を置いて安定性を検討したデータに関しては1980年代のいくつかの研究(Gjerde et al., 1985; Messer & Brodzinsky, 1981)を最後にして，それ以降のものは見当たらないのが現実である。熟慮性・衝動性に関する縦断的な研究，つまり同じ対象者を継続的に追跡してデータ収集を行う研究は例外的というほど少ない。それは何よりも追跡研究を行うことの難しさから来る。そのために，発達的なデータのほとんどが異なる年齢集団の間の比較に基づく横断的な研究に基づくものである。
　このように熟慮性・衝動性の安定性に関連するデータは少ないが，その中からは興味をそそる発見がなされている。たとえば，学童期では，一般的には誤数の方が初発反応時間よりも安定性が低い傾向がある(Messer, 1976)。しかし，これとは全く対立する結果もある。Gjerde et al.(1985)は，3歳から11歳までの8年間の縦断的なデータの分析から，項目の内的整合性(α係数)では初発反応時間は誤数よりも高いが，安定性に関しては初発反応時間よりも誤数の方がむしろ大きいことを見いだしている。本邦においては，

宮川・文殊(1978)は3，4，5歳の幼稚園児を対象に，幼児版のMFFテストのKRISP(Kansas Reflection Impulsivity Scale for Preschoolers; Wright, 1971)を実施し，その8か月後に再度同種のテストを実施した(3歳児にはKRISPの平行検査，4，5歳児には12項目のKaganの児童用テスト)。初発反応時間の安定性に関しては年長組(5歳児)のみで有意であった($r=.26^*$)が，ほかの年齢群ではプラスではあったが有意ではなかった。しかし，誤数についてはどの年齢集団でもすべてプラスの有意な相関があった。このように幼児を対象とした安定性についてのデータでは誤数の方が安定性が高いという点ではGjerde et al.(1985)の結果も含めアメリカのデータと一致している(Block et al., 1974)。このように関連するデータが少ない上に，データ相互の整合性も高いとはいえないので，反応時間と誤数の安定性の高低について結論を出すには慎重であるべきであろう。

また，3か国の広い年齢範囲の対象者に対する横断的な研究から，熟慮性・衝動性の発達的なピーク(初発反応時間が天井効果に達し，その一方で誤数が床効果に到達し，両者の相関が最大になる)は8～10歳とされている(Salkind, Kojima & Zelniker, 1978; Salkind & Nelson, 1980)。しかし，この知見が縦断的データにおいても追証できるかは明らかになっていない。

そこで，本研究では次のことを目的とする。まず，小学校2年生の児童を対象にしてMFFテストの遂行における1年間の安定性について，次の2つの観点から検討を行った。一つは，個人間の順位の安定性(相関係数)について，初発反応時間と誤数に加えて，SalkindとWright(1977)の発案による「衝動性(Impulsivity)」と「非効率性(Efficiency)[1]」の4つの測度(初発反応時間(RT)，誤数，衝動性得点，非効率性得点)について行った。2つ目の目的は，認知スタイルの分類における安定性である。さらにもう一つの目的は，学業成績とMFFテストの4つの測度とのいわゆる「交差時差パネル相関分析(cross-lagged panel correlational analysis)」(Crano, 1977)を通じて，両者の因果関係を推論する。

最後に，小規模のサンプルであるが小学校1年生から6年生までの5年間の長期的な安定性の検討を行う。MFFテストを収集していた子どもの中に

1年生の時にも同じテストを受けていた子どもがいたのである。このような長期間の縦断的なデータに関しては，すでに触れたように3歳から11歳に至る8年間に及ぶ例外的なデータ(Gjerde et al., 1985)を除けば，せいぜい2年(6～8歳：Brodzinsky, 1982)か3年(11～14歳：Messer & Brodzinsky, 1981)の期間のものしかなく，日本のデータとしては全くないので資料的な価値が高いと考えた。

2. 方　法

2.1 対象者と手続き

(1) 1年間の縦断的データのサンプル

　北海道S市の小学校2校(A，B小学校)のそれぞれ2年生(A校115名，B校109名)と5年生(A校87名，B校99名)の2つの学年の児童全員に対してMFFテストを個別的に実施し，その1年後に再度同種のテストを行った(3年生：A校110(97)名，B校119(101)名；6年生：A校81(78)名，B校104(94)名)(かっこ内の数値は，2回のデータがそろっている人数)(表2-1)。なお，MFFテストの第1回の実施は1980年10月であり，第2回はその翌年の1981年10月である。

　なお，今回の初回の検査と再検査で使用したMFFテストは，特定の比較刺激(variant)の視覚的な目立ちやすさ(saliency)や位置効果を抑えるように工夫した修正版の12項目の検査(MFF12；臼井・佐藤，1976)(1回目の検査)とその改良版(13項目)(MFF13；2回目の検査)である。

　参考までに，B小学校の2年生と5年生に対して，この2タイプのMFF

表2-1　対象者の人数

	第1回テスト	第2回テスト
A校2年生(コホートA2)	115名(男60＋女55)	110名(男60＋女50)
A校5年生(コホートA5)	87名(男37＋女50)	81名(男35＋女46)
B校2年生(コホートB2)	109名(男53＋女56)	119名(男57＋女62)
B校5年生(コホートB5)	99名(男46＋女53)	104名(男47＋女57)

表 2-2　3 タイプの MFF テストの RT と誤数の α 係数の比較

	コホート B 2		コホート B 5		Kagan 版 MFF テスト		
	MFF12	MFF13	MFF12	MFF13	2 年生	3 年生	5 年生
初発反応時間	0.93	0.95	0.95	0.96	0.94	0.93	0.94
誤数	0.58	0.70	0.46	0.48	0.48	0.47	0.58

注) コホート B 2 の MFF12 は 2 年生，MFF13 は 3 年生，コホート B 5 の MFF12 は 5 年生，MFF13 は 6 年生。Kagan 版 MFF テストのデータは Kojima (1976) による

テストの α 係数について Kagan のオリジナル版 (12 項目) (Kojima, 1976) と比較してみた (表 2-2)。今回使用した 2 つのタイプの MFF テストは 2 年生 (と翌年実施の 3 年生) には Kagan のオリジナルのものと比べて誤数に関しては多少の改善が見られたが，5 年生と 6 年生にはなかった。誤数には心理測定上の問題点がある (Ault, Mitchell & Hartman, 1975; Kojima, 1976) ので，その改善を試みたテスト図版を用いたが，明らかな効果はなかった (α 係数で Kagan のオリジナル版の平均 (.51) をわずかに上回っていた (.58))。しかし，初発反応時間に関してはオリジナルもそうであった (平均で .94) が，今回でも十分に高い内的な信頼性が認められた (.95)。ちなみに，初発反応時間と誤数の相関は $-.45$ から $-.69$ であった。

(2) 長期間の追跡サンプル

S 市の C 小学校の 6 年生を対象にしたある研究プロジェクトで MFF テストを実施したが，その時にこの子どもたちは 1 年生の時に MFF テストを受けていたことがわかった。偶然であるが，43 名 (男子 24，女子 19) の子どもたちの 5 年間の追跡データを得ることになった。

3. 結　果

なお，以下の結果はすべて 1 年間の縦断的データのサンプルに関するものである。

表 2-3 A　2 年生から 3 年生にかけての安定性

2年から3年	初発反応時間		誤数		衝動性		非効率性	
コホート	A 2	B 2	A 2	B 2	A 2	B 2	A 2	B 2
全員	0.60**	0.49**	0.50**	0.65**	0.59**	0.59**	0.40**	0.37**
男子	0.62**	0.41**	0.45**	0.49**	0.57**	0.47**	0.43**	0.22
女子	0.59**	0.57**	0.59**	0.76**	0.65**	0.69**	0.38**	0.53**

表 2-3 B　5 年生から 6 年生にかけての安定性

5年から6年	初発反応時間		誤数		衝動性		非効率性	
コホート	A 5	B 5	A 5	B 5	A 5	B 5	A 5	B 5
全員	0.70**	0.67**	0.42**	0.46**	0.62**	0.57**	0.19*	0.33**
男子	0.69**	0.60**	0.68**	0.42**	0.75**	0.47**	0.42**	0.36*
女子	0.73**	0.69**	0.23	0.50**	0.56**	0.63**	0.07	0.36**

3.1　相関係数の分析

　初発反応時間，誤数，衝動性，非効率性の4測度の2年生から3年生，5年生から6年生の個人内相関係数(安定性係数)を表2-3 A と表2-3 B に示す。

　男女を合計した全員について見れば，MFFテストの4測度は2校の2学年のすべてにおいて有意な相関係数(安定性係数)を示した。表2-3 A と表2-3 B から学年を比べると，初発反応時間では2つの小学校のいずれにおいても2年生から3年生(A校：0.60**；B校0.49**)よりも5年生から6年生の高学年の間(A校：0.70**；B校：0.67**)の方が相関が高くなっている。しかし，誤数ではその逆に低学年から中学年にかけての相関(A校：0.50**；B校：0.65**)の方が高学年の1年間の相関(A校：0.42**；B校：0.46**)よりも高くなっている。また，初発反応時間と誤数の2つの主要な測度の安定性に関しては，Kagan版のMFFテストを用いた安定性のデータ(Messer, 1976)に比べてかなり高くなっている点が注目される(反応時間と誤数でそれぞれ約.4と.3)。また，衝動性についてはA校とB校の2年生から3年生と5年生から6年生でそれぞれ0.59**と0.59**，および0.62**と0.57**となっており，これは初発反応時間と同程度の安定性を示してい

る。これに対して，非効率性の安定性は2年生から3年生でA校とB校でそれぞれ0.40**と0.37**だが，高学年では0.19*と0.33**と有意ではあるがかなり低く，衝動性と初発反応時間と誤数の3つの測度と比べるとずいぶん低いことがわかる。たとえば，5年生から6年生にかけては，コホートA5の女子で0.07，2年生から3年にかけてはコホートB2の男子で0.22と有意になっていない。このように，初発反応時間と誤数に関しては，小学校の低学年から中学年，あるいは高学年においてはかなりの安定性があることがわかった。また，能力次元と区別してより純粋なスタイル次元の指標と考えられる衝動性の安定性に関しても初発反応時間と誤数と同程度であった。だが，反応が速くてかつ正確な遂行の程度，つまり認知能力の指標とみなされる非効率性では安定性が低かった。

3.2 認知スタイル4タイプの分類安定性

　熟慮型と衝動型の認知スタイルの操作的な定義は，MFFテストの初発反応時間と誤数の2つの変数により行われる（第1章15ページ参照）。おおよそ熟慮型と衝動型の割合は3分の1ずつであるが，初発反応時間が短くてかつ誤数も少ないタイプ（速確型）とその逆に初発反応時間が長くてかつ誤数も多いタイプ（遅誤型）もそれぞれ約6分の1ずついる(Wright & Vlietstra, 1977)。ここでは熟慮型と衝動型に速確型と遅誤型も加えた4つの認知スタイルのいずれかに分類された児童の1年を経た認知スタイルの一致の程度を見るために連関表を作ってみた（表2-4）。

　2年時から3年時の認知スタイルの連関性を見ると，熟慮型と衝動型についてはおよそ3分の2の子どもは1年後も同じ認知スタイルに分類され，2つのコホートを合計した比率は，熟慮型で67.1%，衝動型が72.2%であり（表2-4），この2つの主要なスタイルに関してはかなりの安定性があることが確認された。これに対して，速確型と遅誤型については，同じタイプにとどまるのは最大でも4分の1強であり，遅誤型が21.4%，速確型が17.9%に過ぎなかった（表2-4）。

　今回のように比較的大きなサンプルにおいて，熟慮型と衝動型の2つの代

第2節　児童の熟慮性・衝動性の安定性と変化および学業成績との関連(研究1)　39

表2-4　2年生と3年生の認知スタイルの安定性

コホートA2+B2 人数と( )内は2年時を分母に，3年時を分子にした%		3年時の認知型				
		熟慮型	衝動型	速確型	遅誤型	合計
2年時の認知型	熟慮型	47(67.1)	9(12.9)	5(7.1)	9(12.9)	70
	衝動型	8(11.1)	52(72.2)	7(9.7)	5(7.0)	72
	速確型	9(32.1)	13(46.4)	5(17.9)	1(3.6)	28
	遅誤型	10(35.7)	10(35.7)	2(7.2)	6(21.4)	28
	合計	74	84	19	21	198

表的な認知スタイルは基本的に安定しているが，残る2つのタイプについてはかなり不安定であり，この2つのタイプを分析に加えることには慎重でなければならないだろう。

次に，高学年の5年生から6年生にかけての安定性について見てみよう(表2-5)。熟慮型と衝動型の同一スタイルの維持率はそれぞれ64.4%と63.5%であった。

これに対して，遅誤型では15.4%に対して速確型が20.8%であり，これは2年生から3年生の維持率と同等であり，安定性はここでもかなり低いことがわかる。

次に，4つのコホートそれぞれにおける同一の認知スタイル維持率について熟慮型と衝動型，速確型と遅誤型の平均をまとめてみた(図2-1)。

2年生と5年生の総平均では，代表的な2つの認知スタイルでは67.0%，速確型と遅誤型の合計では19.2%であった。つまり，熟慮型あるいは衝動型の子どもの3分の2が次の年にも同じ認知スタイルとして分類される訳である。これに対して，認知スタイルが変化した子どもについて見ると，熟慮型から衝動型に，そして衝動型から熟慮型に移動した割合はそれぞれ13.2%と11.1%と10%台の低いレベルになっている。

また，速確型と遅誤型では1年後も同じ認知スタイルが維持されたのは19.2%と18.5%であったが，対極的なスタイルへの変化，つまり速確型⇒遅誤型，遅誤型⇒速確型へと変化した子どもの割合は5.8%と5.6%ときわめて

表 2-5 5年と6年の間の認知スタイルの安定性

コホート A5+B5 人数と( )内は5年時を分母に, 6年時を分子にした%		6年時の認知型				
		熟慮型	衝動型	速確型	遅誤型	合計
5年時の認知型	熟慮型	38(64.4)	8(13.6)	3(5.1)	10(16.9)	59
	衝動型	7(11.1)	40(63.5)	10(15.9)	6(9.5)	63
	速確型	8(33.3)	9(37.5)	5(20.8)	2(8.4)	24
	遅誤型	9(34.6)	12(46.2)	1(3.8)	4(15.4)	26
	合計	62	69	19	22	172

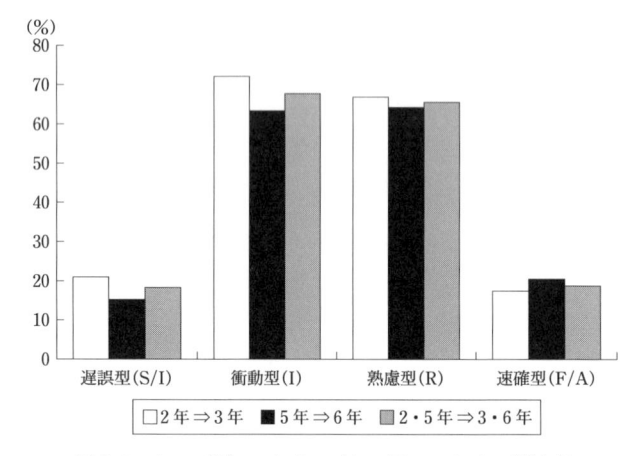

図 2-1 4つの認知スタイルごとの同一スタイル維持率

低い割合になっている。しかし，この2つのタイプに関しては，いずれも1年後には熟慮型か衝動型に30〜40%が動いていて，速確型の75.0%と遅誤型の75.9%が1年後には熟慮型か衝動型に変化し，全体の4分の3を占めている。こう考えると，速確型と遅誤型については熟慮あるいは衝動のいずれかのタイプとして分類されるべきものが，誤数および初発反応時間がそれぞれの中央値に近いために速確型ないしは遅誤型に分類されたと考えるのが妥当であろう。ただし，少数だが各自のスタイルを安定的に維持している子どもも存在する。

これらの結果を要約すると，熟慮型と衝動型の2つの主要な認知スタイルについてはかなりの予測力を持つが，その一方で速確型と遅誤型の2つのスタイルは非常に不安定である。

3.3 学力とMFFテストの4測度との交差時差パネル相関分析

コホートA2について，2年時と3年時の2学期末の国語，算数，社会，理科の4教科の成績合計(各教科とも5段階評価)とMFFテストの初発反応時間(RT)と誤数，衝動性，非効率性との交差時差パネル相関分析を行ってみた(図2-2，2-3，2-4，2-5)。

2，3年生のMFFテストの4変数と学力のそれぞれの自己相関がすべて有意であったので，交差時差相関はいずれも2年時の対応する変数をコントロールした偏相関係数を用いた。たとえば，図2-2ではRT2と学力3および学力2とRT3の相関は，前者が学力2をコントロールし，後者ではRT2をコントロールしている。ここでMFFテストの測度の学力に対する影響力と，その逆の学力のMFFテスト測度に対する影響力の相対的な強さについての推測を行う。その基本的な前提は，相関関係は因果的な関係ではないが，もしも2つの変数が時間的に違っていれば，先に生じたことが後で起こったことの原因となりうるということである。それで2年時のMFFテストの変数と3年時の学力との偏相関係数値と，2年時の学力と3年時における

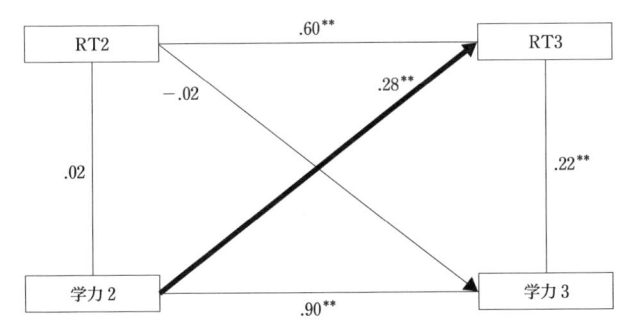

図2-2 RTと学力評価との交差時差的な相関：2年生から3年生へ

42　第2章　幼児期から学童期の熟慮性の発達

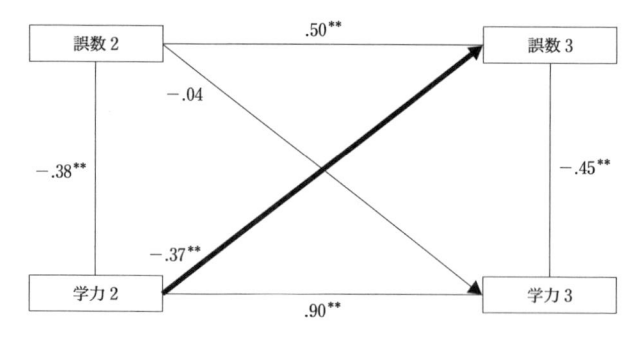

図 2-3　誤数と学力評価との交差時差的な相関：2年生から3年生へ

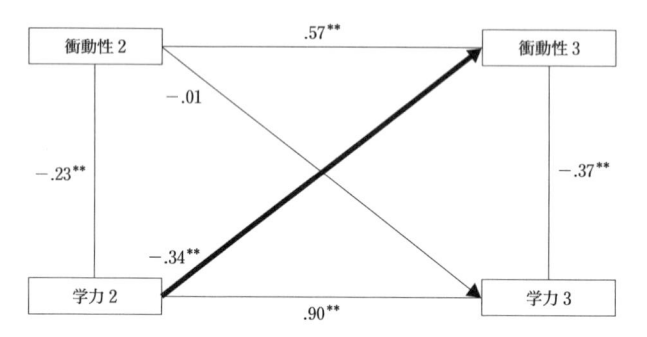

図 2-4　衝動性得点と学力評価との交差時差的な相関：2年生から3年生へ

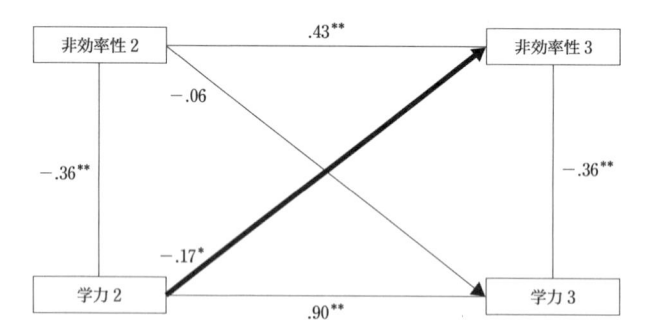

図 2-5　非効率性得点と学力評価との交差時差的な相関：2年生から3年生へ

MFFテスト変数の偏相関係数値の大きさを比べることにより，相対的な因果的な影響力の強さを推測するのである。上記の4つの相関パターンを見る限りでは2年の時の学力の高さが翌年の反応時間の増加，誤数の減少，さらには衝動性の減少と非効率性の減少を促進するという影響の方向性の方が，その逆の因果の可能性よりも大きい。要約すると，学力⇒熟慮性・衝動性への影響性の方が，それと対立する影響方向の熟慮性・衝動性⇒学力よりも強かったのである。

3.4　小学校1年生から6年生の長期間の安定性と変動

　偶然であるが小学校1年生の時にMFFテストを行った子どもたちが6年生になった時に再度同じテストを行う機会があったので，そのデータについて分析を行った。2回のMFFテストのデータがあったのは42名であり，6年生全体の165名に対する25.5％に過ぎない。このように児童の移動率が高いのはこの地域は市街部で人口移動が多いためである。性別比では男子24名(57.1％)，女子18名(42.9％)であり，いくぶん男子に偏っていたが，男女の人数の違いには統計的に有意差はなかった($\chi^2=0.87$，df＝1，n.s.)。6年生の時の初発反応時間と誤数について，追跡ケースとそれ以外の子どもの平均値を比べると，追跡ケースの方が反応時間(秒)が短く(153.14(85.45)対185.31(93.11)，t＝1.96．df＝161，p＜.06；追跡ケースと残りの児童の平均値(SD))，その逆に誤数が約1.5個多く(10.48(6.05)対8.96(6.39)，t＝1.34，df＝161，n.s.)，わずかに衝動的な傾向が強い傾向が見られた。

　1年生と6年生の時の初発反応時間と誤数の相関はそれぞれ−.70と−.62であり，ともに十分な値であった。しかし，初発反応時間と誤数の学年間の相関は.22と.26であり(ともにN＝42)，いずれも有意水準には達せず，長期間で見ると誤数と反応時間のいずれも安定性は低い。

　さらに，1年時と6年時のそれぞれの初発反応時間と誤数の中央値(189.0秒と134.1秒および10.0個と10.0個)の二重中央値折半法により4つの認知スタイルに分類し，2時点間の安定性と変動についてまとめた(表2-6)。1年生の認知スタイルをベースにして考えると，衝動型の17名のうち9名

表2-6 認知スタイルの1年時と6年時の対応関係

		6年時の認知型				
		遅誤型	衝動型	熟慮型	速確型	合計
1年時の認知型	遅誤型(S/I)	0	3	3	0	6
	衝動型	1	9	6	1	17
	熟慮型	1	6	8	0	15
	速確型(F/A)	0	2	2	0	4
合計		2	20	19	1	42

(52.9%)が5年後も同じ衝動型にとどまり，これとほぼ同じ比率の熟慮型も同じスタイルを維持していた(15名中8名で，53.3%)。この2つのスタイルの合計では過半数の53.1%(32名中17名)が同じ認知スタイルを維持していた。しかし，遅誤型(6名)と速確型(4名)ともにゼロであったので，4つの認知スタイル全体で見ると変化がなかったのは約4割(40.5%，42名中17名)に過ぎなかった。また，変化の内容を見ると，衝動型では5年後にはその約3分の1(35.3%)が熟慮型に変化し，熟慮型では4割(40.0%)が衝動型に変化している。全体を通していえることは，熟慮型と衝動型については予測力が2分の1であり，ある程度の安定性を持つことは確かである。その一方で，これらの2つのスタイルに関しては初発反応時間と誤数について対極的な特徴を有しているにもかかわらず，5年の間に3分の1を超える子どもが対照的なスタイルに変わったことにも注目すべきである。

4．考　察

4.1　本研究の資料的な価値

　この研究のデータが収集されたのは1980年代初頭であり，すでに30年も以前のことである。今日において，この研究はどのような資料的な価値を持つだろうか。

　第一に，すでに触れたように熟慮性・衝動性の安定性に関するデータで公刊されたものでは1980年代のアメリカの研究以外には見当たらないことで

ある。特にわが国においては、宮川・文殊(1978)の幼児を対象にした該当する研究があるだけである。

　加えて、MFFテストに基づく熟慮性・衝動性の研究自体が近年では非常に少なくなっていることである。それはこのテストは個別テストであり、集団で一斉に実施する質問紙調査と比べると、1人のデータを得るために多くの時間を要するばかりでなく、場所の確保も必要である。20〜30年前に比べると学校の活動に時間的な余裕がほとんどなくなり、テストのための時間確保が著しく難しい状況に変わった。また、放課後にテストを実施することも子どもの下校時における安全上の問題から事実上不可能な状況になった。

　しかしながら、最近では生活のテンポが速くなり、TVコマーシャルやコンピュータゲームに長時間さらされることで、素早い映像的な情報処理のスキルを発達させるプラス面の指摘とともに、衝動的に行動するといったマイナス面の変化も指摘されることが多い。だが、このような言説を実証的に裏づけるデータとなると、逸話記録的な資料としてマスコミで取り上げられるが、実証的な証拠は乏しいのが現実である。その意味で、MFFテストに基づく今日の子どもを対象にした追試研究が求められる。

4.2　初発反応時間と安定性

　小学生についての安定性に関してアメリカのデータ(Messer, 1976)を参照すると、テストの反復実施の間隔が半年以上あるものでは初発反応時間では.13から.70で、平均的にはおよそ.4ぐらいの中程度の安定性がある。これに対して、誤数では.21から.51で、平均的には.3程度である。これらの研究はすべて小学校1年生であるので、中学年になると安定性はもう少し上がることが期待されるが、そのことを考慮に入れても本研究の反応時間の安定性がアメリカのサンプルに比べてかなり高いことは特筆に値する(2年生で.5以上、5年生で.7に近い)。誤数は反応時間に比べると低いが、それでもアメリカのデータと比較するとやはり高い(2年生でおよそ.5から.6、5年生では.4以上)。このように反応時間と誤数の双方の測度ともに日本の子どもの安定性が高い。これは日本の子どもでは認知スタイルの確立が相対的

に早いことを示すものであろう。

　ところで，発達的に見て高学年の児童ではテストの遂行中にはメタ認知が働くことが低学年の子どもよりも多いと考えると，高学年の子どもの方がテストを行う時の状況要因の影響をより強く受け，安定性が低くなるという予測もできる。また，別の視点から見ると，認知スタイルはパーソナリティ特性のように発達的に確立していくとすると，学年が上がるにつれてより安定化すると考えることもできる。熟慮型と衝動型の2つのタイプを見る限りでは高学年の方がわずかながら安定性が下がっているが，それほど明らかなものではないので，ここでは上記の2つの予測に対して，そのいずれかを支持することはできなかった。

　さらに，長期間の安定性に関するデータでは，幼児期から学童期後半の広範に及ぶ例外的なデータ(Gjerde et al., 1985)を除くと，学童期に関するものでは6歳から8歳までの2年半(Messer, 1970)の追跡データだけであり，対象者は男子のみであった。ここで初発反応時間と誤数の相関はそれぞれ.31と.33であり，またこの間に進級できなかった子どもたちはより衝動的な認知スタイルを示した。今回はその期間をさらに拡大して丸5年間となったが，両者の相関はさらに低下して.22と.26であり，ともに有意なレベルには到達しなかった。また，熟慮型と衝動型の双方とも過半数をわずかに超える子どもが，5年後も同じ認知スタイルにとどまっていた。しかし，小学校1年生と2年生の間の安定性を調べた別の研究(臼井，1987)では初発反応時間と誤数の相関はそれぞれ.66**と.58**とかなり高いので，はたして何年生あたりから安定性が低下するのかは興味深いところである。予想としては，初発反応時間が天井効果，そして誤数が床効果に達する3年生頃に個人間の変動が相対的に大きくなり，相関が大きく低下することが考えられるので，長期間の縦断的なデータの収集が待たれる。

4.3　認知スタイルと学力発達との相互影響性

　これまで，多くの人々は学習障害や学業不振の原因の重要な一つとして認知的な衝動性を示唆してきた。それと同時に，熟慮性は教育可能性の発達を

促進し，その発達にプラスの影響を持つという前提の下に，衝動的な認知スタイルを熟慮的なものにいかにして修正するかに焦点を当てた研究も数多くなされてきた。しかし，その一方で，これとは逆方向の因果的な説明も可能である。学力として今回用いた測度は通知表の4教科の評価点であるので，それには狭い意味での各教科の知識習得量に加えて望ましい学習態度も反映しているだろうから，総合的な学習適性をさすと考えることもできよう。そうした学習適性は衝動的な行動を抑え，より熟慮的な行動を促進させるという影響方向も考えられる。そこで，認知スタイルとしての熟慮性・衝動性が学力として現実化する学習適性に影響を与えるのか，あるいはその逆に学力のレベルの高さが熟慮的な反応を増大させるのかを交差時差的な相関分析により検討を行った。

　結果としては，反応時間にしても，誤数にしても，また熟慮性・衝動性の認知スタイルの一次元的な指標の衝動性得点にしても，次の年の学力に対しては全く影響力を示すことがなかった。このことは「速く，正確に」という双方のバランスの良さの指標である非効率性においても同様である（効率性の係数は，初発反応時間と誤数の標準得点の平均値なので高いほど，反応時間が長くて誤数が多い傾向になるので，「非効率性」とした）。要するに，認知スタイルの学力に対する影響力は認められずに，逆の学力が認知スタイルを変えていくという影響方向の可能性が認められたのである。しかし，先のMesser(1970)の研究では，1年生から2年生に進級できなかった子どもの大半は言語知能では進級した子どもたちと違いがなかったが，より衝動的であった。また，衝動性の修正研究や視覚的な走査方略の訓練研究の背景には衝動性のために学習適応が阻害されているので，その修正が学習適応を増大させるという基本仮説がある。だが，本研究の含意としては，このような基本仮定に疑問を投げかけるものである。ただし，今回の通知表に基づく学力のデータに焦点を当てると，その安定性が極端に高い($r=.90$)ために，偏相関で前年の学力をコントロールしても，実質的な意味がなく，学力からの認知スタイルへの相関が強くなったという可能性もある。いずれにしても，熟慮性・衝動性と学力との相互における相対的な影響方向の強さについて，

もっと多面的なデータを集めて検討してみる余地がある。

1) この得点は，反応時間と誤数の標準得点（z 得点）の和の平均であり，この公式を考案した Salkind と Wright (1977) は「効率性得点」としているが，この得点が高いことは反応時間が長くて，しかも誤数も多いことになるので，「非効率性」得点とし，以下もこれにしたがう。

第3節　幼児期から小学校低学年の熟慮性の発達(研究2)

1. 問　題

　熟慮性・衝動性の発達に関するこれまでの横断的な研究データからは，いくつかの興味深い事実がわかっている(波多野，1974；Kagan, 1965; Smith & Caplan, 1988)。すでに第1章で述べたように，幼児期の後半から学童期にかけてMFFテストの初発反応時間が徐々に増大するとともに誤数が漸減する(熟慮化傾向)。だが，ある時点より反応時間が微減し，天井効果に達して安定化する一方で，誤数は次第に減少傾向を見せ，やがて床効果に到達するといった発達的な移行(developmental shift)が認められる。そして，この移行の時期に関しては，日本の子どもはアメリカやイスラエルの子どもに比べると約2年早く現れることがわかっている(Salkind, Kojima & Zelniker, 1978)。また，小学校への入学を境にして著しく熟慮化傾向が増大することが示されている(波多野，1974)。

　しかしながら，これらの研究結果を一般化するには，いくつかの留意すべき点がある。たとえば，これまでの横断的なデータにおいては，異なる年齢集団の間のサンプルの等質性が担保されていない。したがって，上記のような発達的な変化も，標本バイアスによる人為的な結果かもしれない。さらに，このような変化が確かめられたとしても，この変化の原因となる心理的なプロセスないしはメカニズムを解明していかなければならない。ところが，こうした研究は未だに手がつけられていない。

　そこで，本研究は次の2点を目的とする。第1に，幼児期より学童期にかけての等質性の高い標本を構成して，上記のような内外の横断的な研究の結果の交差妥当性(cross-validity)を検討することである。第2に，このような発達的変化と密接に関連する心理的過程を明らかにすることである。より具体的には，MFFテストの取り組み中の注視行動を含めたさまざまな対処行動や動機的側面について測定し，熟慮化へ向かう発達的な変化を支える心

理的なプロセスを推測することである。

2. 方　法

2.1　研究対象者

　北海道S市の公立A小学校1年生全員とそれに隣接する公立B幼稚園2年保育(年長組)と1年保育(年少組)の園児が本研究の対象者である。このB幼稚園の卒園者の約6割が隣接するA小学校に入学しているので，社会経済的地位(Socioeconomic status)に関しては2つの集団はほぼ等質とみなすことができる。

　　年少児34名(男子18，女子16)：平均年齢は5歳1か月
　　年長児68名(男子37，女子31)：平均年齢は6歳1か月
　　小学校1年生109名(男子55，女子54)：平均年齢は7歳2か月
　　(上記の年齢は，MFFテストの実施の1985年11月から12月現在)

2.2　手　続　き

(1)MFFテスト・取り組み過程の撮影・要求水準の測定

　これらの対象者全員に対してMFFテスト(MFF-20テストを15項目に短縮したものに彩色の施された2項目を加えた合計17項目)を個別に実施した。その間に，テストに子どもが答えている過程をビデオカメラにより撮影を行った。その際にカメラアングルは子どもの右か左の斜め前方から，子どもの上半身，特に手の動きや表情の変化が確実に記録できるようにして撮影した。また，子どもにはワイヤレスマイクをつけて，小さな声の発声や発話も録音されるようにし，ビデオカメラの音声の外部入力として映像と同時に記録した。

　MFFテストの終了後に，このテスト項目に含まれない新たな項目で比較刺激の数を2，4，6，8，10にしたテスト図版(10 cm×12.5 cm)(図2-6)を1枚ずつのカードとして，子どもの視点から一番左側にもっとも易しい比較刺激数2個のカード，次に比較刺激数が4，6個のカードを配列した。そし

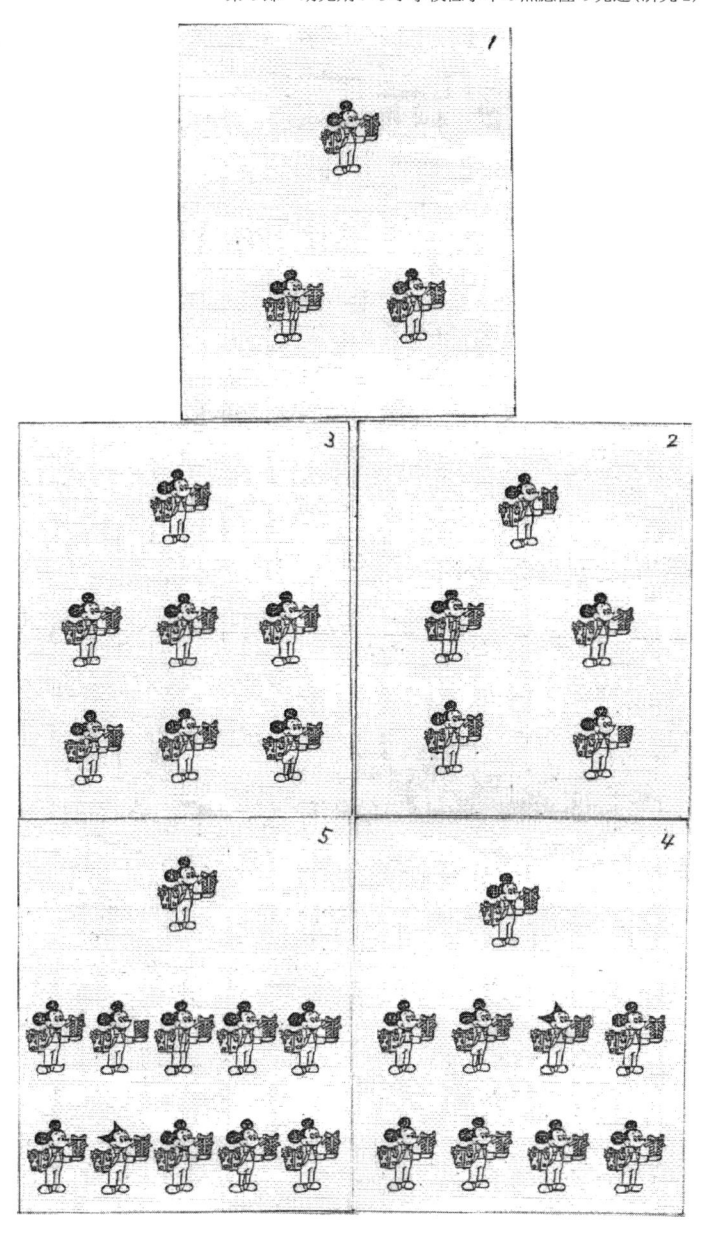

第3節　幼児期から小学校低学年の熟慮性の発達(研究2)　51

図2-6　要求水準測定用の5枚のカード

て，一番右側にもっとも難しい比較刺激数10個のカードを一列に並べて提示し，次にやってみるとしたらどの比較刺激の個数のMFFテストをやってみたいかを選択してもらった(要求水準の測定)。

(2) 子どものMFFテストの遂行における注視行動，対処行動

　子どものMFFテストの取り組みを記録したビデオテープを再生，視聴しながら次のような行動の生起についてチェックリストに基づき，コード化した。対象とした主な行動を，以下に示す。

　①初発反応までに標準刺激を注視した回数
　②第2反応以降で正答に達するまでの標準刺激注視回数(1項目あたりの平均回数)
　③よそ見(テストの図版以外のものを見る)の回数
　④テスターの顔を見る回数
　⑤発声回数
　⑥発話回数
　⑦微笑回数，など

　また，次の9項目について心理学専攻4年生の評定者2名が7段階尺度に基づき行動評定を行った(かっこ内は評定値7の内容の概略)。

　①取り組みの積極性・能動性(やる気満々で自ら進んでやっている)
　②遊び的な取り組みの態度(完全にゲームとして受け止め，いかにも楽しげに遊んでいる感じ)
　③ラポート形成の容易さ(すぐに打ち解け，自分から積極的にテスターに話しかける)
　④感情の表出の容易さ(テスターの正誤のフィードバックに対して表情をはっきりと表す)
　⑤元気のよさ(テスターに大きな声で答え，動作も大きく，はっきりしている)
　⑥粘り強さ(前半)　⑦粘り強さ(後半)(最初から最後まで飽きずに一生懸命に取り組む。決して当てずっぽうで答えることをしない)
　⑧集中力(前半)　⑨集中力(後半)(テスターの開始の合図ですぐに比較

刺激を捜し始め，周囲の物音やほかの子どもに気をとられない)

　この中で「粘り強さ」と「集中力」については，テストの前半(1～8項目)と後半(9～15項目)に分けて評定を行った。ここで前半と後半に評定を分けたのは，このテストでは10分前後を要するが，その間に粘り強さや集中力の変化が予想されたからである。

　2名の評定者間の信頼性を評定値の1段階以内のずれに収まった百分率で表すと，年少組では67％(集中力：前半)から93％(ラポート形成の容易さ)で9項目の平均で76.8％，年長組では65％(感情表出の容易さ)から89％(粘り強さ：前半)で平均で75.3％，小学校1年生では74％(遊び的な態度)から96％(集中：前半)で，平均で88.7％であり，全体を通じて十分に高い値であった。

3. 結　果

3.1　MFFテストの初発反応時間と誤数の発達的な変化

　初発反応時間は3つの年齢集団の間で有意差があった($F(2, 205) = 4.79^{**}$)ので，グループの間の違いを多重比較により確かめる(Bonferroniによる)と，年少児(4歳)と年長児(5歳)の間には有意差はなかった。しかし，年少児と小1の間に有意傾向($p<.06$)，そして年長児と小1には有意差($p<.05$)が見られた(図2-7)。つまり，小学校の入学を機に明白に初発反応時間が増大している。特に注目すべき点は，幼稚園の年少児から年長児にかけてはほとんど変化がないのに対して，年長児から小1にかけては顕著な変

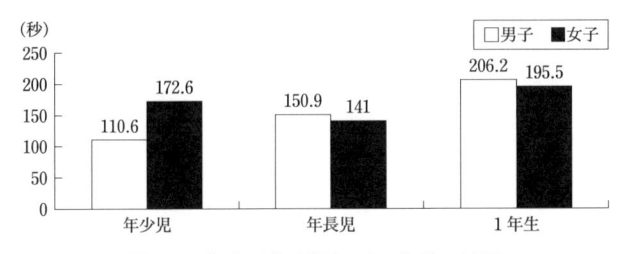

図2-7　初発反応時間(RT)：年齢・性別

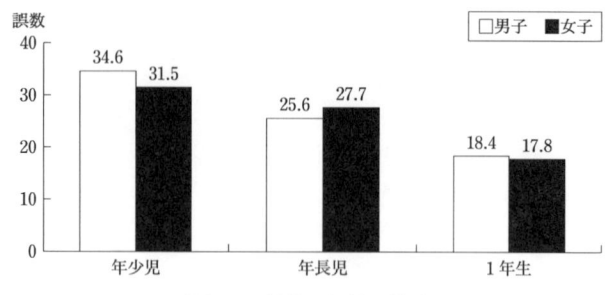

54　第2章　幼児期から学童期の熟慮性の発達

```
誤数
40    34.6
      ┌─┐ 31.5
30    │ │┌─┐        □男子 ■女子
      │ ││ │
      │ ││ │  25.6 27.7
20    │ ││ │  ┌─┐┌─┐
      │ ││ │  │ ││ │         18.4 17.8
      │ ││ │  │ ││ │         ┌─┐┌─┐
10    │ ││ │  │ ││ │         │ ││ │
      │ ││ │  │ ││ │         │ ││ │
 0    └─┘└─┘  └─┘└─┘         └─┘└─┘
      年少児    年長児         1年生
```

図2-8　誤数：年齢・性別

化があったことである。また，性差は見られず（F(1, 205)＝0.46，n.s.），性別と年齢集団との交互作用効果もなかった（F(2, 205)＝1.06，n.s.）。図2-7では年少児では女子の方が男子よりもかなり長くなっているが有意差はなかったのは，グループの中の分散が極端に大きいためであろう（それぞれの平均（SD）は，172.59（190.96）と110.63（108.13））。

これに対して，誤数では5，6，7歳と年齢が増すにしたがって，ほとんど直線的に減少している（年齢集団の主効果はF(2, 205)＝45.12**）。また，多重比較（Bonferroniによる）でも，年少児＞年長児・小1，年長児＞小1で有意であった（すべて1%以下）（図2-8）。しかし，性差の主効果も性別×年齢集団の交互作用効果もなかった（F(1, 205)＝0.16，n.s.とF(2, 205)＝1.07，n.s.）。

また，熟慮性・衝動性の構成概念としての妥当性の根拠となる反応時間と誤数の相関について見ると，年長と1年生ではマイナスの有意な相関であり（それぞれ－.56と－.64），男女間の差異も小さい（年少と年長の男子と女子でそれぞれ－.52と－.61；－.65と－.63）。しかし，年少児に関してはそれぞれ人数が少ないので統計的には有意ではなかったが，女子ではマイナスの相関（－.32）であったのとは対照的に男子ではプラスの相関（.24）であった（図2-9）。結果的に年少児では男女の合計で－.16（n.s.）にしか過ぎず，有意ではなかった。このことから，年長児以降では熟慮性・衝動性の認知スタイルが十分に成立していることの保証があるが，年少組の子どもにおいては女子では成立しつつあるようだが，男子では疑問である。

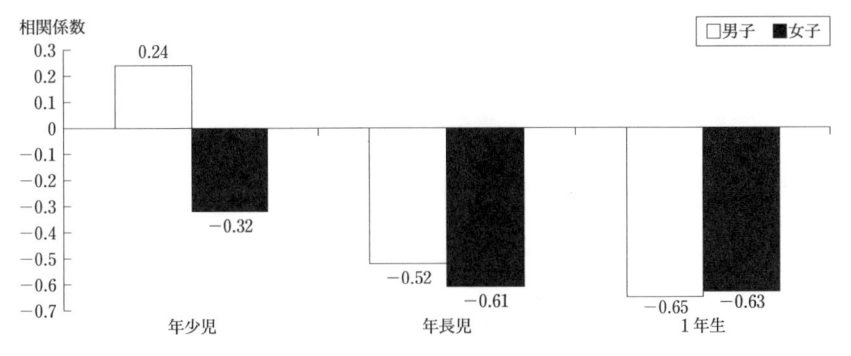

図 2-9 MFF テストの RT と誤数の相関：年齢・性別

3.2 行動評定

子どものMFFテストの取り組み行動に関する9項目の評定について3年齢集団を要因とする一元配置の分散分析を行った。「①取り組みの積極性・能動性」($F(2, 142)=2.16$, n.s.)「②遊び的」($F(2, 142)=0.94$, n.s.)「③ラポートのつきやすさ」($F(2, 142)=0.42$, n.s.)「④感情表出の容易さ」($F(2, 142)=1.98$, n.s.)「⑤元気のよさ」($F(2, 142)=0.14$, n.s.) の5項目では年齢グループの有意な効果はなかった。しかし、「⑥⑦粘り強さ（前・後）」($F(2, 142)=17.95^{**}$ と $F(2, 142)=22.27^{**}$) と「⑧⑨集中力（前・後）」($F(2, 142)=10.84^{**}$ と $F(2, 142)=11.86^{**}$) に関しては群間に大きな差が見られた（図2-10）。年齢集団の間の違いを多重比較（Bonferroniによる）により検討すると、粘り強さの前半では年長児・小1＞年少児、小1＞年長児のペアで有意であり、後半でも全く同じペアの間で有意であった。また、集中力の前半では小1＞年少児、後半では小1＞年少児・年長児のペアの間で有意であった。つまり、年少⇒年長⇒小1と年齢が増すにしたがって、テストを行っている間に注意を維持し、粘り強く取り組むようになっている。この場合も初発反応時間の結果とよく似ていて、幼稚園の年長児と小1の間に大きなギャップがあることが注目される。

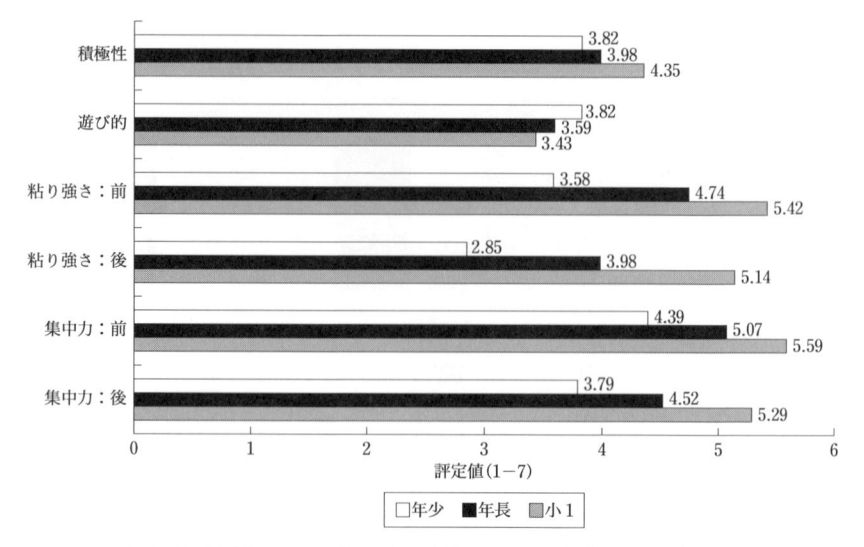

図2-10 MFFテストの取り組み行動における3年齢グループの比較

3.3 MFFテストの遂行中の行動分析

次に，MFFテストの遂行中の具体的な行動生起の結果を表2-7に示す。初発反応時間が年長から小1にかけて急増していることとほぼ対応して，標準刺激(見本刺激)への注視回数も平均で前半は22.24から33.31，また後半でも18.51から31.66と，年長組の子どもと小1の子どもの間で大きく増加している。その回数を前半の8項目と後半の7項目で比較すると，幼稚園の年少と年長の両群ではともに後半で減少傾向があり，繰り返しの分散分析ではともに有意差があった(年少児と年長児のF値はそれぞれ23.09** と14.61**)。しかし，小1では後半になっても注視回数はほとんど減少していない($F=2.04$, n.s.)。

このように小学校に入ると，標準刺激に対する注視回数がテストの前半から終了まで維持されていることがわかる。さらに，小1の子どもは標準刺激の注視回数は最初の選択反応だけではなく，最終的に正答に達するまでにおいても一貫して幼稚園児よりも多い($F=15.46$**，多重比較で年少児＜年長児＜小1で有意)(図2-11)。また，小学校1年生では，課題に対する集中の

第3節　幼児期から小学校低学年の熟慮性の発達（研究2）

表2-7　MFFテスト遂行における行動頻度の年齢比較

	年少児 (N=32)	年長児 (N=49)	小1 (N=69)	F−値 (年齢集団)	多重比較（Bonferroni）		
					年少-年長	年長-小1	年少-小1
標準刺激注視数：前半	18.56(13.64)	22.24(10.03)	33.31(19.14)	12.54**	n.s.	**	**
標準刺激注視数：後半	12.94(9.28)	18.51(13.17)	31.66(20.18)	17.68**	n.s.	**	**
よそ見回数	6.47(7.18)	6.33(6.72)	3.51(4.60)	4.23*	n.s.	*	(*)
発声回数：彩色項目	0.45(1.21)	0.31(0.90)	1.44(1.83)	9.55**	n.s.	**	**
発声回数	6.06(9.84)	3.18(6.14)	9.94(9.42)	8.44**	n.s.	**	n.s.
微笑回数	3.71(5.05)	8.71(9.08)	9.64(9.56)	5.18**	*	n.s.	**
微笑回数：彩色項目	0.55(0.85)	0.84(1.35)	1.08(1.68)	1.46	n.s.	n.s.	n.s.

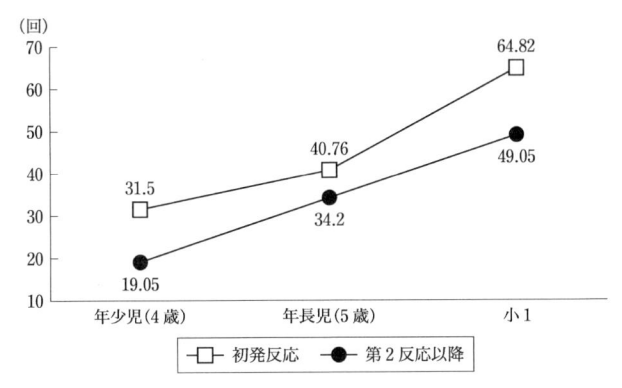

図2-11　標準刺激注視回数の初発反応と第2反応以後の年齢集団比較

程度が大きいことは「よそ見の回数」でも年長児よりも有意に小さいことからも裏づけられる。

　これらの結果は，先の行動評定の結果を裏づけるともに，小学校への入学を契機としてより積極的で持続的な課題解決行動が目立って発達することを示唆するものである。

　また，情動・動機づけに関する測度として「発声」と「微笑」について採用した。これらの行動は，MFFテストという子どもにとっては新奇で自分の知的能力に対するある種の挑戦的な状況における積極的な関与行動の指標になりうると考えた。なぜならば子どもの好奇心や関心が発声として，また

課題の解決法の発見が微笑として表出されやすいからである。使用したMFFテストはすでに方法で述べたように15項目の後に彩色の施されている追加の2項目があり，全体で17項目になっている。通常のテストと同じく1項目から15項目まではすべて白黒であるので，ロールシャッハテストのカラーショックのような驚き反応が得られるのではと思ってこの2項目の彩色項目を挿入し，これらの2項目に対する発声も計測した(実際には17項目のすべてで行った)。また，何かを成し遂げた時の微笑はmastery smileとして知られるが，達成動機に関連する測度とした。発声回数(15項目全体)で3年齢集団の間で有意差があった(F＝8.44**)。多重比較では小1＞年長児，彩色項目に対する発声回数では小1＞年少児・年長児で有意であった。また，微笑回数に関しては彩色項目の年齢差は有意でなかったが，15項目全体では有意であり(F＝5.18**)，多重比較により年長児・小1＞年少児で有意であった(表2-7)。幼稚園の年長組から小学校1年にかけての変化が大きいことは，これまでの結果の繰り返しであった。ただし，微笑反応については，年長組の方が年少組よりも多かったことは，年少組から年長組にかけて課題に対する積極的な働きかけが増し，かつその課題解決のしかたにおいても仮説・検証的なアプローチをすることも多くなっていくことを示唆するものであろう。

4. 考　察

ここでは，熟慮性の発達について，MFFテストの初発反応時間と誤数に関する測度の結果について考察し，さらに小学校の入学を契機にして初発反応時間が増加し，誤数が減少する現象，つまり熟慮性の発達を支える心理的なメカニズムについての考察を行う。

4.1　熟慮性の発達：小学校の入学の効果

今回は幼稚園の年少児(5歳)，年長児(6歳)と小学校1年生(7歳)の3年齢集団のMFFテストに関する横断的な研究であるが，これらの3年齢集団

間の等質性を確保したのが本研究の特長であった。それにより，従来の横断的なデータに対する交差妥当性(cross-validity)の検討という意義もあった。

まず，初発反応時間に関して見ると，これまでのデータとよく似ていて，年長から小1にかけて大きな変化が見られた。これに対して，誤数は年齢が増すにしたがって単純に減少していった。このことより，幼稚園の年長児の時から小学校の入学を機にして，急激な熟慮性の発達があるとするこれまでのデータが裏づけられたことになる。

また，熟慮性・衝動性の認知スタイルの成立に関しては，初発反応時間と誤数間でマイナスの中程度の相関関係が担保される必要があるが，年少児では－.16に過ぎなかったことより，今回の短縮版MFF-20テストでは5歳以上が適用可能とすべきと思われる。ただし，4歳児でも女子に限れば－.32であり，女子の方が知的な成熟が早い可能性も示唆された。

4.2 熟慮性の発達：MFFテストの取り組み行動の分析から

MFFテストの結果として初発反応時間と誤数に関して，幼稚園児と小学校1年生の間に明らかな差異があったが，その原因となる心理的なメカニズムを一つは取り組み行動の評定から，もう一つはそのプロセスのさまざまな行動の生起頻度の分析から探ろうとした。

行動評定では，粘り強さと集中力において幼稚園児に比べて小学校1年生の方が大きかった。このことをさらに確かめるために，行動分析を行ったが，標準刺激注視回数においても小学校1年生が幼稚園児よりも多いばかりでなく，15項目の前半と後半で比べると，幼稚園児では後半では注視回数が有意減少を示すのに対して，1年生では変化がなかった。そして，こうした標準刺激への注視回数の多さは，最終的に正答に達するまで維持されていた。また，課題遂行中のよそ見の回数でも年長児よりも1年生の方が有意に少なかった。これらの結果から，注視を維持し，課題に集中することについては，幼稚園の時期から小学校の入学にともない大きな発達があることがわかった。

また，課題遂行中の発声の回数，mastery smileに関連する微笑の回数でも，同様に1年生が幼稚園児よりもまさっていた。視覚的な分析能力といっ

た認知的なスキルの発達に加えて，こうした情動・動機づけの側面においても，就学の前後の1，2年間に目立った発達があることが確かめられた。

第4節 熟慮性と認知的コンピテンスとの関連性：
縦断的および因果的分析(研究3)

1. 問 題

　多くの発達研究者が熟慮性・衝動性の研究にかかわってきたが，意外にも発達的なデータはきわめて少ない。Kaganがこの概念を案出する契機となった概念化のスタイル(Conceptual Style)の研究(Kagan et al., 1964)に関しては，この研究が集中的に行われた期間が短く，データが少ない割には発達的な研究が多いことを考えると，奇異な感じすらある。また，場の依存性・独立性(Field-Dependence/Independence)の認知スタイルに関しては，心理的な分化(psychological differentiation)や分節化(articulation)という側面から，そして親子関係や養育方法などの社会化の文脈と関連づけた研究が多くなされてきた(Engelbrecht & Natzel, 1997; Witkin et al., 1962; Witkin & Goodenough, 1981)。しかし，熟慮性・衝動性の認知スタイルの研究からは熟慮性の増大，あるいは衝動的な反応の抑制というような，ごくおおざっぱで常識的な現象を指摘するにとどまってきた(Ferrari & Sternberg, 1998)。

　たとえば，熟慮性・衝動性の測定手段であるMFFテストの初発反応時間と誤数の発達関数についての知見の交差妥当性さえも，ほとんど検討がなされてこなかった。本章の研究2では，サンプリングをコントロールした研究でこの問題に取り組んだことはすでに述べた通りである。そこで，この研究3では，縦断的な研究からこの問題に取り組み，横断的データから得られた発達関数が再現されるかどうかを確かめることを第1の課題とする。たとえば，日本の児童に関するデータでは，小学校の入学を契機にして熟慮性が急速に増大するという横断的な研究の結果(波多野，1974)があるが，これを裏づける縦断的データは現在のところ存在していないのである。そして，第2に熟慮性・衝動性と認知発達水準との両者間の影響方向における優越性を推

定することである。つまり，認知スタイルが認知発達を促進させる可能性と，その逆に認知発達水準が熟慮性を増大させる可能性という2つの因果的な方向性の相対的な強さを見積もることである。これまでには認知スタイルと認知的な遂行の間の相関的なデータは数多くあるが，因果的な研究はほとんどなされてこなかった。

　さらに，この部分についてもう少し述べたい。幼児期後半から学童期にかけての認知発達や学業達成と熟慮性・衝動性との関連性については，これまで繰り返し確認されてきた。そうした相関関係から熟慮性・衝動性を教育可能性(educability)や就学レディネスの要因ととらえることも少なくなかった。実際に，ヘッドスタートなどの幼児に対する集中的な教育的介入の効果の指標(Banta, 1971)や，極小未熟児の予後の指標(Tanaka et al., 2009)としている。また，日米の幼児から小学校高学年に至る縦断的な比較文化的な研究によると，5歳時の熟慮性から6歳時の学校関係スキルばかりでなく，小学校高学年の学力水準をも予測できたのである。相関の数値でいうと，幼児の知能検査と同程度であった(東・柏木・ヘス，1981)。こうしたさまざまな研究知見を概観してBrodzinsky(1985)は，Piagetの認知的な操作の構造の発達と認知スタイルとの間には密接な相互関係性があることを指摘している。だが，認知的コンピテンスや認知的な資源と現実の課題解決のスキルの間にはギャップがある。つまり，「できる」力を備えていても，特定の問題に直面するとできない子どももいる。このような子どものスキルの利用可能性や適用力の違いは，コンピテンスを活性化させるような調整変数(moderator variable)の働きによるのではないかと考えて，認知スタイルをこの調整変数の一つとして位置づけている。潜在的な能力を当座の課題解決に向けて作動可能な現実的なスキルへと変換させる要因の一つが認知スタイルである。基本的な認知操作の発達に関しては同程度の子どもであっても，実際の課題解決の結果は同じとは限らない。それは認知能力の適用範囲の広さや利用可能性の容易さに関して個人差があるためである。Brodzinskyはそれを説明するための鍵概念として認知スタイルに期待を寄せている。

　さて，Brodzinskyのこのような理論に立つと熟慮性・衝動性の認知スタ

イルと認知発達水準とは相互に影響を及ぼしあうはずである。たとえば，課題に対して熟慮的，分析的なアプローチをする子どもは難しい問題に直面してもあきらめずに持続的に取り組み，課題の分析を行い，その課題解決に関連する自己の認知的資源を十分に使い，自らの認知的なプロセスに対するモニタリングを行いやすい。つまり，より認知的に発達した課題対処の方略を使う可能性がある(Rozencwajg & Corroyer, 2005)。そう考えると，熟慮性が認知発達を促進させるように作用することになる。しかし，その一方で認知発達の早さが熟慮的な課題への構えを作りやすくするという逆方向の影響の可能性も考えられる。そこで本研究では，この両方向の影響方向の相対的な優位性を交差時差パネル相関分析(cross-lagged panel correlational analysis)(Crano, 1977)により検討を行う。

具体的に述べると，幼稚園の2年保育の年少(5歳)と年長(6歳)と小学校1年生(7歳)の3年齢グループ(コホート)に対してMFFテストを行い，その翌年にこれらの子どもたちに同じテストを反復して実施する。これにより，5, 6, 7歳と6, 7, 8歳の3年間の横断的データを得ることができることに加えて，5→6歳，6→7歳，7→8歳の3期間の発達的傾向を縦断的データから得て，2つの研究目的へのアプローチを試みる。

2. 方 法

2.1 対 象 者

本研究の対象者はこの章の研究2と同一である。つまり，北海道S市の公立幼稚園1園の2年保育の年少児(コホート1：平均年齢5歳1か月)，年長児(コホート2：平均年齢6歳1か月)とその幼稚園に隣接する小学校の1年生(コホート3：平均年齢7歳2か月)の3つの年齢グループの子どもたち合計213名である。この幼稚園の卒園者の多くが隣接する小学校に入学するので，幼稚園児と小学生児童の間には社会経済的地位では等質性が高いサンプルである。それぞれのコホートの人数は，コホート1(34名：男18，女16)，コホート2(68名：男37，女31)，コホート3(109名：男55，女54)で

ある。

2.2 手続き

(1) 初年度の調査内容

以下の調査を 1985 年 11 月から 12 月にかけて行った。

①MFF テスト：対象者の全員に対して MFF-20 を 15 項目に短縮したものを個別に実施した。

②就学準備性(認知能力)検査：幼稚園の年少児と年長児には，次の 11 種類の学業面での就学準備性(school readiness)(東・柏木・ヘス，1981)を個別に実施した。

　　1)名前書き，2)大小の数量の比較，3)数の理解，4)加算，5)量の理解，6)菱形の模写 1，7)菱形の模写 2，8)短文記憶，9)文字読み(清音 20 文字)，10)文字読み(濁音 20 文字)，11)線書き(6 cm の 2 点の間をできるだけゆっくりと線を引く課題で，2 回実施する)

実際には，2)大小の数量比較の課題は全員が正答であったので，以下の分析からは除外した。

③知能検査：小学校 1 年生には京大 Nx 知能検査 5-8 歳用を教室の単位で担任教師の指示により一斉に実施した。

④教師評定：幼稚園年少組の学級担任教師に個々の子どもの日常行動特徴について次の 10 項目について 5 段階で評定を依頼した。

　　1)課題の取り組み方，2)粘り強さ，3)計画性，4)好奇心，5)要求水準，6)独立性，7)自発性，8)リーダーシップ，9)道徳性，10)思いやり

(2) 2 年目の追跡調査内容

以下の調査を最初の調査のおよそ 1 年後の 1986 年 11 月から 12 月にかけて実施した。追跡調査の対象となったのは，初年度の調査に協力した 213 名の中の 179 名(84.0%)であった。

①MFF テスト：対象者の全員に対して前年に実施した MFF-20 テストを 15 項目に短縮したものを再度個別に実施した。

②就学準備性(認知能力)検査：幼稚園の年長児に対して，前年に実施したも

のを再度行った。
③知能検査：小学校2年生には，京大Nx知能検査7-9歳用を実施した。
④絵画語い発達検査：小学校1年生に対しては，知能検査の代用として「絵画語い発達検査」(上野・撫尾・飯長，1978)を小学校の教室単位で各学級担任教師の指示により実施した。
⑤教師評定：幼稚園の年長児には前年と同じ10項目，小学校1年生には6項目の日常行動についての評定を担任教師に依頼した。後者の評定項目は次の通りである。いずれも5段階評定である(資料2，3)。
　　1)熟慮傾向，2)要求水準，3)独立性，4)リーダーシップ，5)自発性，6)道徳性

3. 結　果

3.1　MFFの初発反応時間と誤数の発達的な変化：横断データ

　1985年(Time-1)と翌年の1986年(Time-2)のMFFテストの初発反応時間(RT)と誤数について4つの認知スタイル別に年齢グループでまとめたものを表2-8に示す。
　まず，横断的なデータから見てみよう。初発反応時間に関していえば(図2-12)，Time-1のデータでは，幼稚園の年少組(5歳)から年長組(6歳)にかけてはほとんど増加していない(139.79(76.85)秒から146.42(105.92)秒：平均反応時間(SD))が，年長組から小学校1年生(7歳)(200.93(139.11)秒)にかけては平均で50秒あまりと大きな増加が見られ，有意差があった($t=2.77^{**}$，$df=175$)。これと同様にTime-2のデータでも年長組から小学校1年生での伸びが大きく，平均値で30秒の増加があったが有意ではなかった($t=0.84$，$df=80$)。また，Time-2のデータから小1(7歳)と小2(8歳)では平均値で30秒の減少が見られたが，有意ではなかった($t=1.34$，$df=160$，n.s.)。
　次に誤数について見てみよう(図2-13)。2つの測定時点を問わずに，年齢とともにはっきりした単調減少傾向がある。Time-1の年少組と年長組の間

第2章 幼児期から学童期の熟慮性の発達

表2-8 3コホートの認知スタイル別MFFテストの初発反応時間と誤数の結果

		月齢	Time-1		Time-2	
			RT1 (平均(SD) 人数 中央値)	誤数1 (平均(SD) 人数 中央値)	RT2 (平均(SD) 人数 中央値)	誤数2 (平均(SD) 人数 中央値)
年少児 (5歳) コホート1	全員	60.63 (3.40) N=34	139.79(76.85) N=34 Md=76.85	33.15(7.28) Md=33.50	197.54(150.91) N=38 Md=170.00	24.53(11.03) Md=23.00
	遅誤型		268.65(259.67) N=6	37.17(4.54)	226.37(64.33) N=3	35.67(8.08)
	衝動型		53.46(15.99) N=11	38.55(3.48)	83.42(40.70) N=17	32.82(6.77)
	熟慮型		201.67(131.20) N=11	26.91(5.72)	323.51(144.43) N=16	14.19(4.75)
	速確型		60.48(11.07) N=6	28.67(3.01)	116.50(63.64) N=2	20.00(2.83)
年長児 (6歳) コホート2	全員	73.01 (3.25) N=68	146.42(105.92) N=68 Md=118.40	26.57(9.14) Md=26.60	227.49(169.32) N=44 Md=156.35	17.11(9.53) Md=15.86
	遅誤型		158.13(37.94) N=11	30.82(3.25)	244.08(112.77) N=6	19.83(4.17)
	衝動型		73.05(23.15) N=24	35.28(6.00)	100.64(41.07) N=17	25.53(8.28)
	熟慮型		238.63(129.76) N=23	17.70(3.98)	387.67(164.12) N=16	8.46(3.65)
	速確型		97.53(22.12) N=10	21.20(4.08)	126.32(17.75) N=5	12.60(1.14)
小学校 1年生 (7歳) コホート3	全員	86.14 (3.51) N=109	200.93(139.11) N=109 Md=162.50	18.12(8.89) Md=15.89	198.89(96.81) N=118 Md=171.00	13.53(6.42) Md=13.69
	遅誤型		189.17(29.21) N=12	21.17(3.66)	229.39(45.34) N=16	16.69(2.27)
	衝動型		105.37(30.40) N=45	25.78(7.33)	124.33(31.04) N=45	19.40(4.13)
	熟慮型		323.26(146394) N=43	10.33(3.13)	286.04(93.81) N=43	7.09(2.93)
	速確型		109.91(17.35) N=9	13.00(1.41)	135.97(22.44) N=14	10.79(1.58)

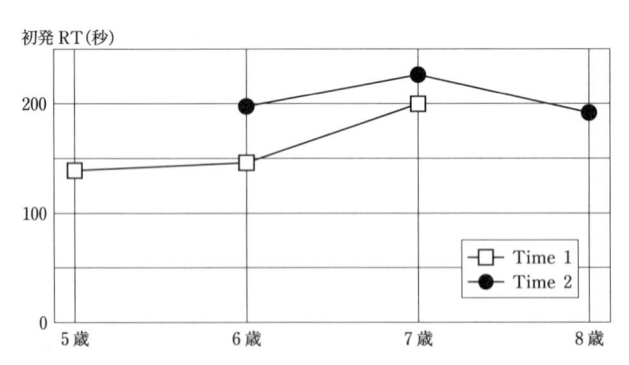

図2-12 2つの測定時点における初発反応時間の年齢別集団の比較

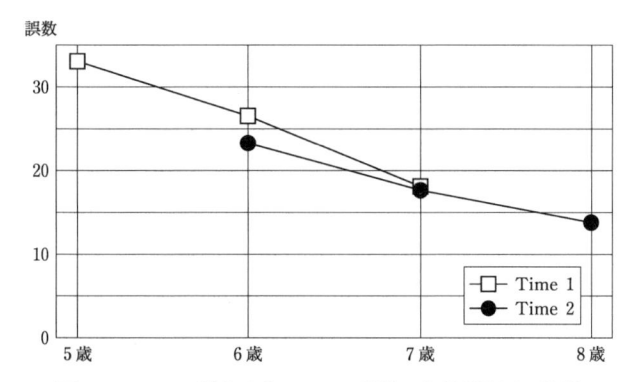

第4節　熟慮性と認知的コンピテンスとの関連性：縦断的および因果的分析(研究3)　67

図2-13　2つの測定時点における誤数の年齢別集団の比較

(33.15(7.28)から26.57(9.14)，t＝3.65**，df＝100)，また年長組と小1(18.12(8.89))の間(t＝6.09**，df＝175)でいずれも有意差があった。Time-2のデータでも年長組と小1(24.53(11.03)と17.11(9.53)，t＝3.26**，df＝80)および小1と小2(13.53(6.42))の間で有意であった(t＝2.75**，df＝160)。

初発反応時間と誤数の横断データの結果をまとめると，次のことがいえる。小学校1年生まで反応時間は増大傾向があり，特に年長組から小1への増加が大きいが，小1でピークになり，以後は減少に転じている。これに対して，誤数は年少組から小学校2年生まで単調な減少を続ける。

3.2　MFFの初発反応時間と誤数の発達的な変化：縦断データ
(1)初発反応時間と誤数の1年間の変化

3コホートごとの1年間の変化について初発反応時間(図2-14)と誤数(図2-15)について示した。

初発反応時間では初年度の調査で幼稚園児の2つのコホートは，いずれも2年目の方が増加している。先の横断データで示したように，Time-1(T1)に関してはコホート1とコホート2でほとんど違いがないが，最初の年に年少児であった子ども(コホート1)が6歳の時(Time-2(T2))の反応時間はコホート2のT1の6歳児よりも約50秒も長くなっている。実際にコホート1のT2とコホート2のT1(それぞれ6歳時)の間で差の検定(t-検定)を行

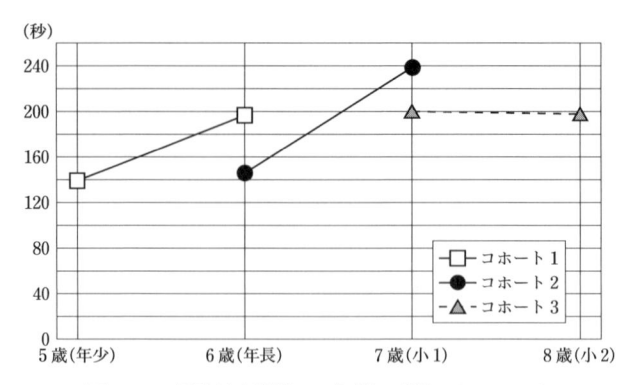

図 2-14　初発反応時間の1年間の変化：3コホート

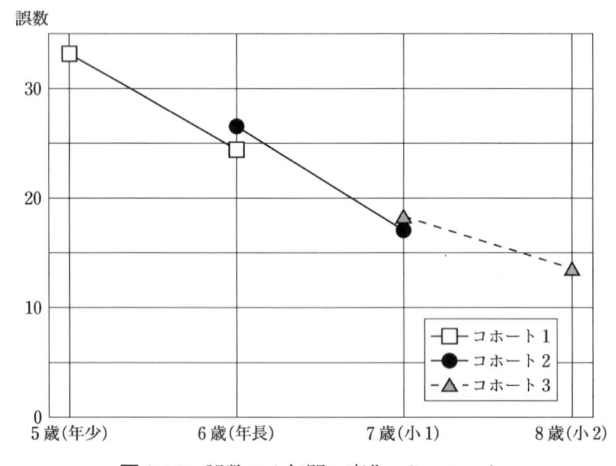

図 2-15　誤数の1年間の変化：3コホート

うと，5％レベルで有意であった($t=2.02^*$, $df=104$)。ただし，最初の調査年では5歳児(コホート1)はすでに年長児(コホート2)と反応時間が同程度であり，この2つのコホートの熟慮性の発達に関してももともと違いがあった可能性があるが，別の解釈もできる。つまり，同じMFFテストを繰り返して行うことで，より慎重な取り組みを促したのかもしれないのである。このことを留意した上で，1年間の変化について見ると，コホート1, 2, 3でそれぞれ$t=1.70(^*)$, $df=33$；$t=3.22^{**}$, $df=43$；$t=1.35$, $df=99$であり，

コホート2の年長組から小1への変化のみが有意であった。また，年少組から年長組へもまた増加傾向があったが有意には達していなかった。

これに対して，誤数の場合は3つのコホートはまるで1つの集団のように同じ年齢の誤数ではほとんど1本の線のような単調な減少傾向として推移している。実際に各コホートの1年間の誤数について上記と同じ対応のあるt-検定を行うと，コホート1($t=6.51**$, $df=33$)，コホート2($t=5.70**$, $df=43$)，コホート3($t=5.38**$, $df=99$)とすべてにおいて非常に高いレベルで有意差があった。

(2) 初発反応時間と誤数の相関：熟慮性・衝動性の認知スタイル確立時期の推定

コホートごとに1年間の初発反応時間(RT)と誤数についての相関を求めると，そのままの数値(図2-16)に比べて，それぞれを対数変換したもの(図2-17)の方が絶対値にして0.1から0.2程度の増加が見られる。特に，年少組(5歳児)では-0.16で有意ではなかったが，対数変換後では$-0.36*$と有意になっている。

たとえば，反応時間と誤数の相関について見る(図2-16)と，幼稚園の年長組になると-0.5程度の相関になり，その後さらに絶対値が増加する傾向がある。熟慮性・衝動性の認知スタイルを反応の速さと正確さのtrade-off状況における反応様式の個人差としてとらえると，この程度のマイナスの相関がこのスタイルの妥当性を示すおおよその基準と考えられる。したがって，この年齢で認知スタイルが確立していることがわかった。年少組では対数変換後には有意なマイナスの相関になったが，性差が大きかった。女子では$-0.53*$(そのままの数値では-0.31, n.s.)であったが，男子では0.00(そのままの数値では0.24, n.s.)であり，女子ではおよそ5歳で認知スタイルが出現するが，男子ではそれから1年くらい待たなければならない。つまり，熟慮性・衝動性の認知スタイルの形成においては，女子の方が男子よりも1年早いことが示唆された。

(3) 初発反応時間と誤数の安定性

初発反応時間(RT)と誤数に関する2つの測定時点間の相関(安定性)を求めて，それぞれ図に示した(図2-18, 2-19)。

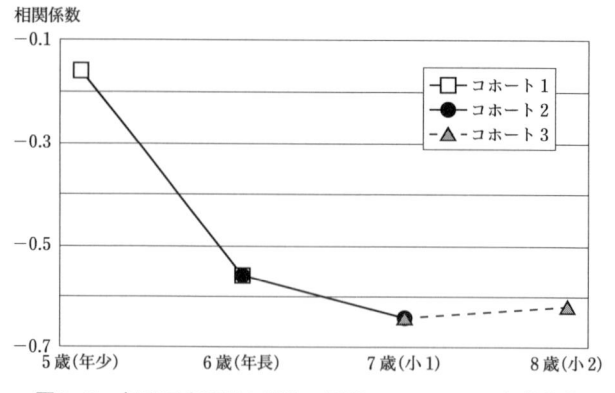

図 2-16 初発反応時間と誤数の相関：3 コホートの年齢比較

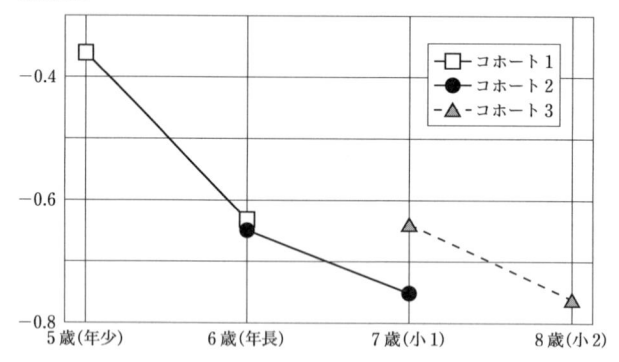

図 2-17 初発反応時間と誤数の相関（対数変換）：3 コホートの年齢比較

初発反応時間は個人差の幅が極端に広いので対数変換を行った．その上で反応時間と誤数に共通した大きな発見は，幼稚園の年長組から小 1（コホート 2）への安定性が低かったことである．特に反応時間に関してはほとんどなかった（r＝0.15, n.s.）（そのままの数値では r＝0.01）．ただし，目立った性差があり，女子では有意でないがプラスの相関（r＝0.32, N＝23, n.s.）だが，男子では変動が極端に大きくて，順位の逆転がかなりあることが推測された（r＝−0.32, N＝21, n.s.）．男子が女子よりも不安定である点に関しては年少組（コホート 1）とも共通している．たとえば，年少組全体としては相

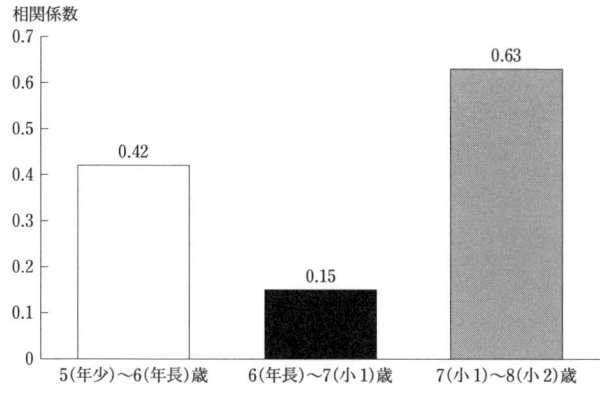

第4節　熟慮性と認知的コンピテンスとの関連性：縦断的および因果的分析(研究3)

図 2-18　初発反応時間の安定性(対数変換)

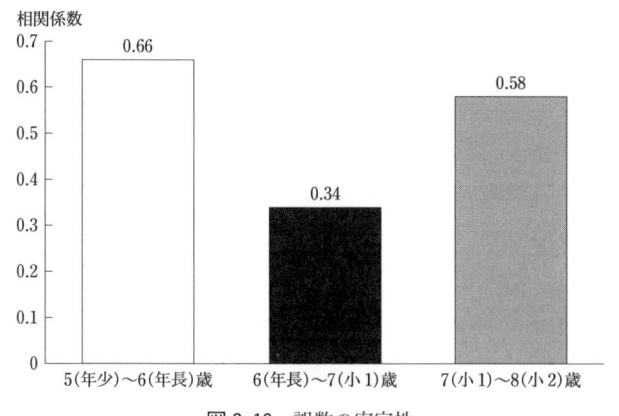

相関係数
- 5(年少)〜6(年長)歳: 0.42
- 6(年長)〜7(小1)歳: 0.15
- 7(小1)〜8(小2)歳: 0.63

図 2-19　誤数の安定性

相関係数
- 5(年少)〜6(年長)歳: 0.66
- 6(年長)〜7(小1)歳: 0.34
- 7(小1)〜8(小2)歳: 0.58

関が0.42^*(N＝34)だが，女子では0.53^*(N＝16)に対して，男子は0.32(N＝18, n.s.)であった。だが，小1では全体で0.63^{**}(N＝109)と高かったが，性別に見ると男子で0.71^{**}(N＝51)に対して女子で0.51^{**}(N＝49)であり，むしろ男子の方が高かった。このように女子の反応時間の安定性が高いことは小学校の1年生までであった。しかし，年長組の時には反応時間と誤数の相関では女子が-0.64^{**}，男子が-0.67^{**}，また小学校1年生の時には$-.85^{**}$と$-.64^{**}$というように2つの測定時点ともに十分なレベルであるの

で，この安定性の低さは MFF テストの信頼性の低さから来るものではない。

　誤数ではどうだろうか。この測度では反応時間のように広範囲な分布ではなかったので，そのままの個数同士の相関を算出した(実際に対数変換してもほとんど違いがなかった)。まず，目立つ特徴としては反応時間と同じく，コホート 2 の年長組から小 1 にかけての相関が 3 つのコホートの中でもっとも低くなっている ($r=0.34*$) が，反応時間の場合とは異なり有意であった。この集団とは対照的にコホート 1(年少組⇒年長組) とコホート 3(小 1 ⇒ 小 2)では，それぞれ $0.66**$ と $0.58**$ とかなり高い安定性を示していた。反応時間では顕著な性差が見られたコホート 2 では，女子は $0.49*$ ($N=23$) に対して男子はマイナスではなかったが 0.13($N=21$, n.s.)とここでもきわめて低い相関であった。

　このように初発反応時間と誤数の双方で，幼稚園の年長組から小学校の 1 年生の間では，隣接する前後の学年に比べて安定性が大きく低下することがわかった。特に，その不安定さは男子において顕著であることが注目される。

(4) 認知スタイルによる 1 年間の安定性と変化

　3 コホートそれぞれの認知スタイルの 4 タイプについて，1 年後のスタイルとの対応関係について図 2-20 にまとめた。

　コホート 1(年少組⇒年長組)では，衝動型では 72.7％(8/11)が 1 年後もやはり同じ衝動型にとどまっていたし，熟慮型では 3 分の 2 弱(7/11)(63.6％)がそうであった。両方の平均では 68.2％が同じスタイルを維持していたが，遅誤型と速確型では双方とも同じスタイルとして翌年も分類された子どもは誰もいなかった。

　反応時間の安定性が際だって低かったコホート 2 の幼稚園の年長組から小学校 1 年生の集団では，同一の認知型の維持率は衝動型で 53.3％(8/15)，熟慮型で 57.1％(8/14)と過半数を少し超える程度にとどまっていた。速確型ではゼロだったが，遅誤型では 37.5％(3/8)だった。

　最後に小学校の 1 年生から 2 年生のコホート 3 では衝動型が 55.0％(22/40)，熟慮型が 67.5％(27/40)で双方の平均が 61.3％で，幼稚園の 1 年間のコホート 1 よりもわずかながら低くなっている。ただ，サンプルが 100 名

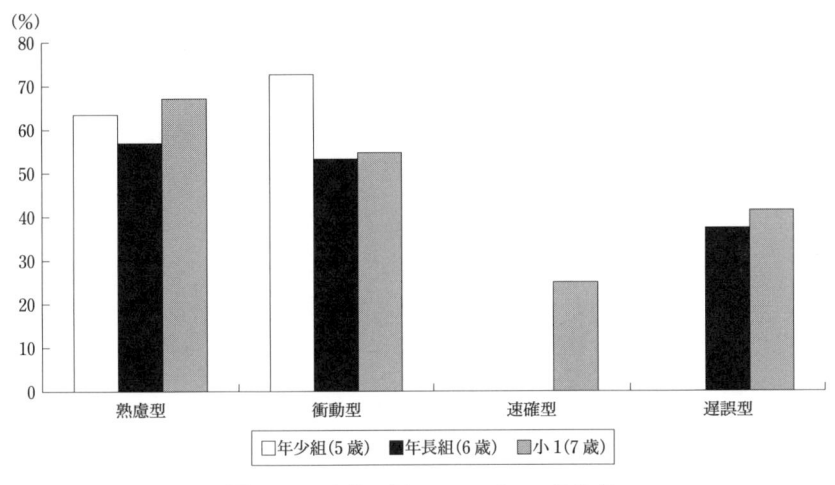

図2-20　1年後の同一のスタイルの維持率
注）年少組：N＝34，年長組：N＝44，小1：N＝100

と大きいことから，遅誤型が41.7％(5/12)に加えて速確型も25.0％(2/8)が同じスタイルとして1年後も分類された。

3.3　熟慮性・衝動性と認知発達との相互影響性の検討
(1) 認知能力とMFFテストの初発反応時間と誤数

　2回の調査で認知能力に関して同じ検査を繰り返して行ったのは，コホート1の認知能力(教育可能性)のテストであった。また，コホート3の京大Nx知能検査は小学校1年時は5-8歳用，次の年の2年時には7-9歳用であったが，基本的なテストの構造から同一の検査とみなすことができる。そこで，コホート1についてMFFテストの反応時間と誤数　対　認知能力検査得点との影響方向の相対的な優位性について検討を試みた(図2-21，2-22，2-23)。5歳の時と6歳の時のいずれか一方のクロス(時差的な)偏相関が有意であったペアについて見ると次の通りであった。まず，初発反応時間は文字読み(清音と濁音の合計40文字の読字数)(年少時のMFFテストの初発反応時間をコントロール)と名前書き(年少時のMFFテストの反応時間をコン

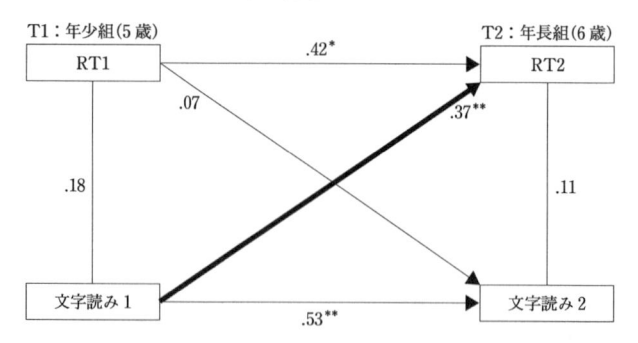

図2-21 年少時と年長時の反応時間と認知能力との交差時差相関

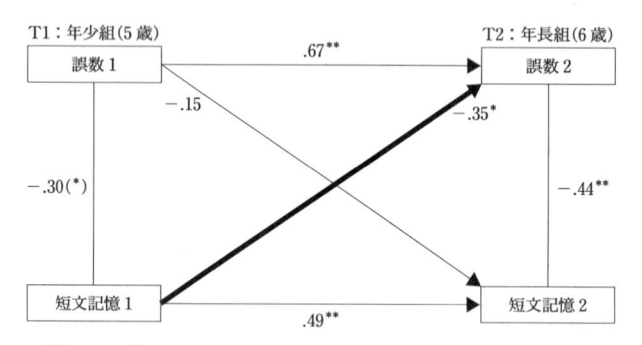

図2-22 年少時と年長時の誤数と認知能力との交差時差相関

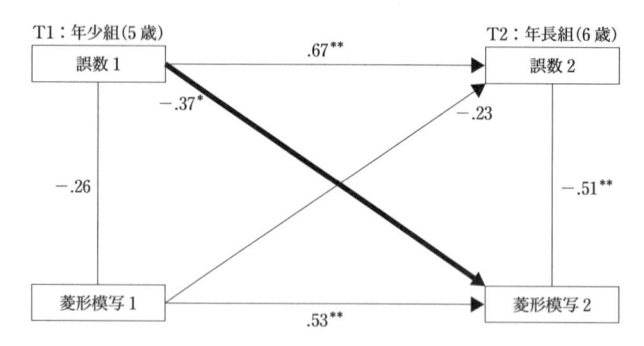

図2-23 年少時(T1)と年長時(T2)の誤数と認知能力との交差時差相関

トロール)の2つで5歳時の認知能力と6歳時の反応時間の偏相関はいずれも有意であり(.37*と.36*)，影響の方向性としてはいずれも認知能力⇒MFFテストの反応時間であった。つまり，5歳の時にひらがなの読字数が多い子ども，またその時に名前をよく書ける子どもは翌年のMFFテストの反応時間を増加させやすい傾向がある。しかし，その逆の方向，つまり5歳時の反応時間が翌年の読み書きに関する能力を上げる可能性はなかった。

次に誤数について見てみると，名前書きと短文記憶はともに翌年の誤数を減少させる方向に影響を与えていた(偏相関は$-.44^{**}$と$-.35^*$)が，それと対立する影響方向を示す偏相関(5歳時の誤数と6歳時の認知能力)はいずれとも有意ではなかった($-.23$と$-.15$)。だが，菱形模写はこれらとは対照的にその逆の影響方向，つまり前年の誤数の少なさが菱形模写の成績を上げるように働いていた。このように結果はすべて一貫していたとはいえないが，全体的には**認知スタイル⇒認知能力**という影響方向はほとんどなくて，**認知能力⇒熟慮性**の増大という影響方向がより強かった。

次に小学生についての結果を述べる(図2-24，2-25)。

反応時間と誤数および知能指数のいずれとも自己相関がかなり高い。それぞれの学年の反応時間および誤数と知能指数との相関は高くはなかったが，ほとんどすべてが有意であった(2年生の反応時間と知能指数の相関だけが10％水準)。しかし，反応時間および誤数対知能指数の時差的にクロスした偏相関はさらに低かった。反応時間について見ると，1年生の時の反応時間と2年生の時の知能指数との偏相関(1年生の時のIQをコントロール)は.07，逆の1年生の時のIQと2年生の時の反応時間の偏相関(1年生の反応時間をコントロール)は.12であり，いずれも有意ではなかった。つまり，反応時間と知能についてはいずれかの影響方向が優位ということは見られなかった。これに対して，誤数では1年生の誤数と2年生のIQの偏相関(1年生のIQをコントロール)は$-.18(^*)$，1年生の時のIQから2年生の時の誤数への偏相関(1年生の誤数をコントロール)も$-.19(^*)$であり，10％レベルでは有意であり，誤数が少ないことが次の年のIQの増加と同時にIQの高さが翌年の誤数の減少をもたらしやすいという弱い相互影響性が見られた。

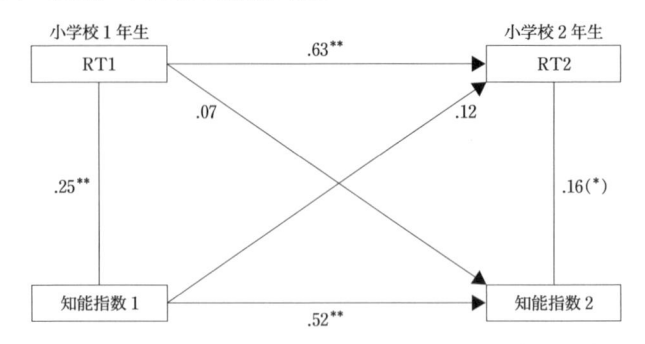

図 2-24　コホート 3(小 1 ⇒ 小 2)の RT と知能指数との交差時差相関
注) ＊：p＜.05，＊＊：p＜.01，(＊)：p＜.10

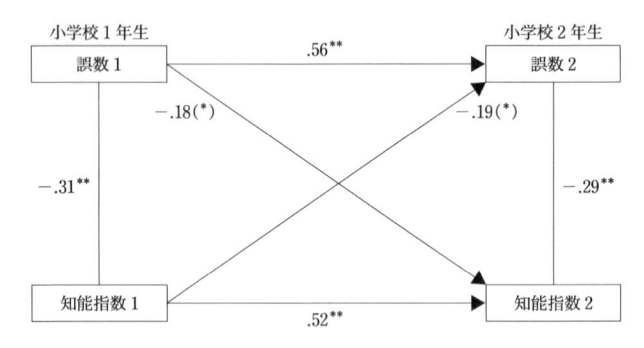

図 2-25　コホート 3(小 1 ⇒ 小 2)の誤数と知能指数との交差時差相関

(2) 熟慮性・衝動性と行動特徴との相互影響性の検討

　コホート 1 の幼稚園の年少組には，翌年の年長組の時にも 10 項目の行動評定を教師に依頼した。また，コホート 2 では 1 年目には幼稚園教師による 10 項目の行動評定を，翌年には小学校の担任教師による 6 項目の行動評定を依頼した。こうして，5 歳から 6 歳の幼稚園の年少から年長にかけての 1 年間と，6 歳から小学校 1 年生にかけての 1 年間の 2 つのコホートの縦断的なデータを得ることができた。このデータを用いて 5 歳から 7 歳までの熟慮性・衝動性と行動特徴の相互の影響性の優越性の検討を行う。つまり，熟慮性・衝動性が特定の行動傾向の形成を強める方向に影響する傾向性と，その逆に特定の行動傾向が熟慮性あるいは衝動性の増加を引き起こしやすいのか

第4節　熟慮性と認知的コンピテンスとの関連性：縦断的および因果的分析(研究3)　77

について明らかにしようとする。

　コホート1(5歳から6歳)について，行動特徴の10項目とMFFテストの反応時間と誤数との交差時差相関を算出した。図2-26に即して説明すると，5歳時のリーダーシップと6歳時の誤数との偏相関(5歳時の誤数をコントロール)と5歳時の誤数と6歳時のリーダーシップとの偏相関(5歳時のリーダーシップをコントロール)であり，この2つの偏相関の大きさを比べて，影響方向の優越性を決めるのである。

　この場合では，5歳時のリーダーシップが6歳時の誤数とプラスの有意な偏相関(.38*)であるのに対して，その逆の偏相関は－.10であることから，リーダーシップがあることが翌年のMFFテストの誤数を増大させる方向に働く，つまり衝動性を強めるのである。

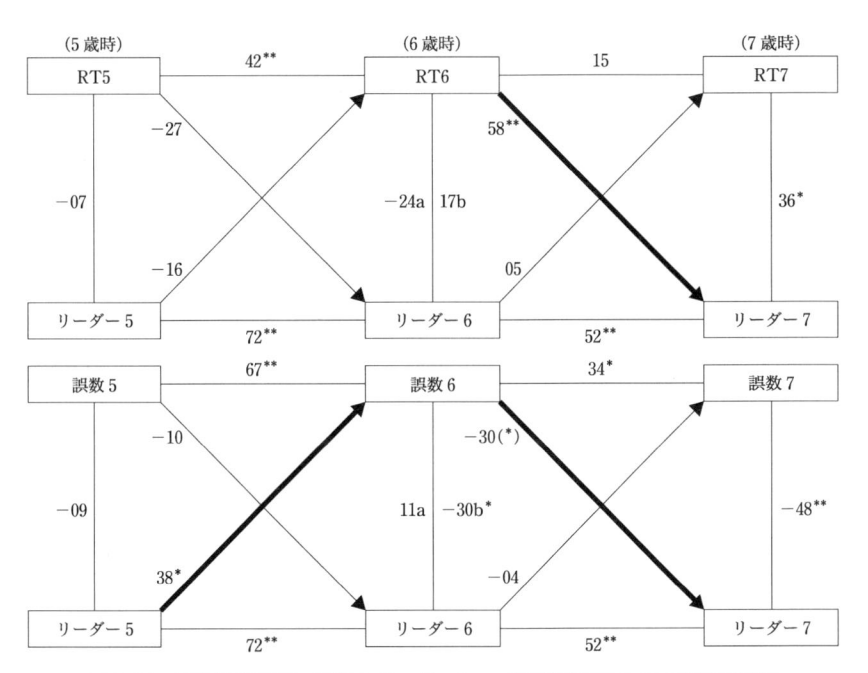

図2-26　初発反応時間・誤数とリーダーシップ(行動特徴)との交差時差相関
注）a：コホート1の6歳時の相関，b：コホート2の6歳時の相関(以下も同様)

このように交差時差の偏相関のペアでいずれか一方が有意かそれに近いもの(10%以下のレベル)では，初発反応時間(RT)に関しては2項目あった。一つは**好奇心**⇒**RT**で−.30(*)であり，年少組の時の好奇心の高さは年長組になると反応時間の減少につながりやすい。これは好奇心がむしろ拡散的な好奇心をさすと考えると解釈可能である。もう一つはさらに興味をそそるものである。年少組の時のRTの長さは翌年の自発性の低下につながる一方で，年少組の時に自発性が高い子どもは翌年には反応時間が減少しやすい(図2-28)。評定に際しての基準に即して説明すると，「教師や仲間からの指図がなくても，自分から進んで活動や作業を行う。いつも，自分から何かの遊びや活動を見つけてきて，それを行う」ような子どもの場合は，翌年には衝動性が増大しやすい(RTが短くなりやすい)。それと同時に，熟慮傾向の強い子どもはこうした自発性の発達が抑えられやすい。

　誤数と10項目の行動特徴の競合的な相互への影響方向が有意あるいはそれに近いレベルで優越性が認められたのは7項目であった。そのうち5項目で**誤数**⇒**行動特徴**であった。つまり，**誤数**⇒**粘り強さ(低下)**，**計画性(低下)**，**独立性(低下)**，**道徳性(低下)**であった(図2-27)。年少組のMFFテストでの衝動的な取り組みが1年後の認知と社会的コンピテンスの低下をもたらしやすい。

　しかし，もう1項目の課題の取り組み行動に関しては全く逆方向の影響力の方が大きかった。年少組でむしろ誤数の多い子どもの方が翌年の課題の取り組みで積極的になる，つまり毎日の活動に対して楽しそうに(playful)に行いやすい。また，**行動特徴**⇒**誤数**の影響方向が優位であったのは，自発性(図2-28)とリーダーシップ(図2-26)であり，いずれも高いほど翌年の誤数が増加しやすい傾向があった。

　このようにMFFテストの反応時間と誤数との交差時差相関について見ると，熟慮傾向の強さがプラス面の行動特徴の形成につながるものが多い一方で，幼稚園の年少から年長にかけてのコホート1について見ると，その逆も少なくないことがわかる。たとえば，衝動性の高さが，探索的な行動を積極的に行い，対人的にも能動的にかかわるなどの肯定的な行動の発達を促す可

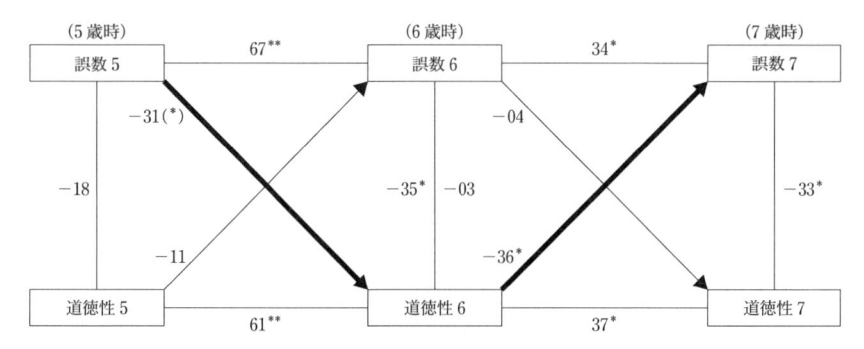

第4節　熟慮性と認知的コンピテンスとの関連性：縦断的および因果的分析(研究3)　79

図 2-27　誤数と道徳性(行動特徴)との交差時差相関

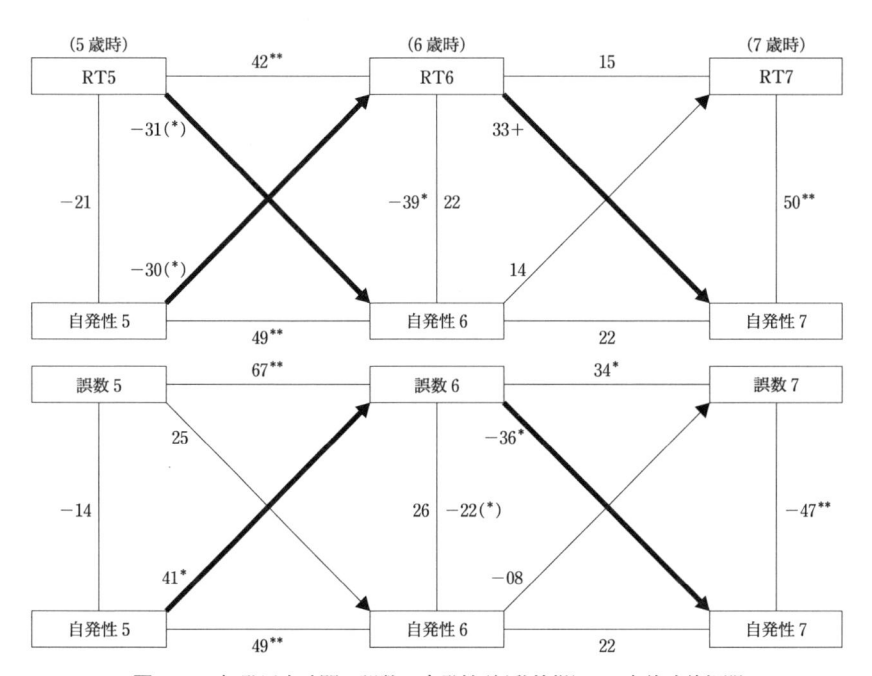

図 2-28　初発反応時間・誤数と自発性(行動特徴)との交差時差相関

能性も同時に示唆されたのである。

　ところが，コホート2の年長組から小学校1年生の交差時差相関(図2-26, 2-27, 2-28)を見ると，上記の幼稚園の時の結果とはかなり異なることがわかる。幼稚園の年長組の評定項目と共通する小学校1年の担任教師による5つの行動特徴の評定と反応時間(RT)の交差時差の偏相関で有意あるいはそれに近いものは2つであり，一つは**RT ⇒ 自発性**，もう一つは**RT ⇒ リーダーシップ**であり，年長組の時に初発反応時間が長い子ども，つまり熟慮的であるほど小学校1年生になると自発性が高くなり，そして仲間を引っ張り，リーダーでいるような子どもになりやすい。

　誤数では2項目が有意であり，一つは**誤数⇒自発性**であり，幼稚園で誤数が多い子どもは小学校では自発性が低下しやすい傾向があった。もう一つは，**道徳性⇒誤数**であり，強い良心や道徳的な基準を持っている子どもは翌年には誤数が減少しやすかった。このように小学1年生に向けての影響方向では熟慮的な行動(反応時間の長さと誤数の少なさ)は一貫して子どものプラスの行動発達を促進しているところが，幼稚園の間の結果とは大きく異なる点である。

　これまでの結果をまとめると次の2つのことが明らかになった。一つは，影響の優越性の交替現象が認められたことである。MFFテストのRTおよび誤数と行動評定との交差時差相関を比べると，5歳から6歳にかけてと6歳から7歳にかけての因果的な影響の方向性で変化がある。このことは，認知スタイルと行動特徴とが相互に影響していることを示すものである。もう一つは，幼稚園の年長時(6歳)を境にして，衝動性の行動特徴に対する影響のしかたが変化することである。自発性やリーダーシップのように年少の時の高い評価は年長時の衝動性の大きさ(誤数の多さとRTの短さ)へと導くことが見られるが，6歳から小学校1年にかけては，熟慮的な傾向が肯定的な行動特徴につながる。あるいは，道徳性のようにそれが高い子どもは誤数が少ない傾向になる。このように，幼稚園の年少学年では衝動性は社会的コンピテンスに対してはプラスにもマイナスにも作用しているが，年長学年になると衝動性は明確に社会的コンピテンスに対してマイナスに作用するよう

第4節 熟慮性と認知的コンピテンスとの関連性：縦断的および因果的分析(研究3)

になる。

最後に，このコホート2では反応時間の増加が大きかったと同時に安定性が全くなかったので，T1とT2の間の反応時間(対数変換)の差を算出し，その平均値(0.16)より大，あるいは小の2群に分けて小学校1年生の教師による6項目の行動評定について比べてみた(図2-29)。

熟慮傾向に関しては予想に反して，両群の間ではほとんど違いがなかった。つまり，翌年の小学校1年生で反応時間の伸びが大きかった群では，小学校教師の教室における行動の評定でより熟慮性が高いというようには見られていなかった。この項目内容に即していえば，授業中に教師に質問された時に自分の答えに確信が持てなければ発表しようとはしない，という行動に関しては違いはなかった。有意差が見られた(10%レベルも含めて)3項目の独立性(*)，自発性(*)，道徳性*ではいずれも反応時間の伸びが大きい子どもの方が高い評価を得ていた。だが，小学校1年生の時に実施した絵画語い検査(上野ほか，1978)では違いがなかった。同様に，この両群の子どもたちは年長の時の誤数では全く同等(26.16(9.93)対26.00(7.44))であった。また，年長組の時の教師評定の10項目について，この両群について比較してみた。

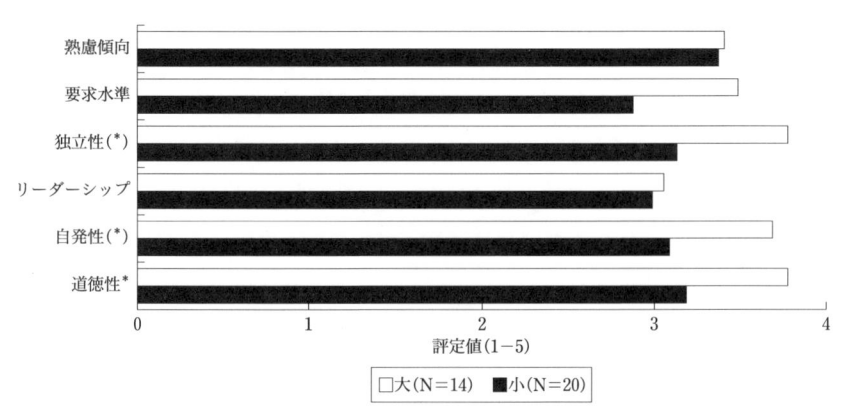

図2-29 年長組から1年生にかけての反応時間(RT)の伸びに関する大小2群の小学校教師の行動評定の比較

注)(*):0.1＜p＜.05 ; *:p＜.05

すると，小学校1年生になり反応時間の伸びが大きかった子どもたちは，伸びの小さかった子どもよりも意外なことに年長組の時点では衝動的傾向が強かった(RTの平均で110.80(53.18)対159.22(80.03)でt＝2.28**，df＝42)が，粘り強さ(3.16(0.50)対2.68(0.69)，t＝2.55*，df＝42)，計画性(3.47(0.84)対2.92(0.70)，t＝2.38*，df＝42)，愛他的行動(3.32(0.82)対2.88(0.60)，t＝2.04*，df＝42)の3項目において幼稚園の教師から有意に高く評価されていた。

4．考　察

4.1　熟慮性・衝動性の発達

　この研究では年齢別のサンプルの間の等質性が高い公立幼稚園とその幼稚園に隣接する公立小学校の子どもたちを対象に，横断的なデータに加えて，1年後に再度MFFテストほかの調査を行い，横断的な発達データの結果を縦断的なデータにより確認しようとしたものである。この幼稚園期から小学校入学にかけての時期に特に強い関心を持ったのは，この時期が重要な発達的な移行期であるからにほかならない。たとえば，小学校入学にともない，学業に対する関心や学校での学習内容の習得に対する社会的な期待が増大するばかりでなく，それぞれの教室の中の行動でも小学校入学を契機に大きな変化があるからである。たとえば，時間的な制約や活動内容の制約という点からすると，幼稚園では個々の子どものペースで行動することがより許容されるのに比べると，小学校では45分刻みの厳密な時間的なスケジュールの下に全く内容の異なる活動内容(教科など)が連続するので，子どもにとっては常に自分の興味や関心を切り替え，集中するなどの自己制御が求められることが多い(臼井，2007)。

　結論を約言すると，横断データからは幼稚園の年少組と年長組の間には初発反応時間ではほとんど違いがなかったが，年長組と小学校1年生の間には大きな伸びが見られ，これまでの日本の研究データ(波多野，1974)の結果を再確認した。これに対して，誤数では3年齢集団の間ですべて有意な減少傾

向が見られた。このことは縦断的なデータの分析からも確かめられた。つまり，誤数は幼児期から学童期の前半にかけて直線的な減少の傾向があるが，反応時間に関しては幼稚園の最後の学年から小学校1年生の間に大きな増加が見られたのである。また，誤数の方が反応時間に比べて発達的な変化が大きいという結果はSmithとCaplan(1988)のデータと基本的に一致する。彼らは誤数と反応時間のそれぞれの標準得点を年齢集団別にプロットして，反応時間に比べると誤数の方が発達的な変化がより大きいこと，さらにアメリカ，イスラエル，さらには中国系のアメリカ人の子どもよりも日本の子どもの方がこの変化が強いことを示した。こうした変化をすべて就学によるものと単純化することはできないが，反応時間と誤数に関する安定性でもこの1年間はきわめて低いことから，小学校の入学を境にして子どもの間の相対的な順位に大きな変動が生じていることは確かである。この変化を引き起こす要因を明らかにすることは簡単ではないが，小学校への入学と前後して教室の中の活動の様相，教師と子どもとの関係，さらには両親の子どもに対する期待や社会化の力点の変化が予想される。こうしたさまざまな社会化の要因の変化が熟慮性・衝動性の不安定さの重要な原因となっているのであろう。この点に関して，Trickett(1983)は小学校14校の1年生の学級を観察してオープン方式の学級，伝統的な教師中心の学級，そして両者の中間的な雰囲気の学級に分類し，オープン方式のクラスの教師は衝動的なタイプの子どもを好意的に見る一方で，伝統的な教室の教師は熟慮型の子どもを好意的に見る傾向性を見いだした。この結果を今回の幼稚園と小学校の教室の雰囲気と対応させて考えると，幼稚園ではオープン的な雰囲気が強く，小学校は伝統的な教室の雰囲気である。その小学校の教室文化が熟慮性の発達に対する促進効果を持つのだろう。いずれにしても，幼児期の後半から小学校入学後の1年間の熟慮性・衝動性に焦点を当てた集中的なデータの収集が重要である。

4.2 熟慮性・衝動性と認知発達・行動発達の相互影響性

熟慮性が認知発達を促す可能性があるとともに，認知発達がより熟慮的な課題への構えを形成する可能性もあり得る。前者の可能性は言葉を換えると

熟慮性の認知発達促進モデルである。さまざまな研究知見から熟慮的な子どもが衝動型の子どもよりも認知能力の多面的な検査成績で上回ることが多いことから(Messer, 1976；宮川, 2000；臼井・佐藤, 1976)，これまでの多くの研究者が抱いてきた暗黙の前提としては，この**熟慮性⇒認知発達**という影響方向が支配的であるように感じる。

そこで，交差時差パネル相関分析(cross-lagged panel correlational analysis)を用いて(研究1参照)，熟慮性・衝動性と認知発達との相互の影響方向における相対的な優位性についての検討を行った。コホート1の幼稚園児のサンプルでは，**認知発達⇒熟慮性・衝動性**の影響方向が強い傾向にあり，いずれにしても年少組の時の認知能力の高さが年長組の時の反応時間を増大し，誤数を減少させる傾向があった。その一方で，菱形模写の成績のようにMFFテストの誤数の多さが翌年の得点を下降させるように働くケースもあった。

しかし，小学校1年生から2年生の知能検査については，こうした影響方向の優位性は見いだされなかった。ただし，熟慮型と衝動型の2つの認知スタイルで知能指数の差の検定を行うと，1年生と2年生のいずれにおいても熟慮型の方が有意に高かった。このように熟慮性と知能の高さの間には相関的な関係は確かにあるが，その因果的なつながりについては明らかにならなかった。また，研究1においても小学校2年生から3年生の通知表の4教科合計とMFFテストの初発反応時間と誤数との交差時差パネル相関分析を行ったが，そこでは**学力⇒熟慮性・衝動性**という影響方向の優位性が示された。こうした結果の違いは，認知能力の指標として本研究では標準化された知能検査得点を用いているが，研究1では包括的な教科についての評価という違いから生じているのかもしれない。

さらに，教師による行動評定からも同種の分析を行ったところ，コホート1では熟慮的な態度が好ましい行動特徴の形成につながる一方で，その逆に誤数の多さや反応時間の短さといった衝動的な態度が好ましい行動特徴の増大を予測することもあった。これは先のTrickett(1983)の結果を思い起こさせるものである。幼稚園の年少組のクラスでは教室における活動の構造化

の程度が小学校に比べると低いが，それは年長組のクラスに比べてもおそらくそうであろう。このような子ども中心的な教室の活動が相対的に多い場合には，多少注意時間の幅が短くても，自分で次々に率先して何かの活動をする子どもにはプラスの評価がされやすいが，構造化の高いクラスになると妨害的な行動というようにとらえられやすくなるのかもしれない。しかし，コホート2(幼稚園年長組⇒小学校1年生)について見ると，結果は整合性が高く，熟慮的な態度が翌年，つまり1年生の時の好ましい行動特徴の増大とつながっていた。この幼稚園の中の1年間と幼稚園から小学校をまたぐ1年間では時間を経ての偏相関のパターンが非常に異なっていたが，この結果は反応時間がこの時期に目立って増加したことを想起させる。そこで，この点について，さらに詳細な分析を行った。つまり，コホート2を対象にして，年長組から小学校1年生にかけて反応時間の増加がこの年齢集団の平均よりも大きいか，小さいかで2群に分けて，教師評定や認知能力テストの成績について比較した。反応時間の伸びの大きかった子どもたちは年長組の時には衝動的傾向が強かったが，1年後には逆に強い熟慮性へと変化した。この子どもたちは年長組と小学校1年生では熟慮性・衝動性では対照的であったにもかかわらず，幼稚園と小学校教師から一貫して社会的コンピテンスに関する行動特徴について好ましい評価を得ていた。この結果は，先に触れたように幼稚園の時には子どもの衝動的な構えはマイナス面ばかりでなく，ある種の積極性と結びつくとして教師から肯定的な評価が得られるのに対して，小学校ではほとんどマイナスの特徴として認知されることを示唆するものである。このように幼稚園と小学校の教師の衝動的と熟慮的な課題へのアプローチのしかたに対する視点の違いが，学校や教室文化の質的な変化の中に組み込まれている可能性がある。

　これらの結果より，日本の小学校における経験の特殊性や入学前後の家庭でのさまざまな社会化の圧力について示唆され，就学前後の時期の集中的な研究の必要性が強く求められる。

第3章　熟慮性・衝動性の発現メカニズムと自己制御・適応的柔軟性

第1節　は じ め に

1. 目　的

　熟慮性・衝動性の個人差は，その基準検査のMFFテストにより測定される。そこでこの認知スタイルの規定要因やメカニズムを明らかにするためには，このテストに取り組むプロセスの詳細な検討が必要になる。ここでは，メタ認知の側面からの追究を行う。また，この認知スタイルは通常の検査条件ではかなりの安定性が示されているが，反応時間を強制されるような事態になるとどれほどの柔軟性を示すのかを明らかにするために，実験的な検討を行う。

2. 構　成

　<u>研究4</u>では，次の2点について明らかにすることを目的として実験を行う。第1に，熟慮型，衝動型の認知スタイルの違いが，知覚的な情報処理のスピードの違いによるのか，そして第2に反応時間を外的に制御した時にどれほどの反応の柔軟性を示すのかについて実験的に検討する。
　次いで，<u>研究5</u>では，熟慮性・衝動性の重要な規定要因としての自己制御行動やメタ認知のスキルを取り上げて，さらに実験的な検討を行う。
　そして，この章の最後の<u>研究6</u>においては，熟慮性・衝動性をめぐる2つの仮説についての実験的な検討を行う。一つの仮説は情報処理の好み仮説である。もう一つの仮説は，熟慮性・認知発達水準対応仮説である。これは，MFFテストの反応の慎重さとその結果としての正確さは，詳細で組織的な視覚的な分析と衝動的な反応を抑制する自己制御能力の高さによるので，熟慮的なタイプの子どもは衝動的なタイプの子どもよりも認知発達のレベルが高いかどうかを確かめようとするものである。

第2節　MFFテスト(Matching Familiar Figures Test)の提示時間の遂行に対する影響(研究4)

1. 問　題

1.1　問題の所在

　熟慮型あるいは衝動型といっても全く固定的な行動様式ではなく，外的な課題要請に応じて柔軟に反応できる。この点に関して，宮川(1980)は衝動型の児童にMFFテストで正確さを強調する教示を行い，熟慮性の増加という方向へ行動を調整することを確認している。ただし，これが認められたのは小学校4年生であり，1年生の衝動型の子どもではこうした自己調整は生じなかった。宮川(1989)は別の研究で，小学校1年生と4年生の児童を対象にして，正確さ強調群，スピード強調群に統制群を加えた3群を構成して，熟慮型と衝動型で教示による行動の調整について比較している。それによると，スピード強調の条件においては，初発反応時間(RT)の減少と誤数の増加が見られた(いずれとも1年生の衝動型を除いて)。これに対して，正確さ強調条件ではRTの増加(4年生の熟慮型と1年生の衝動型のみ)が見られたが，誤数の減少はなかった。この結果から，速さ優先で行動調整することは比較的容易であるが，正確さ重視で行動調整をすることは難しいことがわかる。また，行動の自己調整，あるいは柔軟性に関しては子どもの発達水準が影響しているらしい。さらに，その柔軟性の大きさには認知型も関係するかもしれない。

　そこで，子どもはどの程度まで課題要請に応じて自己調整が可能なのか，つまり柔軟性があるのか，そしてその能力に関して認知スタイルにおいて違いがあるのかについて検討する必要がある。

　さて，このような問題意識に立って，本研究においてはMFFテストの提示時間に関して長，短の2種類の条件を設定し，各条件における熟慮型と衝動型の子どもの反応の正確さの比較から，柔軟性の検討を行うものである。

第2節　MFFテスト(Matching Familiar Figures Test)の提示時間の遂行に対する影響(研究4)　91

たとえば，熟慮的な子どもが衝動的な子どもの平均的な初発反応時間で答えるように強制された時には，反応の正確さにおいて衝動的な子どもと異なるであろうか。また，衝動的な子どもに熟慮的な子どもの平均的な反応時間で答えるように強制した時に，反応の質で認知スタイルの違いは消失するのだろうか。そして，情報処理速度と自分の好みの処理速度において2つの認知スタイル間で違いがあるのだろうか。

1.2　研究仮説

次に，反応の柔軟性と視覚情報処理能力に関する競合する仮説とそれにともなう結果の予測を記す。

(A)反応の柔軟性(スピードと正確さ)に関して

(1)衝動型の子どもの平均的な反応時間の提示条件で解答が求められる事態では，

①衝動型の子どもの視覚的情報処理が熟慮型よりも速いならば，遂行量(正答数)は，

　衝動型＞熟慮型

②熟慮型の子どもの視覚的情報処理が衝動型よりも速いならば，遂行量(正答数)は，

　熟慮型＞衝動型

③基本的な情報処理の能力(速度)には2つの認知型の間で差がないならば，遂行量(正答数)は，

　熟慮型≒衝動型

(2)熟慮型の子どもの平均的な反応時間の提示条件で解答が求められる事態では，

①衝動型の子どもに反応を遅延する訓練を行った研究では，反応の正確さの改善に関してほとんど効果がなく(Kagan et al., 1966)，また引き延ばされた時間では注意の維持や集中で衝動型の子どもは劣ることがわかっている(Ault et al., 1972)。したがって，衝動型の子どもでは反応までの時間が長くなっても，それによる反応の正確さの改善効果が期待できないので，

正答数では，
　熟慮型＞衝動型
②衝動型の子どもは熟慮型の子どもが使いやすい細部分析的な課題解決方略を熟慮型の子どもと同程度に持ち，それを使用することができるならば，正答数では
　熟慮型≒衝動型
(B)好みの処理速度に関して
　刺激提示時間の長さの評価においては衝動型の子どもは過小評価しやすい(臼井，1985b；Walker，1982)ので，同じ提示時間であっても衝動型の子どもは熟慮型よりも速さを少なく見積もるのではなかろうか。

2. 方　法

2.1　研究対象者
　北海道S市の小学校2年生2クラスの子どもたち78名(男子37，女子41)である。内訳は1組が37名(男子17，女子20)，2組が41名(男子20，女子21)である。

2.2　手　続　き
(1) MFFテスト
　上記の対象児童全員に対して，MFF(Matching Familiar Figures)テストを実施した。このテストは，Kagan, J.による児童用のオリジナル版であり，項目数は12である，テストは学校内の特別教室で放課後に行った。実験の実施は1984年11月である。
(2) 時間制限つきMFFテスト(TL-MFF：Time-Limit MFF)
　上記の標準的なMFFテストを行ってから，約4か月後に時間制限つきMFF(TL-MFF：Time-Limit MFF)テストを実施した。これは集団検査であって，図3-1のようなMFFテストの項目を1項目ずつスライドプロジェクターでスクリーンに映写し，6つの比較刺激(variant)の中から見本と同

第2節　MFFテスト（Matching Familiar Figures Test）の提示時間の遂行に対する影響（研究4）　93

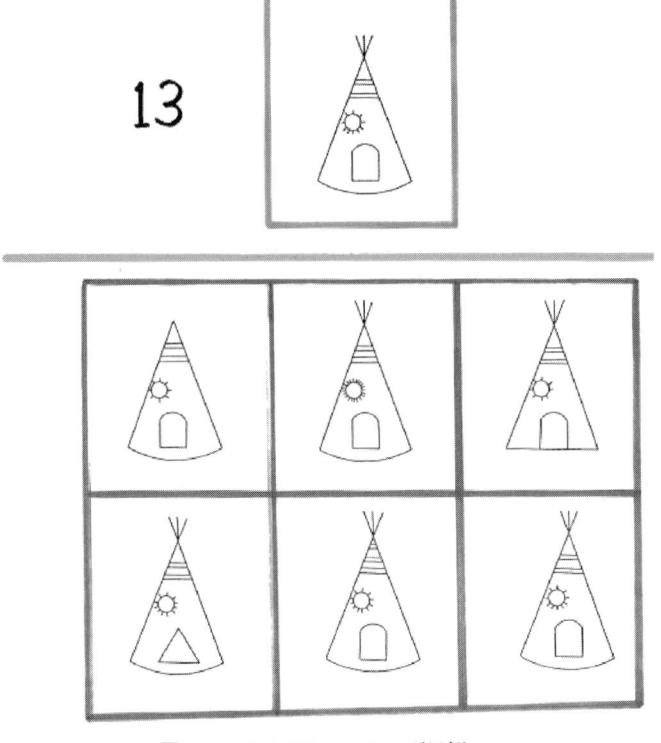

図 3-1　TL-MFF テストの項目例

図 3-2　TL-MFF テストの解答用紙

じものを各自の解答用紙に記入してもらうものである。ただし、ここで使用した項目は通常のMFFテストと比較刺激の数は6個と同じだが、全く別の項目を使用している。解答のしかたは、スクリーンに映写したテスト項目(図3-1)の比較刺激(variant)と同じ位置に6つのマス(2行×3列)が解答用紙に印刷してあり(図3-2)、その中から、自分で見本と同じと思った比較刺激のある位置のマスに○を記入するものである。なお、解答は1項目につき2回ずつ行われるので2つの解答欄が印刷されている。

　この手続きをさらに詳しく述べると以下の通りである。1クラスの子ども全員を特別教室に集めて、前方のスクリーンがよく見えるように机といすを移動してもらった。そして、テストとは関係のない風景のスライドを3枚スクリーンに映し、視力の弱い者は前方に移動してもらい、見えにくい角度にいた者の席を移動するなどの座席の調整を行った。その後に、「これから、この前にやったのと同じ『絵さがしゲーム』をします」といって、練習1の項目を映写した。このTL-MFFテストは、標準的なテストと同じく、上の中央に見本が置かれ、その下に3個ずつ2列に比較刺激が並べられてあるが(図3-1参照)、見本をピンクの線で枠囲みし、比較刺激を緑色の線で枠囲みしてある点が標準的なMFFテストと異なる。6つの比較刺激の各位置と解答用紙のマスとの対応づけをスクリーンに映写した練習1の項目を例にとって、解答欄を板書しながら具体的に説明し、実際に答えを記入してもらった。全員が記入したのを確認して、同じ項目をもう1度映写し、「2かいめ」と書いてある解答欄に記入してもらった。さらに別の絵刺激でもう1回練習を行い、これらの手続きを確認した上で、スクリーンから絵が消えた瞬間に答えを記入すること、また、答えがどれかわからなくても必ず6つのマスのどれかに○印をつけることを強調した。

　そして、できるだけ速く解答するように伝え、提示間隔を極力短くした。
　また、提示時間の効果を検討するために、1組と2組では異なる提示時間を設定した。1組はこの実験の2週間前に実施したMFFテストの衝動型の平均初発反応時間(1項目あたり)に近い8秒間の提示、2組では熟慮型のそれに近い18秒間の提示を行った(実際のMFFテストにおける衝動型の平均

第2節 MFFテスト(Matching Familiar Figures Test)の提示時間の遂行に対する影響(研究4)　95

初発反応時間は，5.74秒，また熟慮型のそれは18.33秒)。換言すれば，1組の子どもたちは全員が，衝動型の子どものテンポに近い反応時間での解答を求められ，2組の子どもはほぼ熟慮型の子どものテンポで反応を求められたのである。テストの項目内容と提示順序は1，2組とも全く同一のものである。ただし，いずれのクラスともに子どもの解答に対して正誤のフィードバックは一切行わなかった。項目数は，練習の2項目とテスト用の22項目の合計24項目である。これらの項目について2度ずつ提示し，2度目の解答が終了した後に，提示時間の長さについて，「短かった」「ちょうどよかった」「長かった」の3件法による判断を求めた。

3. 結　果

3.1 MFFテストの結果と認知スタイルの分類

MFFテストの初発反応時間と誤数の2測度の平均値と標準偏差(SD)は表3-1に示す通りである。1組と2組を比較すると，1組の方が反応時間が長くて誤数が少なく，つまりより熟慮的傾向が大きいように見えるが，双方の測度とも学級の間で有意差には達しなかった。

対象者全員の初発反応時間と誤数の中央値はそれぞれ122.50秒と7.83個であったので，この2つの中央値の2重折半法により，初発反応時間(RT)がそれより大で，誤数が少ない子どもたちを熟慮型(N=25)，これとは対照的に初発反応時間が短くて，誤数が多い者を衝動型(N=27)として分類した。

この2つの認知スタイル別に男女ごとの内訳と初発反応時間と誤数の結果(平均値とSD)を表3-2に示す。なお，全員についての初発反応時間と誤数

表3-1　MFFテストの結果：2つの学級の比較

	反応時間(秒)(SD)	誤数(SD)
1組(N=37)	155.95(101.42)	7.70(4.74)
2組(N=41)	126.46(75.16)	8.85(4.22)
全員(N=78)	140.45(89.24)	8.31(4.48)

表 3-2　熟慮型と衝動型の MFF テストの結果

	1組		2組		初発反応時間	誤数
	男子	女子	男子	女子		
熟慮型（N＝25）	9	8	4	4	220.09(958.47)	4.00(2.08)
衝動型（N＝27）	5	6	8	8	68.24(24.24)	12.74(3.21)

との相関係数は－.59（p＜.01）であり，今回使用した MFF テストの妥当性が確保されている。

3.2　TL-MFF テストの正答数：2 つの認知スタイルの比較
(1)熟慮型と衝動型の遂行量の比較：Fast mode と Slow mode

　TL-MFF テスト，つまり時間制限つきの MFF テストでは，1組の子どもたちは全員が衝動型の子どもの平均初発反応時間に近い 8 秒間の刺激提示条件（Fast mode）で反応するように求められた。また，それぞれの項目では 2 回の提示が行われる。解答に対しては正誤のフィードバックはなかったが 2 回目の提示の方がわずかながら正答数が増えている。しかし，それぞれの回の熟慮型と衝動型の子どもの正答数の平均には全く差がなかった（表 3-3）。この結果は，情報処理速度に関して熟慮型と衝動型の間には違いはない，とする仮説に対して有利な証拠となる。衝動型の子どもは自らの好む反応時間内（Fast mode 条件）では，正答を選択するために必要な視覚的情報を収集することは困難であったが，熟慮型の子どもにおいても同様だったというこ

表 3-3　熟慮型と衝動型の正答数の比較

		熟慮型	衝動型	t−値
Fast mode (1組)：8 秒 提示	第 1 提示	10.25(2.77)	10.18(2.96)	0.06
	第 2 提示	11.31(2.75)	11.45(3.21)	0.12
	N	17	11	
Slow mode (2組)：18 秒 提示	第 1 提示	14.25(2.77)	12.69(2.96)	1.27
	第 2 提示	15.50(2.56)	13.63(3.36)	1.52
	N	8	16	

第2節　MFFテスト(Matching Familiar Figures Test)の提示時間の遂行に対する影響(研究4)

とである。これに対して，熟慮型の平均初発反応時間に近い刺激提示時間(Slow mode)の2組について2つの認知スタイルの遂行量を比較してみると，統計的に有意な差ではないがいくぶんかは熟慮型の子どもの方がまさっている(第1と第2提示ではt＝1.27と1.52でいずれもn.s.)。衝動型の子どもにとっては熟慮型と同程度の長い視覚的分析と判断の時間が与えられると，正答数では認知スタイルの違いは消失するので，情報処理能力に関して熟慮型と衝動型は対等であることを示している。ただし，この条件でも正答数ではFast modeのようにほぼ完全に対等ということはなかったので，反応時間を強制的に遅延することが衝動型の子どもの課題対処方略を熟慮型の方略に完全に変えることはなかった。

次に，熟慮型と衝動型の子どもが外的な課題要請に対してどの程度の反応のレパートリーの幅を示すか，あるいは反応の柔軟性を示すのかについて検討した。具体的には，FastとSlowの2つの提示時間条件に対応して，それぞれの認知スタイル内において遂行量(正答数)にどのような変化が見られるのかを調べた(図3-3，3-4)。

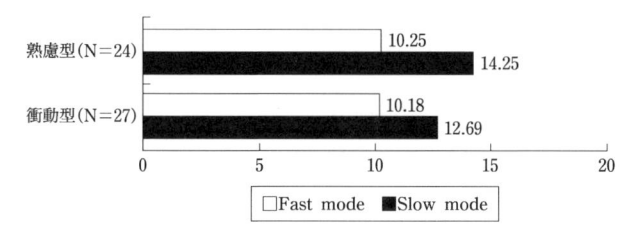

図3-3　熟慮型と衝動型のFastとSlowモードの正答数：1回目提示

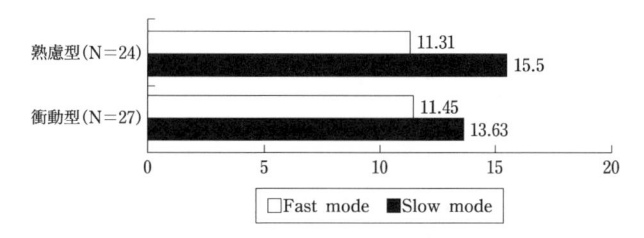

図3-4　熟慮型と衝動型のFastとSlowモードの正答数：2回目提示

Fast mode 条件に比べると Slow mode 条件で正答数が多いのは当然予測されることであり，この点に関しては1,2回の提示ともに認知スタイルの違いを超えて共通している。ただし，Fast mode から Slow mode への正答数の変化(増大)に注目すると熟慮型の方が大きい(表3-3，3-4)。たとえば，1回目と2回目の Fast mode と Slow mode の間で熟慮型の伸びが4.00(10.25対14.25)と4.19(11.31対15.50)に対して衝動型の伸びは熟慮型の伸びの6割前後に過ぎなかった(2.51(10.18対12.69)と2.18(11.45対13.63))。Fast mode と Slow mode の熟慮型同士を比べると，第1,2回の提示ともに Slow mode 条件の方が有意に正答数が多かった(t=3.17**，df=22；t=4.01**，df=22)。しかし，衝動型同士ではいずれも有意ではなかった(t=1.77, n.s., df=25；t=1.24, n.s., df=25)。

　衝動型の平均的な初発反応時間にあわせた提示時間条件(Fast mode)では認知スタイルの間に正答数で全く違いがないが，提示時間が熟慮型の平均的な反応時間の長さ(Slow mode)になると双方のタイプともに正答数は増える。つまり，提示時間の増加によるメリットを熟慮型も衝動型も得るが，そのメリット大きさは熟慮型の方が大きかった。このことから，視覚的刺激の提示時間に関する長短の2条件を設定して，それに沿って解答が求められる場合には，熟慮型も衝動型もかなりの反応の柔軟性を持っているが，その変容可能性については熟慮型の方が大きいことが示唆された。

(2) 1回目と2回目の反応の比較

　すでに述べたように，子どもの TL-MFF テストでは通常の MFF テストのように正誤のフィードバックを行わなかった。しかし，正誤のフィードバック情報を受けなくても，2回目の提示は同じ刺激の反復提示であるので，最初の提示と比べると2倍の情報量を得ることになる。したがって，単純に考えると正答数が多くなるはずである。結果は表3-4に示すが，ほぼこの予想を支持している。

　熟慮型ではいずれの提示時間条件においても2回目になると有意な正答数の増加が見られた。しかし，衝動型の子どもに関していえば，Fast と Slow の2つの mode とも遂行量の伸びは認められるが，その量が少なく，Fast

第2節 MFFテスト(Matching Familiar Figures Test)の提示時間の遂行に対する影響(研究4)

表 3-4　1回と2回の提示時の正答数の変化

		第1回提示	第2回提示	t-値
Fast mode (1組)	熟慮型(N=16)	10.25(2.77)	11.31(2.75)	3.06**
	衝動型(N=11)	10.18(2.96)	11.45(3.21)	1.92(*)
	1組全員(N=36)	10.33(2.83)	11.53(2.97)	3.84**
Slow mode (2組)	熟慮型(N=8)	14.25(2.77)	15.50(2.56)	2.76*
	衝動型(N=16)	12.69(2.96)	13.63(3.36)	1.75
	2組全員(N=40)	13.30(2.89)	14.35(2.96)	3.61**

modeでは10%レベルで有意だが，Slow modeでは有意水準に達していない。これは熟慮型の子どもの方が学習可能性が高いことを示しているのかもしれない。

(3)刺激提示時間の長さについての評価

　刺激提示時間の長さについての3件法による評価を，3(長かった)，2(ちょうどよかった)，1(短かった)に得点化した。そして，認知スタイル(熟慮型と衝動型)×提示時間(FastとSlow)×性(男，女)の3要因の分散分析を行った。その結果，提示時間の主効果のみ有意であった(F 1, 50)=8.82**)。また，いずれの交互作用効果も有意ではなかった。

　つまり，男女，認知型を問わず，Slow modeよりもFast modeの方がより短いと評価していた(1組(Fast mode)：1.34(0.59)，2組(Slow mode)：1.82(0.51)，平均値とSD)。しかし，2つの認知スタイルを比較してみると，両群間に興味深い違いがあった(表3-5)。たとえば，Fast modeとSlow modeにおける提示時間の長さに対する評定値の差異を見ると，熟慮型で0.31(1.75－1.44)に対して衝動型で0.64(1.94－1.30)とやや大きく，有意差が

表 3-5　熟慮型と衝動型の刺激提示時間の違いに対する評価の差

	Fast mode (1組)	Slow mode (2組)
熟慮型	1.44(0.73)	1.75(0.46)
衝動型	1.30(0.48)	1.94(0.44)

あった($F(1, 24) = 3.43**$)。熟慮型の子どもに比べると衝動型の子どもの方が，刺激の提示時間の違いをより敏感に感じとっている。

4．考察と今後の課題

4.1 反応の柔軟性と処理速度

　本研究は，MFFテストの各項目の提示時間を実験者が制御した場合に，熟慮的な子どもと衝動的な子どもとでは，提示時間の変化に対する反応の柔軟性においてどのように異なるのかを検討したものである。ここでの結果の主なものを繰り返して述べると，衝動的な子どもの初発反応時間に近いテスト項目の提示時間条件(Fast mode)においては，2つの認知スタイルの間に正答数では全く差異がなかったが，熟慮的な子どもの反応にあわせた提示時間条件(Slow mode)では，有意差には達しないがわずかながら熟慮的な子どもの遂行がまさっていた。ここで，Fast modeで認知スタイルのグループの間で違いがなかったということは，情報を収集し，判断するなどの情報処理の速度では両群間で差がないことを示唆している。少なくとも，熟慮型の子どもも衝動型の子どもの平均的な初発反応時間内に解答しなければならない場合には，反応の正確さの水準では衝動型の子どもと対等になる。したがって，熟慮型の子どもは，「速さ」の要請に対してもより柔軟な反応をするということはなかった。実際に，認知スタイル(熟慮型と衝動型)×提示モード(FastとSlow)×性(男と女)の3要因の分散分析では，提示モードの主効果のみが有意であって，交互作用効果を含めほかのいずれの主効果も有意でなかった。このことは，十分とまではいかないが衝動的な子どもも外的な要請に対してかなりの程度の反応の柔軟性を示すことを裏づけるものである。ただし，本研究の対象児の反応の柔軟性はほかの研究に比べるとやや大きい可能性がある。たとえば，宮川(1983)は，熟慮的な子どもと衝動的な子どもを「標準(統制群)」「正確さ強調」「スピード強調」の3つの教示条件に分けてMFFテストを再び行って，初発反応時間と誤数についての変化を比較している。1年生と4年生を対象にしたこの研究は，そのいずれの年齢グ

第2節　MFFテスト(Matching Familiar Figures Test)の提示時間の遂行に対する影響(研究4)

ループともスタイルと教示の2つの主効果が有意であったが，いずれの条件においてもスタイルの差は残っていたのである。ところで本研究では，Slow modeになると熟慮型の優位が目立ってくるのはなぜだろうか。この結果は，初期の衝動的なテンポの修正の研究で，反応時間を強制的に遅延させることは反応の正確さにほとんど効果を持たないとする結果を想起させるものである(Kagan et al., 1966)。衝動型の子どもは，熟慮型の子どもと同じ時間が与えられてもそこで展開される視覚的走査の方略は熟慮的なものに変化することは少ないのである(臼井・佐藤，1976)。また，日常的行動について調べた研究から，衝動的な子どもの方が注意の維持力に欠け(Ault et al., 1972)，中心-偶然学習の課題では発達的に未熟な学習のしかたをしていた(Haynes & Miller, 1987)などの結果を考慮すると，衝動的な子どもは彼らの最適なテンポよりも長くなると，かえって注意散漫になりやすいのかもしれない。

4.2　提示時間についての主観的評価

当初は衝動型の子どもは，自分たちの平均的な反応時間に近いFast modeでは「ちょうどよい」長さと感じ，Slow modeでは「長すぎる」と感じるのではないかと考えた。しかし実際には，衝動型の70%はFast modeでは「短い」と考えている。この子どもたちは個別のテストではTL-MFFテストよりもむしろ短い反応時間で答えることが多いのに，ここで「短い」(速すぎる)と判断したのはどうしてだろうか。一つの原因として考えられるのは，集団で実施するためにスクリーンに刺激が映されるたびにざわめきが生じるなどの妨害的要素が多かったことである。衝動型の子どもはこれによって注意の集中を損ないやすいので，比較刺激の中からどれかを選択しようとした時には，すでにスクリーンから消えていたということが多かったのではないだろうか。衝動型の子どもが注意の維持や集中において熟慮型の子どもよりも劣っていることを示す研究が多いことからも，今回の手続きでは衝動型の子どもに対してより不利に働いた可能性がある(Messer & Schacht, 1986; Trickett, 1983)。また，2つの提示modeに対する評価の違

いは熟慮型に比べると衝動型の方が大きかった。提示時間の長短に対しては衝動型の方がより敏感なのかもしれない。

4.3　実験の手続き上の問題

本実験について1, 2の手続き上の問題について指摘し，今後の課題としたい。第1に1つの学級全体を単位にした集団実験であったことがあげられる。視力の弱い子どもを前の方に着席させるなどの座席の調整を行い，おおよその視力は統制したが，十分なものではなかった。第2の問題は，刺激の提示時間は統制したが，解答するまでの時間を統制できなかったことである。MFFテストのような見本と比較刺激の図形のマッチング課題で，見本を隠してその記憶に基づいて比較刺激の中から見本と同一のものを探す反応時間を調べたところ，やはり熟慮型の方が衝動型よりもずっと長かった(Kagan et al., 1964)。この傾向はMFFテストでの再認記憶の実験でも確認されている(藤田・大村・花沢，1984)。したがって，解答までの反応時間についても厳密に統制する必要がある。また，第3に選択反応における自信ないしは主観的な確信度を調べていなかった問題もあげられる。提示時間で「ちょうどよい」と感じていても，自分の判断に確信が持てないことがあるのかもしれない。幼児の研究で，MFFテストにおいて正誤のフィードバックが行われていない場合には，衝動型の子どもの方が楽観的な見方をしやすかった(臼井，1983)。その後はMFFテストの反応の速さと正確さとのtrade-offの側面からの研究は見られるが(河合・沼田，2006)，選択反応における確信度に関して認知スタイルの間のどのような違いがあるのかを問題にした研究はない。

第3節 熟慮型と衝動型のMFFテストにおける
遂行の評価とメタ認知(研究5)

1. 問 題

　熟慮性・衝動性の測定手段のMFFテストは見本刺激と同一のものを6つの比較刺激(variant)の中から探し出すものであり,テスターは子どもがいずれかの比較刺激を選択して反応するたびに正誤のフィードバックを行う。それとともにストップウォッチで最初に答えるまでの時間を測定する。そのようなテスト状況が子どもに与える暗黙のメッセージは,次のような2つの相互に矛盾する内容を含む。正誤のフィードバックがあるからには「正しく」答えることが大事であるが,時間も計測されていることから「速く」答えることも求められていると感じるはずである。この2つの測度は相互に-.6前後の負の相関があるので,子どもにとっては反応の「正確さ」と「速さ」は相互に両立しがたい競合的な目標となる。そこで,このテスト状況とはこの2つの目標のいずれかの選択を迫るtrade-off状況になっている。ところが,これまでの研究ではこのような課題要請の状況や文脈を指摘する理論モデルは提起されていたが,実証的な研究はなかった(宮川,2000)。この問題について臼井(1985a)は次のような研究を行った。小学校3年生と6年生の児童に,MFFテスト終了直後に,このテストの実際の取り組み方をたずねた。そして,速答重視と正答重視のいずれの取り組み方が望ましいかを自分自身,教師,両親の視点から答えてもらった。実際の取り組み方の内省報告によると,3年生よりも6年生の方が速答重視の割合が増した(27.1%対42.0%)が,全体としては正答重視の子どもが多かった。また,望ましい取り組みについては,学年と認知スタイルにかかわらずおよそ8割が正答重視であった。このように,高学年になると,正確さだけでなくて速さという効率性も意識して取り組んでいるが,望ましさという点では「多少時間がかかっても,できるだけまちがえないように」意識して取り組むことと考えて

いた。

そこで，熟慮型と衝動型の子どもが課題の要請をどのように理解し，また解釈するか，どの方略使用を好ましいと考えるのかといったメタ認知的な知識や経験に焦点を当てた研究が必要である。また自己の課題解決のプロセスをどのようにモニターし，自らの認知的活動を制御していくか，ということが重要な研究課題になる。

本研究は，メタ認知の側面から熟慮性・衝動性の個人差が生じる心理的なメカニズムを明らかにしようとするものである。つまり，熟慮型と衝動型の小学生のMFFテストの遂行直後におけるメタ認知的活動に関する内省報告を分析して，熟慮性・衝動性を規定するメタ認知の要因を探ることを目的とする。

2. 方　法

2.1　研究対象

北海道S市の小学校の3年生4クラス161名(男子78，女子83)と6年生4クラス167名(男子84，女子83)である。MFFテストの実施時の平均年齢はそれぞれ9歳2か月(8歳8か月から9歳7か月)と12歳2か月(11歳8か月から12歳7か月)であった。

2.2　手続き

MFFテストを対象者に個別的に実施した。ここで使用した版は，Cairns & Cammock(1978)のMFF-20テストについて項目分析の結果(宮川, 1983)に基づき内的整合性の高い項目を15項目選択したものである。このテストの終了後に，次のようなメタ認知的活動にかかわる12の質問を行った。

　質問の内容は以下の通りである。
①難しいと思った絵(テスト項目)はあったか(Y/Nの2件法)
②難しいと思った絵の枚数

③一番難しかった絵はどれか(項目を選択してもらう)
④正確な反応に向けての努力の大きさ……「全然がんばらなかった(1)」から「すごくがんばった(6)」の6件法
⑤速い反応に向けての努力の大きさ……④と同じ6件法
⑥誤数についての自己評価……「とても少なかった(1)」から「とても多かった(6)」の6件法
⑦初発反応時間についての自己評価……「全然時間がかからなかった(1)」から「とても時間がかかった(6)」の6件法
⑧正答を見つけるまでの時間についての自己評価……⑦と同じ6件法
⑨正確な反応をどれほど重要と考えるか……「全然大事でない(1)」から「すごく大事(7)」までの7件法
⑩速く答えることをどれほど重要と考えるか……⑨と同じ7件法
⑪より長い反応時間をかけることは，誤数を減らすのにどれくらい有効と考えるか……「全然そう思わない(1)」から「すごくそう思う(7)」の7件法
⑫全般的なこのゲーム(MFFテスト)の難しさの評価……「とてもやさしかった(1)」から「とても難しかった(7)」の7件法

　それぞれの質問は白色の厚紙を上下に見開きにしたパネルにフェルトペンで書いてあり，パネルの上には質問文，下には回答の選択肢を縦書きで列記してあり，子どもが指さしで回答できるようになっている。これらの手続きは放課後に対象児の教室ですべて個別に行われ，MFFテストを含めて1人およそ30分を要した。なお，実験は1983年11月から12月にかけて行われた。

3. 結　果

3.1　MFFテストの結果と対象者の認知スタイルの分類

　MFFテストの初発反応時間と誤数の二重中央値折半法に基づいて，熟慮型と衝動型の認知スタイルの子どもを抽出した。3年生ではそれぞれ64名

(男子36＋女子28)と62名(男子36＋女子26)，6年生では69名(男子36＋女子33)と68名(男子37＋女子31)であった。

初発反応時間と誤数との相関は3年生では－.64，6年生では－.62であり，ともに十分に高い値であり，熟慮性・衝動性の構成概念としての妥当性が確保されていると判断できる。

3.2 メタ認知質問に対する反応の比較：メタ認知的知識とその実行(認知的努力の配分)

結果は3年生(表3-6)と6年生(表3-7)に分けて記す。まず，3年生について見ると，この課題全体の難易度の認知では認知スタイルの違いはなかった(熟慮型と衝動型の平均で4.88対4.79，t＝0.40，n.s.)。しかし，子どもたちが実際に「難しい」と感じた項目数について見ると，衝動型の子どもの方が有意に多かった(熟慮型と衝動型の平均で3.79対4.82，t＝2.52*)。また，各自の反応時間(RT)の自己評価に関しては最初の反応時間と正答に達するまでの最終的な所要時間(正答までのRT)の2つをとった。衝動型は少なくとも初発RTでは熟慮型よりも時間がかからないと評価すると予想したが，意外にも違いはなかった。また，正答までのRTも同様に熟慮型と衝動型

表3-6 メタ認知質問に対する回答：3年生

	3年生(熟慮型＝64，衝動型＝62)		
	熟慮型	衝動型	t-値
難しかった項目数	3.79(1.76)	4.82(2.67)	2.52*
初発RT評価	4.17(0.95)	4.05(1.03)	0.70
正答までのRT評価	4.62(0.86)	4.47(0.92)	0.99
誤数評価	3.81(1.04)	4.35(1.19)	2.73**
正確な反応への努力	4.44(1.13)	3.94(1.16)	2.47*
速い反応への努力	4.06(1.36)	3.98(1.45)	0.31
正確な反応の重要度	6.03(0.93)	5.95(0.93)	0.48
速い反応の重要度	5.08(1.36)	5.26(1.29)	0.76
反応遅延の有効性	4.95(1.25)	4.94(1.37)	0.07
課題の難易度	4.88(0.93)	4.79(1.37)	0.40

第3節 熟慮型と衝動型のMFFテストにおける遂行の評価とメタ認知(研究5)　107

表 3-7　メタ認知質問に対する回答：6年生

	6年生(熟慮型＝69，衝動型＝68)		
	熟慮型	衝動型	t-値
難しかった項目数	4.00(2.53)	4.75(2.64)	1.50
初発RT評価	4.31(0.87)	4.31(0.99)	0.05
正答までのRT評価	4.53(0.96)	4.52(1.13)	0.06
誤数評価	3.63(1.37)	4.76(0.85)	5.09**
正確な反応への努力	4.78(0.92)	4.43(1.04)	1.80(*)
速い反応への努力	4.20(1.12)	4.43(1.30)	0.93
正確な反応の重要度	5.69(1.08)	6.09(0.92)	2.02*
速い反応の重要度	4.88(1.24)	5.00(1.51)	0.45
反応遅延の有効性	5.18(1.22)	5.30(1.50)	0.42
課題の難易度	5.12(0.95)	5.00(1.24)	0.56

の間で有意差はなかった。熟慮型の方が正確な反応への努力を多く注入し，誤数も少ないと評価している点では有意差があったが，速い反応への努力量に関しては有意差はなかった。

　次に6年生について見る(表 3-7)と，3年生と共通して熟慮型の方が誤数が少なかった(3.63対4.76)。しかし，理論的な予測に反して，正確な反応の重要度の評価では衝動型の子どもの方が高かった(衝動型と熟慮型の平均値で6.09対5.69，t＝2.02*)。

　両学年を通じて興味深い結果は，MFFテストの初発RTでは3年生，6年生で熟慮型は衝動型の約2.8倍と2.5倍も長い(それぞれ289.70(132.14)対103.77(36.49)と254.54(35.21)対105.27(30.26)：平均値(SD))が，反応時間の自己評価では全く違いがなかったことである(4.17(0.95)対4.05(1.03)と4.31(0.87)対4.31(0.99)：3年生と6年生の熟慮型と衝動型の平均値(SD))。また，正答に達するまでの最終的な所要時間の自己評価についても同様に2つのスタイルの間では3年生，6年生の両学年ともに全く違いがない(4.62(0.86)対4.47(0.92)と4.53(0.96)対4.52(1.13)：3年生と6年生の熟慮型と衝動型の平均値(SD))。このことは，熟慮型と衝動型の時間評価の枠組みないしは心理的な時間評価が全く違っていることを示している。

これに対して、誤数について見ると両学年ともに衝動型の方がより多かったと評価しており、実際の誤数の違いと一致している。しかし、3年生で衝動型は熟慮型の約3倍(19.84(4.70)対6.89(3.00))、そして6年生でも3倍を超えている(14.28(6.00)対4.52(2.73))ことに比べると、自己評価の熟慮型と衝動型の違いはかなり小さい(3年生と6年生の熟慮型と衝動型の平均値(SD)：3.81(1.04)対4.35(1.19)、t＝2.73**；3.63(1.37)対4.76(0.85)、t＝5.09**)。このことから時間評価ほどではないが、誤数の多さの評価基準においてもやはりスタイルの間では明白な違いがあることが示された。つまり、衝動型の子どもの誤数の多さの評価基準は、熟慮型に対してかなり緩い。

次に、MFFテストの遂行のモニタリングに関する測度として、正確な反応と迅速な反応に対する努力の配分とそれぞれの目標の重要度について見ることにする。重要度は、1(全然大事でない)から7(すごく大事)の7件法で得点化された。「正確な反応」の重要度は、3年生全体の平均で約6(とても大事)と非常に高く、熟慮型と衝動型でほとんど同一である(6.03(0.93)対5.95(0.93))。しかし、すでに述べたように6年生では予想に反して熟慮型が有意に低かった(5.69(1.08)対6.09(0.92)、t＝2.02*))。理論的な予測では、熟慮型の方が正確さをより重要と考えるはずであったが、子ども自身の遂行中の意識としては、むしろ衝動型の子どもの方がその重要度を高く評価していた。ところが、「正確な反応」に対する努力の配分ついては、理論的な予測通りの結果であった。つまり、3生年、6年生ともに熟慮型の子どもの正答に向けての努力の量は、衝動型よりも大きかった(4.44(1.13)対3.94(1.16)、t＝2.47*；4.78(0.92)対4.43(1.04)、t＝1.80(*))。また、このテスト全般に対する難易度の評価においても2つの認知型の集団間で違いがなかった(t＝0.40, n.s.；t＝0.56, n.s.：3年生と6年生)ことは、難しさの判断を構成する心理的枠組みがやはり異なっていることを強く示唆するものである。

それでは、次にMFFテストの課題要請をどのように解釈し、かつその遂行のためにどのような方略が有効だと考えるかといったメタ認知的知識と、現実の努力配分のしかたについて、さらに検討を進めることにする。まず個人内で速さと正確さに対する重要度評価を比較し、速さがより大きい者を

「速さ重視」群，逆に正確さの評価の方が大きかった者を「正確さ重視」群として，各学年の認知スタイルごとに割合を算出してみた(図3-5)。

両学年ともに，正確さ重視群が圧倒的に多かったが，特に3年生に比べて，6年生が多かった($\chi^2=8.83^{**}$)。また，認知スタイルで比べると，3年生($\chi^2=0.92$, n.s.)と6年生($\chi^2=0.20$, n.s.)ともに有意差がなく，熟慮型も衝動型もともに正確さ重視群が圧倒的に上回っていた。3年生ではおよそ7, 8割の子どもが，そして6年生になると9割近くの子どもが速く答えることよりも，正確に答えることを重視していた。

実際の努力の配分でも正確さと速さのそれぞれに対する個人内の評価得点の大小を比べて，「正確さ努力」群と「速さ努力」群に分けて，学年と認知スタイル別にまとめてみた(図3-6)。

いずれの目標に向けてより大きな努力を注いでいるかの認知に対しては，学年による分布の違いはなかった($\chi^2=0.71$, n.s.)。つまり，両学年ともに正確に答える目標に対してより努力を傾ける割合が上回っていた。また，認知スタイルについて見ると，両学年とも「速さ努力」群の割合では衝動型が多かった。学年ごとに見ると，3年生では有意でなかった($\chi^2=1.62$, n.s.)が，6年生では有意であった($\chi^2=7.69^{**}$)。このように，熟慮型の子どもでは速さよりも正確さに向けてより大きな努力をしている子どもが3年生でおよそ3分の2，6年生では4分の3というように圧倒的に多数派を占めている。これに対して，衝動型の子どもでは速さと正確さに対する努力の配分の相対的な大きさに基づく分類に関しては，ほぼ二分されている(3, 6年生で49.1%と51.9%)。衝動型では2人に1人が「自分は速さよりも正確な反応に向けてより大きな努力をしている」と認知している。理論的な予測に照らして考えると，熟慮型ではほぼそれを支持しているが，衝動型では速答に向けてより努力していると予測すると半数程度しか当てはまらない。衝動型の子どもも半分くらいが正確に答えようと努力を注いでいるのに，現実の誤数は多い。これは彼らが誤数を減らす上で有効な方略を持たなかった可能性を示唆するものである。あるいは課題解決を行っている間の認知プロセスに対するモニタリングが不十分なのかもしれない。

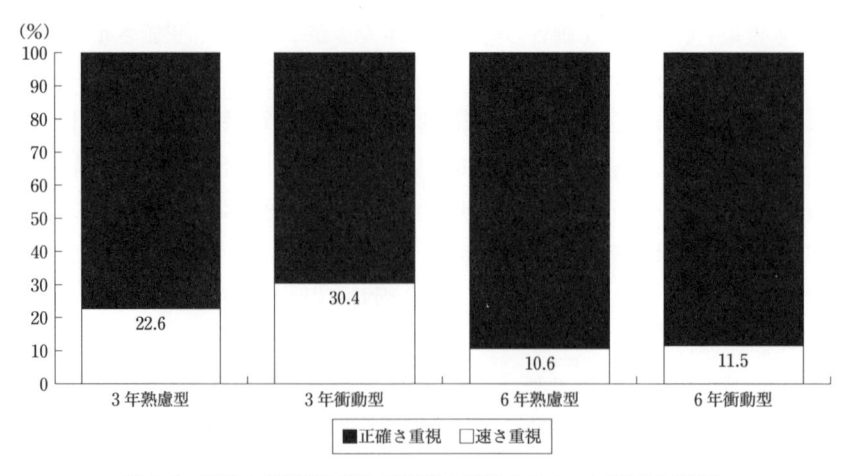

110　第3章　熟慮性・衝動性の発現メカニズムと自己制御・適応的柔軟性

図 3-5　正確さ重視群と速さ重視群の認知スタイルと学年別の割合

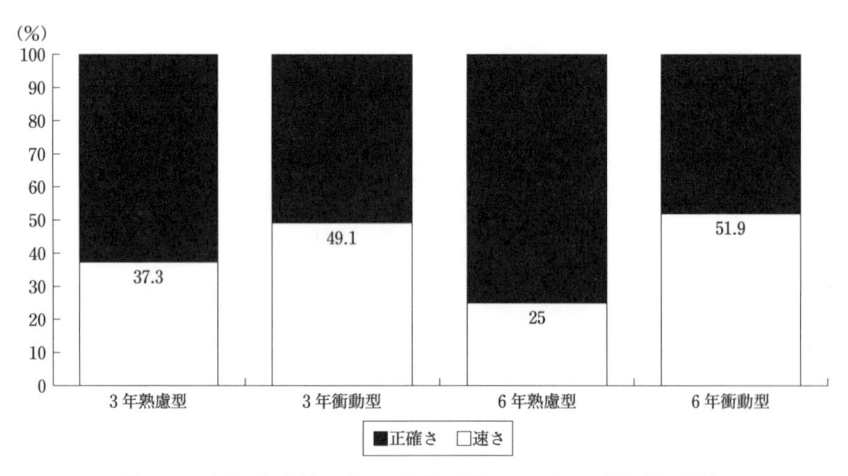

図 3-6　正確さ努力群と速さ努力群の認知スタイルと学年別の割合

　ところで，反応を遅くすることが誤数の低減に役立つという反応遅延方略の有効性の評価では，6年生の方がわずかに高い傾向がある(3年生と6年生の平均値(SD)：4.94(1.30)対5.24(1.37)，$F(1, 224)=2.76(*)$)。しかし，認知スタイルの主効果($F(1, 227)=0.07$)とスタイルと学年の交互作用効果も

なかった($F(1, 227)=0.13$)。このように3年生，6年生ともに認知スタイルを問わず子どもたちは反応時間の遅延による誤数低減の効果を認めている。しかし，衝動型の子どもの初発反応時間は熟慮型の半分にも足りない。これは，「反応を遅らせる」ことで実際に充てられる時間の長さが衝動型の方が短いことによるのだろうか。言葉を換えると，時間経過をより速く感じやすいのだろうか。この問題については考察で再度触れることにする。

3.3 項目の難度の評価と平均反応時間と誤数の関係

子どもたちは，MFFテストのそれぞれの項目に答える時に，その項目の難易度を即座に見積もり，それに沿った努力の配分を行い，方略の選択をするなどのメタ認知的な活動を作動させるはずである。そうなると，子どもが難しいと判断した項目，特にもっとも難しいと考えた項目では，そう感じなかった項目に比べるとより長い視覚的な分析を行うので，初発反応時間が長くなることが予測される。また，誤数に関しては難しいと考えた項目では，それ以外の項目よりも多くなることが予測される。ここでは，この2つの予測について検討する。

まず，初発反応時間について見てみよう(図3-7，3-8)。ここでは主観的な難易度を3水準に分け，それを繰り返し要因として次のような分散分析を行った。つまり，子どもがもっとも難しい(最難)と考えた項目，難しい(難感)と考えた項目，そして難しいと感じなかった(非難感)項目に対する初発反応時間の平均値を繰り返し要因として，学年(3年生と6年生)と認知スタイル(熟慮型と衝動型の2タイプ)を被験者間要因とする分散分析を行った。その結果，難易度の3段階($F(2, 400)=21.96^{**}$)と難易度×認知スタイル($F(2, 400)=18.72^{**}$)は有意であったが，難易度×学年($F(2, 400)=1.22$, n.s.)と難易度×学年×認知スタイル($F(2, 400)=0.91$, n.s.)の交互作用効果は有意でなかった。また，被験者間要因の学年の主効果($F(1, 200)=5.11^{*}$)および学年と認知スタイルの交互作用効果($F(1, 200)=5.32^{*}$)はともに有意であった。

難易度と認知スタイルの交互作用効果の原因は，図3-7と図3-8から見て

112   第3章 熟慮性・衝動性の発現メカニズムと自己制御・適応的柔軟性

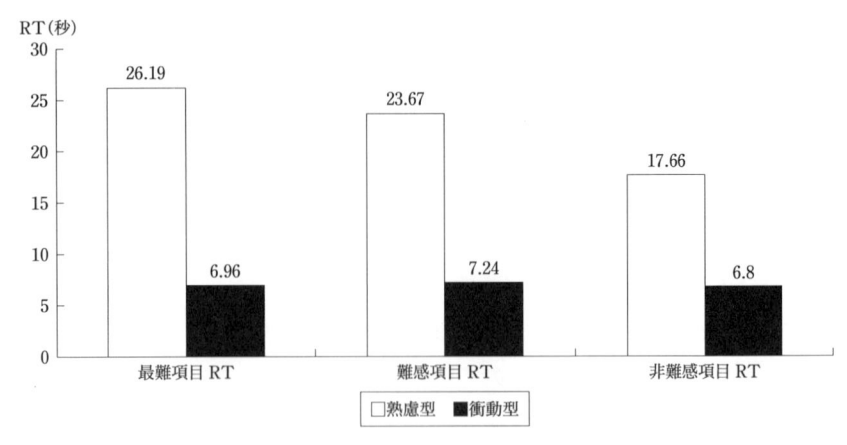

```
RT(秒)
最難項目RT: 熟慮型26.19, 衝動型6.96
難感項目RT: 熟慮型23.67, 衝動型7.24
非難感項目RT: 熟慮型17.66, 衝動型6.8
```

図3-7　難易度のレベル別の初発反応時間：3年生

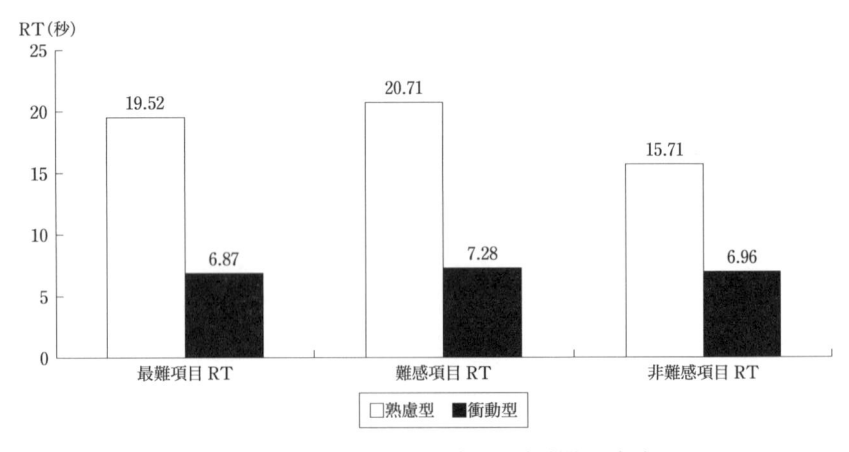

```
RT(秒)
最難項目RT: 熟慮型19.52, 衝動型6.87
難感項目RT: 熟慮型20.71, 衝動型7.28
非難感項目RT: 熟慮型15.71, 衝動型6.96
```

図3-8　難易度のレベル別の初発反応時間：6年生

とれるように熟慮型では難感項目と非難感項目とでは初発反応時間がかなり違うが，衝動型ではほとんど違っていないことによると推測される。このことを確認するために，3年生と6年生の熟慮型と衝動型のそれぞれで難易度の効果についてさらに検討した。3年生では衝動型の子どもについて難易度の3水準を繰り返し要因として反応時間の違いを調べてみると，有意ではな

かった(F(2, 112)=1.14, n.s.：N=57)が, 熟慮型では有意であった(F(2, 110)=12.55**：N=56)。そして, 多重比較(Bonferroniによる)では最難項目＞非難感項目, 難感項目＞非難感項目の2つのペア間で有意差があった。この結果は6年生でも全く同じであった。衝動型の中では難易度の3水準の効果は全くなかった(F(2, 92)=0.52, n.s.：N=47)が, 熟慮型では有意であった(F(2, 86)=11.92**：N=44)。そして, 最難項目＞非難感項目, 難感項目＞非難感項目の2つのペア間で有意差があった。つまり, 学年を問わず熟慮型の子どもは難しいと感じた項目に対しては, より長い時間をかけていた。これに対して, 衝動型では難易度のレベルによって反応時間を変化させることはなかった。

次に誤数について見てみよう(図3-9, 3-10)。難易度レベルに関しては有意な主効果(F(2, 402)=57.96**)があったことは, 初発反応時間と同じであったが, 難易度レベル×学年×認知スタイルの交互作用効果も有意であった(F(2, 402)=3.45*)。しかし, そのほかの交互作用効果はなかった。

すでに見たように衝動型では難易度の3水準の間で初発反応時間に違いがなかったが, 誤数に関しては有意な差異があった。そして, 難易度の評価の違いに応じた誤数に関しては, 2つの学年とも熟慮型と衝動型の結果は完全に一致していた。たとえば, 3年生では衝動型(F(2, 112)=9.80**：N=57)も熟慮型(F(2, 112)=21.28**：N=57)も, そして6年生の衝動型(F(2, 92)=19.89**：N=47)も熟慮型(F(2, 86)=14.75**：N=44)も, さらに多重比較(Bonferroniによる)でも最難項目＞非難感項目と難感項目＞非難感項目のペアの間で有意差があった。

これらのことをまとめると, 初発反応時間に関しては3年生と6年生ともに熟慮型では自分が判断した難易度のレベルに応じた反応時間を配分しているが, 衝動型ではこうした差別的な時間配分は行っていなかった。換言すると, 熟慮型の子どもは難しいと判断した項目に対しては, より長い時間をかけて自己の認知的努力を課題の難易度に応じて調整するのに対して, 衝動型では項目の難易度に応じて自分の解決時間を調整することをあまり行わない。しかし, 結果としての誤数の多さではいずれの学年とも, そして認知スタイ

114　第3章　熟慮性・衝動性の発現メカニズムと自己制御・適応的柔軟性

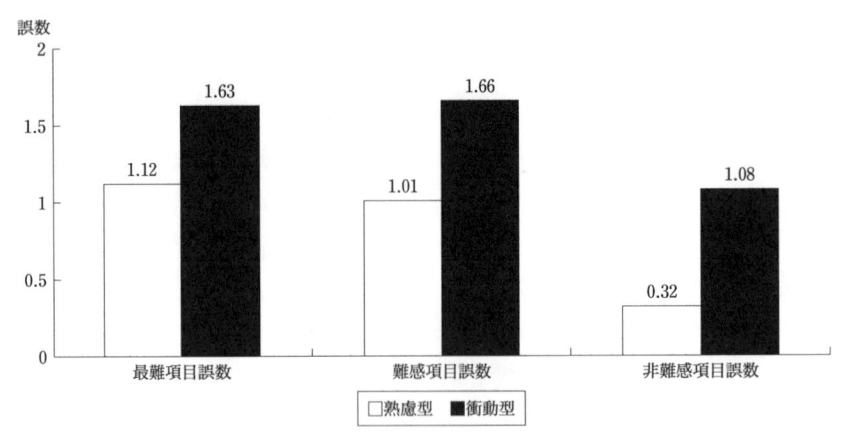

図3-9　難易度のレベル別の誤数：3年生

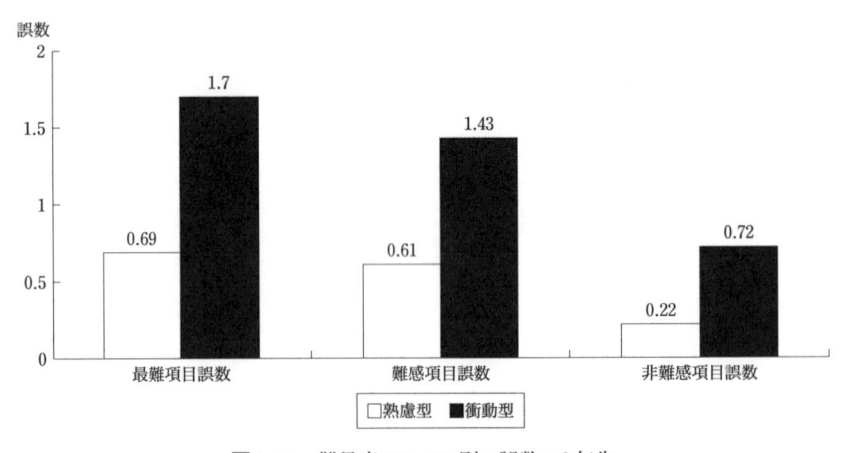

図3-10　難易度のレベル別の誤数：6年生

ルを問わず各自が判断した難易度レベルにより異なっていた。つまり，難しいと感じた項目ではそう感じなかった項目よりも有意に誤数が多かった。

4. 考 察

4.1 自己評価の枠組みの違い

　熟慮型は衝動型の2倍以上もの初発反応時間を要しながら，費やした時間の長さに対する評価では衝動型と全く違いがなかった。また，誤数の評価では衝動型の方が多かったが，実際の誤数の違いに比べるとずっと小さかった。たとえば，衝動型は熟慮型の3倍程度も誤反応をしながらも6段階の誤数の自己評価では両群間の差は3年生で0.54，6年生で1.13に過ぎなかった。衝動型の3年生と6年生の平均値はそれぞれ4.35と4.76であり，5の「少し多い」以下にとどまっている。この初発反応時間と誤数評価の認知スタイルによる違いからは次のことが示される。つまり，熟慮型は衝動型に比べると反応のスピードを評価する際の基準は緩い。これとは対照的に，衝動型は誤反応の評価に関しては寛大な基準を持つようである。

　この推論を裏づける興味深い結果がある。櫻井・湯浅(1989)は小学校5年生にMFFテストを実施して，その終了後に1項目の追加試行を行った。その項目では6個の比較刺激の1つだけを着色し，その選択肢を次の4つの言語刺激に沿って指で押さえてもらった。具体的には「とても遅かった」「少し遅かった」「少し速かった」「とても速かった」の言葉に対応するように反応してもらった。その結果を認知スタイル別にまとめたものを次に示す（図3-11）。

　反応の速さの程度を示す刺激語に沿って反応時間の長短を調整していた点では，4つの認知スタイルとも全く共通していたが，「とても遅かった」には熟慮型の子どもは衝動型の子どもに比べると3倍以上の時間を充てていたのである。このように主観的な時間評価の枠組みについて2つのスタイルの間に明白な違いがある。

　また，神経生理学的な個人差としての興奮・抑制の次元に注目すると，興奮過程の優位な人では時間の過小評価を，その逆に抑制過程の優位な人では過大評価をしやすいと考えられる(Walker, 1982)。言葉を換えると，衝動型の方がより速く進む心理的な時計を持っているのかもしれない。

反応時間(秒)

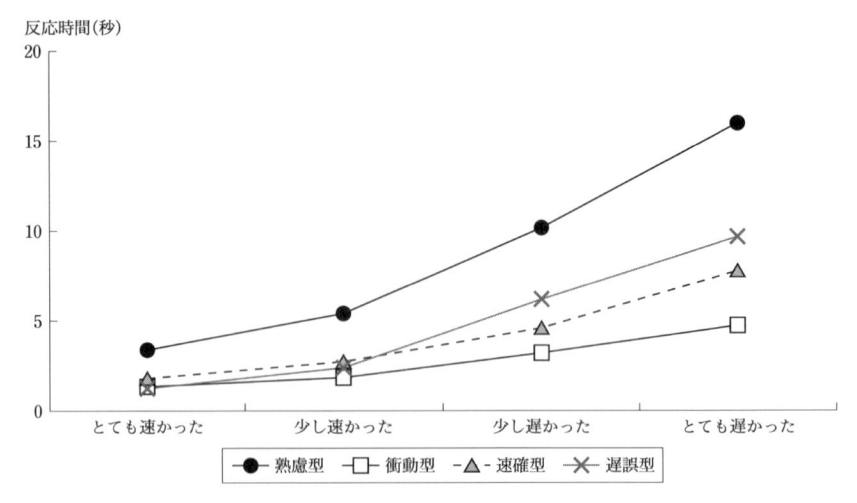

図 3-11 反応速度に関する 4 つに刺激語の時間評価：4 つの認知型の比較（櫻井・湯浅，1989）

4.2　メタ認知的な知識とその実行のモニタリング

　15 項目の中から難しいと感じた項目を選択してもらうと，3 年生だけであったが衝動型の子どもの方が選択した項目数が有意に多かった。この結果からは，衝動型の子どもは比較的緩い判断基準で「難しい」と判断するらしいことがわかる。しかし，その中から「もっとも難しい」と感じた項目を 1 つ選んでもらうと，学年とスタイルの違いはなく，とてもよく似ていた。たとえば，15 項目の被選択数でベスト 5 を見ると，3 年生と 6 年生で 4 項目までが一致していた。同様に，認知スタイルの違いは 3 年生，6 年生ともなかった。被選択数のベスト 5 ではいずれの学年とも 4 項目が一致していた。これより，何がもっとも難しいかという判断においては，3 年生でほぼ安定した基準ができあがっていて，この時点で衝動型も熟慮型も違いがないことがわかった。

　また，速い反応と正確な反応のそれぞれに対する重要度の評価では，速さについては 7 段階の平均で 5 前後に対して，正確な反応の方が平均値でこれより 1 前後高くなっており，この点に関しては認知スタイルによる違いはない。この速さと正確さの重要度評価の個人内比較に基づき「正確さ重視」群

と「速さ重視」群に二分すると,「正確さ重視」群は3年生よりも6年生の方が少し多かったが,両学年を通じて圧倒的に「正確さ」重視の子どもが多かった。このように,小学校の中学年になると速く答えることももちろん大事に違いないが,それよりは正確さが優先されるべきという知識をほとんどの子どもが共有している。

しかし,実際のMFFテストの取り組みにおいて自分の努力を速さと正確さの目標に対してどれくらい注いでいるかについて見ると,熟慮型と衝動型の間で目立った違いがあった。理論的な予測では,正確な反応に対する志向性が強いと考えられる熟慮型は「正確さ」に向けた努力をより多く行う一方で,迅速な反応への志向性を持つ衝動型では「速い反応」への努力をより多く行うはずである。これに関しては,熟慮型についてはこの予測を支持しており,3年生の約3分の2,そして6年生では約4分の3の子どもは正確さに対する努力の配分が速さに対するよりも多かった。だが,衝動型に関しては,速さ＞正確さの「速さ努力」群と正確さ＞速さの「正確さ努力」群の比率はほぼ同等であった。これは,衝動型には「正確な反応」に向けてより多くの努力を傾けたと思っている子どもが半分くらいいることになる。まとめると,熟慮型の子どもに関しては大半が多少の反応の遅れがあっても「正確さ」に向けての認知的な努力を注ぎやすい。しかし,衝動型の子どもでは努力配分については2タイプがありそうである。つまり,スピード重視でそのままより速く答えようと努力している子どもと,正確に答えるように努力しているのだが,結果的にはそうなっていないタイプの子どもである。この衝動型の後者のタイプの子どもは自己の認知プロセスに対するモニタリングが弱い可能性がある。いずれにしても衝動型は「速さ志向性」が強いと一般化すべきではない。

このことにかかわって,難易度レベルに応じた初発反応時間のかけ方についての熟慮型と衝動型の違いについても考えてみたい。すでに結果で述べたように,熟慮型では,難しいと感じた項目に対してはそう感じなかった項目よりも有意に長い時間をかけていた。これとは対照的に衝動型では3年生でも6年生でも難易度のレベルに応じて反応時間を変化させることはなかった。

反応を遅くすることが誤数の低減に役立つかどうかの評価では，両学年とも全くスタイルの違いがなかったし，また学年の主効果もなかった。このように反応遅延方略の有効性の知識はすでに3年生でかなりできている。しかし，現実には衝動型の子どもは難易度が高いと感じた項目に対しても長い時間をかけていなかった。この結果は衝動型の子どもでは，有効な課題解決方略を作っても，それを一貫して用いることが難しかったというCameron(1984)の結果とも合致する。それから推測すると，Flavell(1970)が提起した産生欠如(production deficiency)が衝動型の子どもに該当するように見える。本研究に比べて年齢の高いフランスの7年生(12-13歳)においてもメタ認知においては熟慮型の子どもが衝動型の子どもを上回っていた(Rozencwajg & Corroyer, 2005)。このように，熟慮型の子どもではMFFテストの課題要請に沿った認知的努力を投入し，難易度に対応して問題解決時間を調整していた。言葉を換えるとメタ認知的な活動が有効になされていた。しかし，衝動型ではMFFテストにおける各自の目標に対応させて努力の配分を行うことが少なかった。さらに，項目の難易度の判断は適切であっても，それに応じて課題解決に時間的なコストをかけることをしていない。つまり，自らの行動が目標に沿ってなされているかのモニタリングや自己制御のスキルの発達においては未熟である。

第4節　反応時間の制御による熟慮性・衝動性の柔軟性(研究6)

1. 問　題

　これまでこの認知スタイルの変容可能性についてはさまざまな実験的な検討がなされてきたが，それは衝動的なスタイルの修正であった。というのは，学校場面では衝動的なスタイルが学習や社会適応に対して不利に働きやすいことがわかっているからである。たとえば，幼児期の衝動性の高さが小学校入学後の学業成績や仲間関係に対してマイナスに働きやすい。また，衝動性がADHDなどの学習障害と結びつきやすいので修正研究が行われている(Gargallo, 1993)。要するに，衝動性の修正研究の背景には「衝動性＝発達の遅れ」あるいは「衝動性＝学習や適応の妨害要因」という仮定があった。

　ところが，1970年代の後半から，熟慮性・衝動性の認知スタイルを一種の適性とする見方が出てきた(Globerson & Zelniker, 1989; Zelniker & Jeffrey, 1976)。この考えにしたがえば，認知スタイルがそれ自体単独で認知課題の遂行にストレートに影響するのではない。重要なことは課題の性質と認知スタイルとの適合性である。つまり，熟慮的な取り組みがあらゆる課題の解決に有利に働くのではなくて，衝動的なスタイルがプラスに働くような課題状況もある。たとえば，いわゆる収束的な思考のように一つの正答を見つける課題では慎重にさまざまな解答を考え，それらの考えがどれほど確からしいのかを一つ一つチェックしていく熟慮型が有利になる。少なくともケアレスミスを抑える点で有利である。しかし，芸術の活動のような直観的なひらめきやユニークな発想が重視される分野やブレーンストーミングの場面では，衝動型のアプローチがプラスに働くことが考えられる。さらに，次の研究のように衝動的な取り組みが課題解決に有利に働くこともある(Wagner, Cook & Friedman, 1998)。多肢選択式のテストでは，最初に○をつけた選択肢でよかったかどうか迷うことが多い。多くの人が勧めるのは，

最初に選んだ答えを変えるべきではないことである。しかし，実際には後で変えた方が最初の選択を固守するよりも得点が高いという。そこでこの著者たちは，小学校5年生を対象にして多肢選択の問題に対する訂正の有無と，それによる正答数の増減を調べ，熟慮型と衝動型について比較している。結果としては，解答の訂正回数では予想通り衝動型の方が多かったが，それによる得点の増大効果も熟慮型よりも大きかったのである。ある面では熟慮型の子どもの場合には，最初に答えるまでに「熟慮」したために，そこで選んだ答えに固執しやすいが，衝動型の子どもではそうしなかった分，自分の答えの見直しをしやすい。その分柔軟に反応できるのが衝動型の子どもということもいえる。

　これらのことを考えると，多様な課題を効率的に対処するためには，個人は特定の認知スタイルを固守するのではなくて，課題の要請に応じて柔軟に変化させたり，使い分けることが重要になる。

　このように認知スタイルの柔軟性が私たちにとっては適応的なスキルと考えられる。認知スタイルの柔軟性については第3章2節の研究4でも扱ったが，この研究6が依拠するのは時間制限・強制反応パラダイムである。このパラダイムは通常のMFFテストのように被検査者が自分のペースで解答するのではなく，実験者の側であらかじめ反応(解答)時間を設定して，その時間内に強制的に反応させる方法である。このパラダイムを用いた研究として，臼井(1983)は小学校2年生と6年生を対象にして，さまざまな絵刺激をスライドで3，4秒の短時間の提示を行い，その直後に妨害刺激(distracter)も含めたテスト刺激の中から原刺激を再認させた。その結果，的中率と的中率から誤警報(False Alarm)率を除いた修正再認得点のいずれにおいても熟慮型と衝動型の間には有意差がないことを見いだした。これは2つの学年のいずれにおいてもそうであった。要するに，最小限度の判断時間しか与えられない条件では，熟慮型と衝動型の間の遂行差は消失するのである。言葉を換えると，課題に応じて衝動型も熟慮型と同程度の柔軟性を持っている。また，稲垣と波多野(Inagaki & Hatano, 1979)は，小学校5年生に文章の校正課題を行い，基本的に熟慮型も衝動型も同じように柔軟な反応を示すことを見い

だした。

このように，少なくとも小学校低学年以降になると，速さや正確さを強調する教示の方向に沿った反応の修正ができるが，その変容可能性の幅については不明である。また認知スタイルの影響については結果の整合性が乏しい。そこでこの研究では，強制的な反応時間パラダイムに基づき認知スタイルの柔軟性の検討を行う。

本研究では認知スタイルの柔軟性についての次のような対立仮説を立てて，そのいずれが妥当であるのかを以下の実験により明らかにしようとするものである。

仮説1：情報処理能力対等仮説

本書の研究4で示したように熟慮型と衝動型では基本的な情報処理速度に違いがないと仮定すると，MFFテストで衝動型の平均的な反応時間で解答を迫られると誤数に関しては熟慮型と衝動型の間の違いは消失するだろう。これに対して，熟慮型の平均的な反応時間で答える条件では，衝動型の子どもも熟慮型の子どもと同じ程度の視覚的な探索の時間が保障されるので，誤数は熟慮型の子どもと同じレベルに減少するはずである。

仮説2：「衝動的な子ども＝相対的な発達の遅れ」仮説

この仮説に立つ（Bush & Dweck, 1975; 柏木，1988；Rosencwajg & Corroyer, 2005; Usui, 1987a）と，先の仮説1とは全く異なる予測が成り立つ。たとえば，この仮説からは次のことが推測される。熟慮的な子どもは，利用可能な行動の資源が豊富でスピードのオプションも正確さのオプションも両方備えている。普段は「正確さ」オプションを使うことが多いが，必要に応じて「スピード」オプションを使うことができ，両方の方略がいつでも利用可能になっている。これに対して，衝動的な子どもも同じようにこの2つのオプションを持っているが，「正確さ」オプションは，熟慮的な子どもほどしっかりと身についたものになっていない，あるいは十分に利用可能な状態になっていない（産生欠如状態）。このような仮定に立つと，熟慮的な子どもの方がより柔軟に自分の行動を変化させることができるので，最小限度の反応時間に制限される条件でも，衝動的な子どもよりも誤数が少ないはずであ

る。

2. 方　法

2.1　研究対象

　北海道S市の小学校1校の4年生全員の130名(男子61，女子69)に対して，児童用MFFテストを個別実施した(第1セッション)。そして，約2か月後に時間制御方式のMFFテスト(第2セッション)を実施し，大半の121名の子どもが参加した。

2.2　手　続　き

(1)第1セッション：MFFテストの実施

　Cairns & Cammock(1978)のMFF-20テストから12項目(α係数=.80)を選択し，個別実施を行った。初発反応時間(RT)と誤数の相関は－.56であった。このテストの実施は1991年11月の放課後に対象児童の教室で著者と心理学専攻の3，4年生により個別に行った。

(2)第2セッション：時間制御式MFFテストの実施

　パソコンによりMFFテストの各項目の提示時間を制御したもので，第1セッションのおよそ2週間後に行われ，実験の流れは次の通りである。

　小学校から一室の提供を受け，そこにパソコンとディスプレーを配置した。ディスプレーには，タッチパネルがかぶせてあり，タッチパネルからの入力ができるように設定されている。パソコンのディスプレーに図3-12のように標準刺激(見本)を左側の中央に，6つの比較刺激(variant)はその右側に2列×3行で提示した。答え方は，通常のMFFテストでは見本と同一と思ったバリアントを指で押さえるのだが，ここではタッチパネルを通して軽く触れる。その直後に，ディスプレー上に各自の課題の取り組みについてのモニタリングに関する質問が現れ，やはりタッチパネル上の選択肢で回答する。

　MFFテストの各項目でモニタリングの質問に対する回答が終了すると，

図3-12 第2セッションのMFFテストの項目例

ディスプレー上に「あたり」「はずれ」の文字で正誤フィードバックが行われる。それと同時にビープ音も出るが，正答と誤答では異なる音声になっている。正答の場合は次の項目に進むが，誤答の場合は再度同じMFFテストの項目がディスプレーに提示され，正答に達するまでこうした手続きが繰り返される。ただし，今回は4連続誤答で打ちきりにして，次の項目に進むようにした。したがって，1項目の最大の誤数は4である。実施の方法に慣れるために，練習試行として2項目を行い，十分に解答のしかたを理解したことを確認して，テスト試行に入った。

①練習試行……2項目
　練習のための項目として2項目を用意した。
②ベースライン試行……3項目
　タッチパネルで答えることを除けば通常のMFFテストと同じ条件であり，子どもの個人のペースで反応をする条件である。時間制限はない。
③提示時間制限試行(1)……5項目
　その後の5項目は，2か月前に実施したMFFテストでの衝動型の平均的な反応時間(7.78秒/項目)に対応するようにディスプレー上に7秒間提示する条件であり，この時間制限の下で反応をしなければならない。具体的には，テストの項目が提示されてから7秒後に「プルルー」という電子音が3秒

	バリアント1	バリアント4
標準刺激	バリアント2	バリアント5
	バリアント3	バリアント6

図3-13　反応制限時間が過ぎた後のディスプレー上の提示
注）バリアント1から6はそれぞれのバリアント位置の番号であり，実際には枠組みだけしか提示されない

間鳴り，それを合図に解答する[1]。その時間内，つまり提示後10秒以内に解答しない場合には，見本と比較刺激の絵はすべて画面上から消え，図3-13のようなタテ3×ヨコ2の比較刺激の場所を示す枠組みだけが現れる。この手続きについて，研究対象者にはベースラインが終了した時点で図3-13をA4のパネルにしたものを用いて説明をする。

④提示時間制限試行(2)……2項目

　この2回の試行ではあらかじめ無作為に振り分けた2つの条件群に分かれて行われる。7秒の提示時間のまま継続する提示時間無変化群（NC：No Change）と提示時間が16秒に変化する提示時間変化群（C：Change）の2群である。この16秒の提示時間はほぼ熟慮型の平均反応時間(18.55秒/項目)に対応させたものである。なお，子どもたちには自分がどの群であるかを教えていない。テストは先の5試行から連続して行われ，7秒あるいは16秒の提示時間の3秒後には刺激の図がディスプレー上からすべて消えるようになっている。したがって，この制限時間内に反応しなければならないので反応時間も同時に制限される課題設定になっている。この手続きを流れ図で示すと図3-14のようになる。

　いずれかの比較刺激(variant)を選んだ直後に，いわばオンラインで次の3つ(項目4以降は4つ)の質問に答えてもらうが，これも質問と解答の選択肢がディスプレー上に現れ，該当するタッチパネル上の選択肢に触れるよう

第4節 反応時間の制御による熟慮性・衝動性の柔軟性(研究6)

```
┌─────────────────────┐
│  1. 練習：2項目      │
└─────────────────────┘
          ↓
┌─────────────────────┐
│  2. ベースライン：3項目 │
└─────────────────────┘
          ↓
┌─────────────────────┐
│  3. 提示時間制限試行(1) │
│   (7秒提示)：5項目    │
└─────────────────────┘
         ↙     ↘
┌──────────────────┐  ┌──────────────────┐
│ 4. 提示時間制限試行(2)：│  │ 4. 提示時間制限試行(2)：│
│   時間変化(C)群     │  │   時間無変化(NC)群   │
│  (16秒提示)2項目   │  │  (7秒提示)2項目    │
└──────────────────┘  └──────────────────┘
```

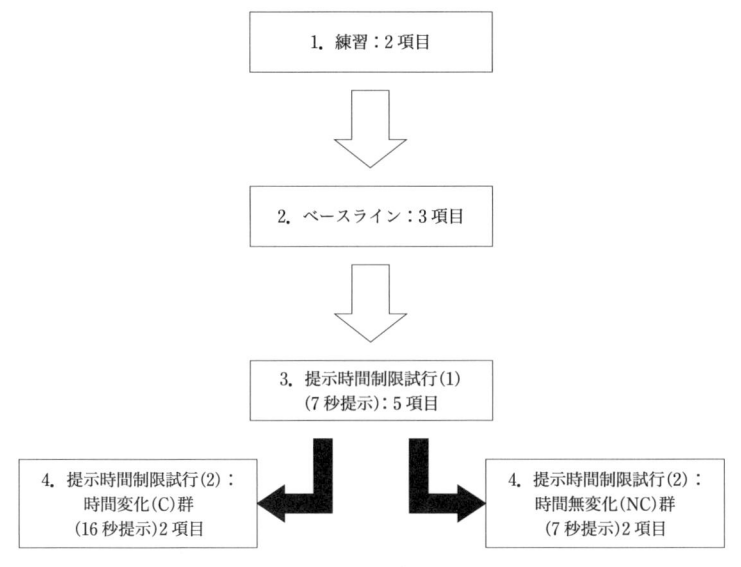

図3-14 セッション2の実験手続きの流れ図

になっている。

その質問とは，①自分の答えに対する自信の程度(1：すごく自信がある，2：少し自信がある，3：あまり自信がない，4：全然自信がない)，②答える時にどれくらい急いでやったか(速答志向性)(1：すごく急いだ，2：少し急いだ，3：あまり急がなかった，4：全然急がなかった)，③どれくらいまちがわないように気をつけてやったか(正確志向性)(1：すごく気をつけた，2：少し気をつけた，3：あまり気をつけなかった，4：全然気をつけなかった)であり，いずれも4件法で回答を求め，かっこ内の数値のように得点化した。なお，4項目目以降は，質問をさらに1つ加えた(④解答までにもっと時間がほしかったか[2])。

各質問がディスプレー上に提示されてから，それぞれの選択肢に指で触れるまでの反応時間も記録した。

3. 結　果

3.1　セッション1と2のMFFテスト間の対応性
：初発反応時間と誤数について

　まず，刺激の提示時間と反応時間をパソコンで制御したMFFテスト（セッション2）は，セッション1で用いた通常のテストに対してどの程度代替可能性があるかについて以下のように分析を行った。

(1)初発反応時間

　初発反応時間に関してセッション1と2の両者の間の相関を求めた(表3-8)。セッション2の提示時間の変化群と無変化群の10項目すべてとの相関はそれぞれの群で.62と.67であり，かなり高い安定性を持っていることがわかる。特に，時間の制限のないベースラインにおける最初の3項目の間には.72と非常に高い相関がある(2条件群の合計)。これに対して，提示時間が7秒と時間制限のある4-8項目では5%で有意ではあるが，相関(.29)はかなり低い。

　しかし，2つの条件群に分かれた最後の2項目(9-10)では2つの条件群ともに全く相関がなかった(変化条件：r＝.06，無変化条件：r＝.01)。このことは，熟慮型も衝動型もいずれも一様に強制的な反応時間にあわせて反応し，実験の手続きに沿って答えていたことを裏づけている。

(2)誤　数

　誤数に関してはセッション1と2の相関は概して低い(表3-9)。たとえば，初発反応時間では.72**もあったベースラインとの間でも誤数同士では

表3-8　第1と第2セッションの初発反応時間の相関

合計(10項目)：変化条件　　N＝59	0.62
合計(10項目)：無変化条件　N＝63	0.67
ベースライン(1-3項目)	0.72
4-8項目：7秒提示	0.29
9-10項目：変化条件(16秒提示)	0.06
9-10項目：無変化条件(7秒提示)	0.01

第4節 反応時間の制御による熟慮性・衝動性の柔軟性(研究6)　127

表 3-9　第1と第2セッションの誤数の相関

合計(10項目)：変化条件	0.36
合計(10項目)：無変化条件	0.14
ベースライン(1-3項目)	0.36
4-8項目：7秒提示	0.10
9-10項目：変化条件(16秒提示)	−0.03
9-10項目：無変化条件(7秒提示)	−0.04

.36** に過ぎない。また，提示時間を制御する4項目以降では全くなくなっている。相関係数値をあげると，全員が7秒の提示時間になる4-8項目では .10 と有意ではなかった。また，9と10の2項目で提示時間が変化する変化条件(C)群では，−.03，無変化条件(NC)群では−.04 であった。この両群の10項目の合計誤数については，それぞれ .36** と .14(n.s.)であった。これらの結果をまとめると，誤数に関しては標準的な MFF テストとの対応関係はベースライン項目においても低く，時間制御の項目では全く相関がなかった。

(3) 初発反応時間と誤数との相関

セッション1では初発反応時間と誤数の相関は−.56** と十分に高い値であったが，セッション2の初発反応時間と誤数の相関はどうだろうか。まず，対象者全員に共通の1-8項目について初発反応時間と誤数の相関を求めてみた(表 3-10)。

条件群の間で提示時間の異なる最後の2項目を除く8項目の合計の初発反応時間と誤数の相関はマイナスにはなっていたが，−.11 ときわめて低く，有

表 3-10　第2セッションの初発反応時間と誤数の内部相関

	反応時間：合計 (8項目)	反応時間：ベースライン (1-3項目)	反応時間：時間制限 (4-8項目)
誤数：合計(8項目)	−0.11	−0.11	−0.07
誤数：ベースライン (1-3項目)	−0.32**	−0.33**	−0.17(*)
誤数：時間制限 (4-8項目)	0.08	0.09	0.03

意ではなかった。しかし，初発反応時間の合計とベースラインでの誤数の合計，およびベースラインの反応時間と誤数の相関は－.32**と－.33**と低いが有意であった。この低さは誤数が各項目で最大4個と限定されているために変動の幅が少なくなっていることも原因しているが，自分のペースで反応できる条件(ベースライン)では，長い反応時間は正確な反応を導く要因となっていることは確かである。

だが，提示時間と反応時間が外的に制御される4-8項目では両者の間の相関は全くなかった。この場合には刺激の提示が終了して3秒後にディスプレーの画面から完全にテスト刺激が消えてしまう。そのためどの子どもも提示終了直後に反応しているので，結果的に反応時間の個人差がほとんどなくなったことによる。

3.2 提示時間の長さの効果：時間変化群と無変化群との比較
(1)条件群のマッチング

最後の9と10の2項目では，提示時間を16秒に変化させる提示時間変化群(C群)(60名)と4項目以降の7秒の提示時間を変えずに行う時間無変化群(NC群)(63名)の2つの条件群を設定したが，子どもの名簿番号で奇数と偶数で半々にし，子どもたちは自分がどの条件群かは全く知らされていない。この2つの条件群の間の対象者の等質性の確認を行う(表3-11)。

第1セッションのMFFテストの反応時間(秒)，誤数についてのC群とNC群のそれぞれの平均値(SD)は，163.59(94.22)と147.56(64.92)，および8.14(4.74)と8.17(4.57)であり，条件群間に違いがなかった($F(1, 121)=1.22$, n.s.；$F(1, 121)=0.02$, n.s.)。また，表3-11に示すようにセッション2で

表3-11 第2セッションの条件群の間の初発反応時間と誤数の比較

		提示時間変化(C)群	提示時間無変化(NC)群
反応時間	ベースライン	39.22(27.02)	37.08(21.98)
	4-8項目	12.20(13.24)	15.19(11.74)
誤数	ベースライン	1.44(1.60)	1.38(1.30)
	4-8項目	2.81(1.85)	3.10(2.18)

も全く条件群の間に有意差はなかった(F(1, 121)=0.23, 0.19, 0.05, 0.59 (F値は反応時間のベースライン，4-8項目の合計，誤数のベースライン，4-8項目の合計の順))。

このようにMFFテストの反応時間と誤数に関して十分にマッチングのとれた形で2つの条件群を構成することができた。

(2)認知スタイルによる比較
①認知スタイルの内訳と初発反応時間・誤数

4つの認知スタイル別に第1セッションのMFFテストの初発反応時間と誤数のそれぞれの平均値(SD)を表3-12に示す。

②第2セッションの反応時間と誤数の比較
1)全員に共通の部分

ベースラインの3項目と，その後の4-8項目までは2つの条件群とも全く同一の手続きの下で実験が行われたので，それらの結果について4つの認知スタイルを比較してみよう(図3-15, 3-16)。

初発反応時間(RT)については，ベースラインでは熟慮型の子どもが目立って長く，遅誤型がそれに続き，衝動型と速確型は同程度になっており，オリジナルのMFFテストの結果(表3-12)とほぼ対応している。そしてこの傾向は非常に弱くなるが，4-8項目の合計の反応時間においても維持されていて，4つの認知スタイルを独立変数に，反応時間を従属変数にした分散分析でベースラインと4-8項目の双方ともに有意な主効果があった(F(3, 119)=24.12**；F(3, 119)=3.07*))。

また，多重比較(Bonferroniによる)では，ベースラインに関しては熟慮

表3-12 認知スタイル別のMFFテストの初発反応時間と誤数

	反応時間平均(SD)	誤数平均(SD)	人数(%)
遅誤型(S/I)	176.20(45.97)	10.60(2.58)	20(15.38)
衝動型(I)	93.36(25.93)	12.15(3.88)	46(35.38)
熟慮型(R)	222.59(83.85)	4.22(2.18)	45(34.62)
速確型(F/A)	113.96(19.57)	5.84(1.50)	19(14.62)
総平均	153.85(79.14)	8.25(4.58)	130(100.00)

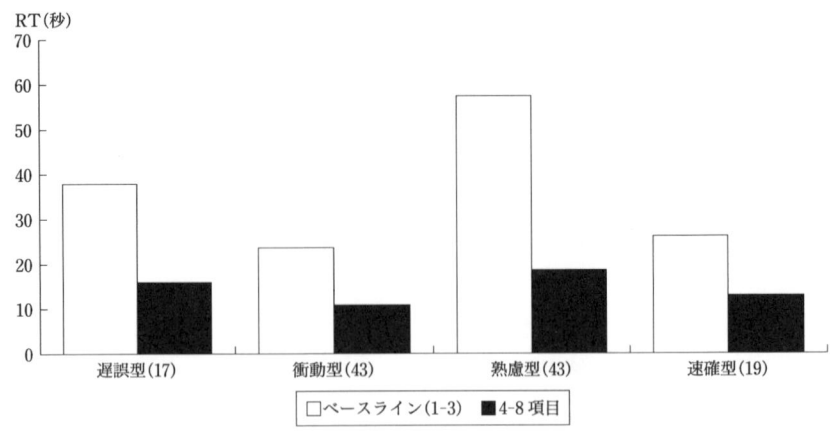

130　第3章　熟慮性・衝動性の発現メカニズムと自己制御・適応的柔軟性

RT(秒)

図 3-15　4つの認知スタイルの初発反応時間

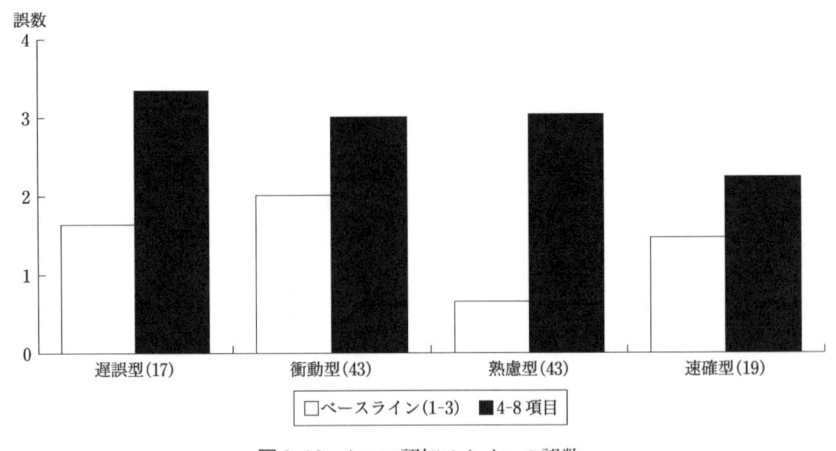

誤数

図 3-16　4つの認知スタイルの誤数

型がそれ以外の3つの認知スタイルよりも有意に長かった。4-8項目の合計の反応時間では熟慮型＞衝動型のペアのみ有意であった。このことより，時間制限のないベースラインでも，また7秒間の提示時間が設定されている項目においても，熟慮型の子どもがほかの認知スタイルの子どもよりも反応時間が長かった。

次に誤数についても同様の分析を行ったところ(図 3-16)，ベースラインについては有意であった($F(3, 119) = 7.34^{**}$)が，4-8 項目の合計誤数では有意差は見られなかった($F(3, 119) = 0.83$, n.s.)。また，ベースラインの誤数について多重比較(Bonferroniによる)を行うと，衝動型＞熟慮型のペアのみが有意であった。

この 2 つの結果から，4 つの認知スタイルのうちで主に熟慮型と衝動型の間の差異に集中していたので，以後ではこの 2 つのタイプを中心に分析を行う。

2) C 群(提示時間変化群)

9 項目目で刺激提示時間が 7 秒から 16 秒に延長するのが C 群(提示時間変化(Change)群)である。9 と 10 の 2 項目の合計と全 10 項目の合計初発 RT と誤数について，4 つの認知スタイルについて比較してみることにしよう(図 3-17)。

初発反応時間に関しては 10 項目の合計でのみ有意であった($F(3, 55) = 10.52^{**}$)。しかし，9 と 10 の 2 項目の合計 RT では全く違いがなかった($F(3, 55) = 0.75$, n.s.)。前者について多重比較(Bonferroniによる)を行うと，熟慮型がほかの 3 タイプすべてよりも有意に長かった。

また，誤数の 10 項目総計では認知スタイルの主効果が有意であった($F(3, 55) = 3.64^{*}$)が，9 と 10 の 2 項目の合計誤数では有意差はなかった($F(3, 55) = 1.38$, n.s.)。総誤数の多重比較(Bonferroniによる)では，衝動型＞速確型でのみ有意であった(図 3-18)。

3) NC 群(提示時間無変化)

4 項目目から最終の 10 項目まで提示時間がすべて 7 秒間である NC 群(提示時間無変化(No Change)群)では，10 項目の反応時間(RT)の総計で認知スタイルの 4 タイプの間で有意であった($F(3, 59) = 6.99^{**}$)が，9 と 10 項目の合計 RT では有意ではなかった($F(3, 59) = 0.58$, n.s.)。前者について多重比較(Bonferroniによる)を行うと，熟慮型＞衝動型でのみ有意であった(図 3-19)。

次に誤数では総誤数と 9 と 10 項目の合計を見ると，いずれにおいても有

反応時間(秒)

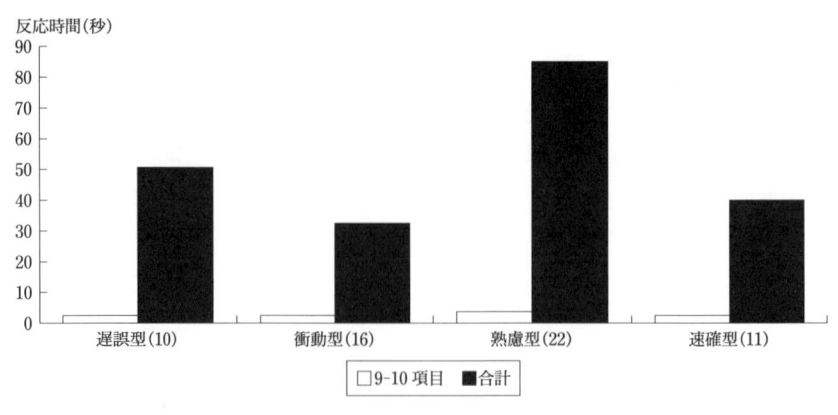

図 3-17 C 群の認知スタイル別の初発反応時間(RT)

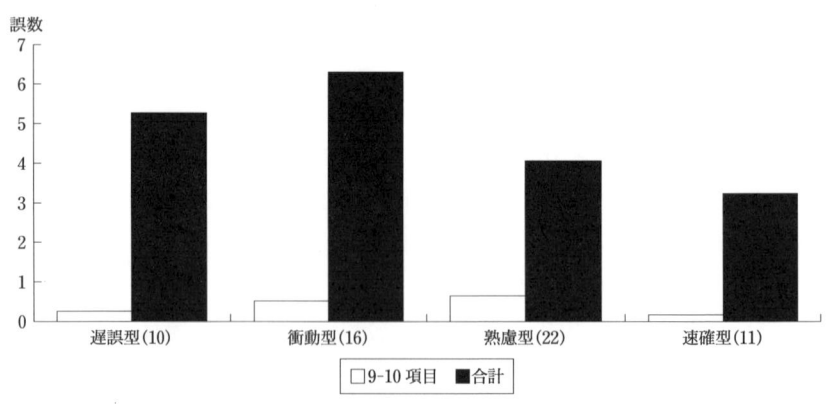

誤数

図 3-18 C 群の認知スタイル別の誤数

意差はなかった($F(3, 59) = 0.32$, n.s.；$F(3, 59) = 0.76$, n.s.)(図 3-20)。

これらの結果から，反応時間は頑健性(robustness)が高く，ベースラインのみならず 7 秒間の提示条件においても熟慮型と衝動型の間では違いが大きかった。これとは対照的に，誤数では時間制限のないベースラインでは 4 つの認知スタイル，特に熟慮型と衝動型のような対極的なタイプの間で違いは見られたが，時間制限のある 4 項目目以降では認知スタイルの違いは消失している。

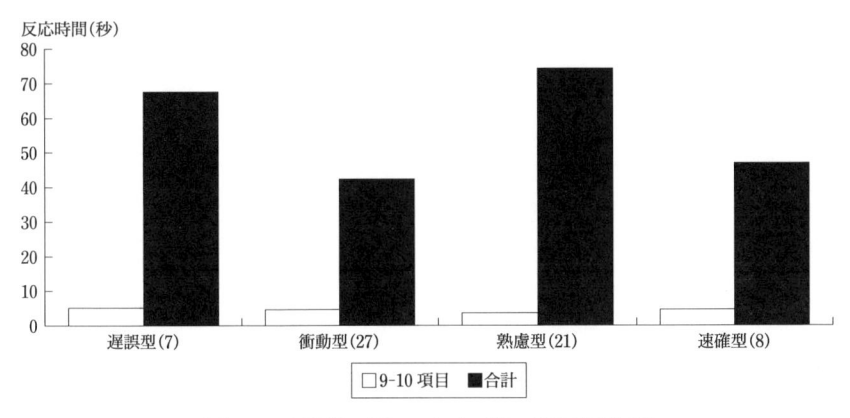

図 3-19　NC 群の認知スタイル別の初発反応時間

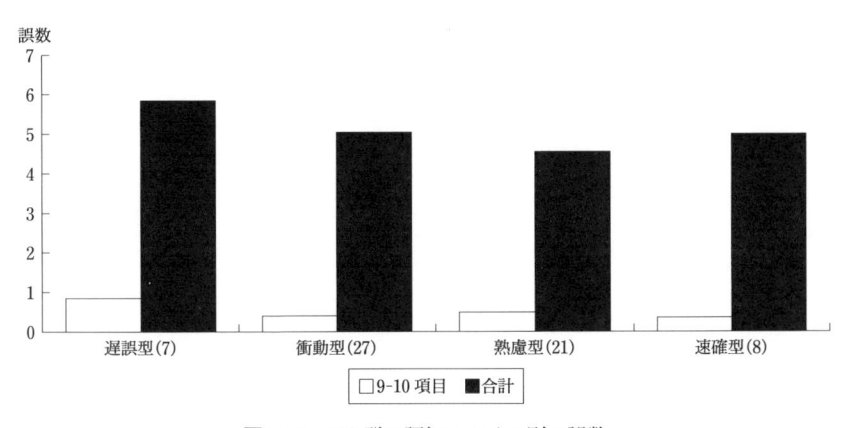

図 3-20　NC 群の認知スタイル別の誤数

(3)熟慮型と衝動型の比較
①初発反応時間(RT)

　2つの条件群で共通の8項目(図3-21)と提示時間が異なるC群とNC群の項目9と10のそれぞれの初発反応時間について図示した(図3-22)。一見してわかるように，最初の3項目の熟慮型と衝動型の反応時間の違いは大きいが，4項目目以降，特に5項目目以後では両タイプの間の違いは縮小している。しかし，それでも8項目のすべてにおいて有意差が維持され続けてい

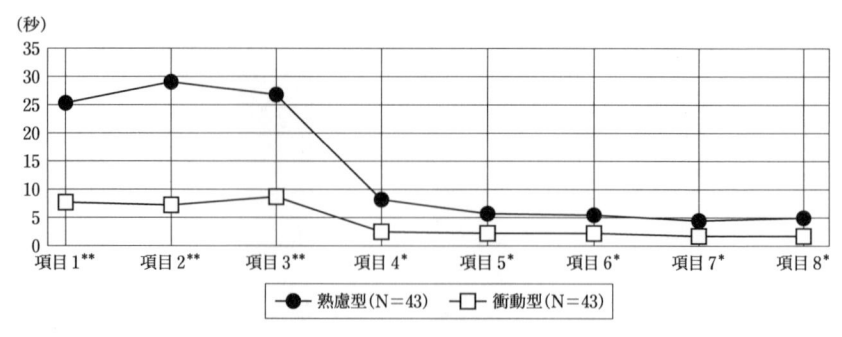

図 3-21　熟慮型と衝動型の RT の比較：共通の 8 項目

注）*：p<.05 ; **：p<.01

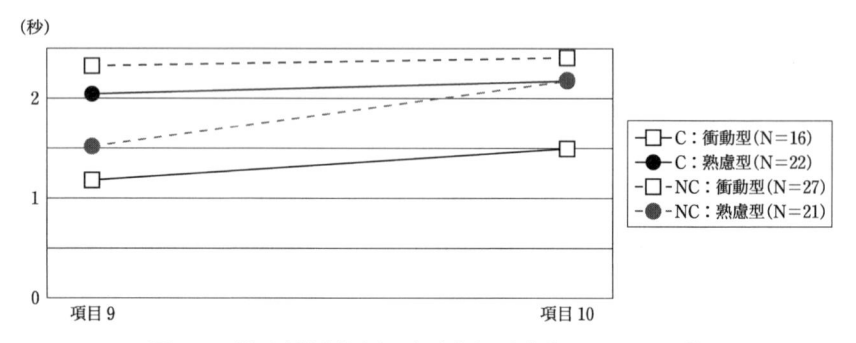

図 3-22　提示時間変化(C)と無変化(NC)条件での RT の比較

る(それぞれの F 値は，23.89**，44.23**，19.64**，5.41*，5.47*，5.13*，7.38*，6.23*，自由度はすべて(1, 85)である。*：p<.05 ; **：p<.01)。

　さらに，9 と 10 項目について 2 つの条件群別に熟慮型と衝動型の間の差の分析を行うと，提示時間変化(C)群と無変化(NC)群ともにいずれの項目においても有意差はなかった($F(1, 35) = 0.69$; $F(1, 35) = 2.53$ と $F(1, 43) = 2.76$ と $F(1, 43) = 0.14$。C 群と NC の項目 9，10 の順)。

　また，提示時間の変化群と無変化群の間では共通の 8 項目のいずれにおいても有意差が見いだされなかったことから，反応時間に関しては条件群の間のマッチングが十分であったことが確認された。

第4節 反応時間の制御による熟慮性・衝動性の柔軟性（研究6） 135

②誤数

誤数についても同様の分析を行った（図3-23）。最初の3項目（ベースライン）では一貫して衝動型＞熟慮型であり有意差が見られた（$F(1, 85) = 4.58^*$, 8.44^{**}, 18.13^{**}；項目1，2，3の順）。しかし，それ以降の5項目では難易度の違いにより変動しているが，2つのスタイルの違いがなくなっている（0.09，0.07，0.57，0.08，0.11：項目4から8の順にF値）。項目9と10については条件群ごとに分析を行うと，変化（C）群では9と10項目のそれぞれのF(1, 35)値は，1.19と0.01であり，全く違いがなかったし，無変化（NC）群でもそれぞれのF(1, 43)値は0.37と1.60であり，やはり有意差はなかった（図3-24）。

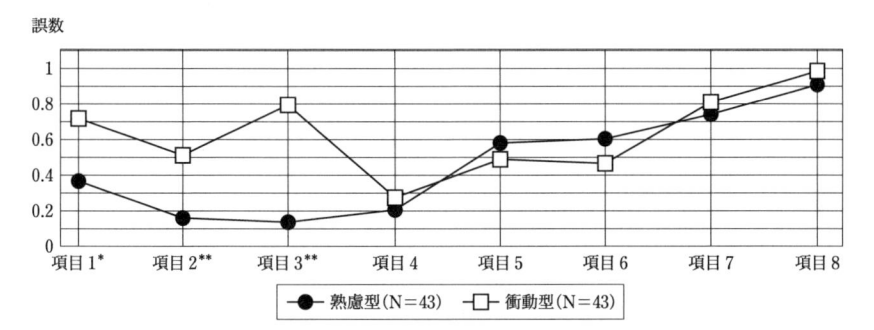

図3-23 提示時間無変化（NC）条件での熟慮型と衝動型の誤数
注）＊：$p < .05$；＊＊：$p < .01$

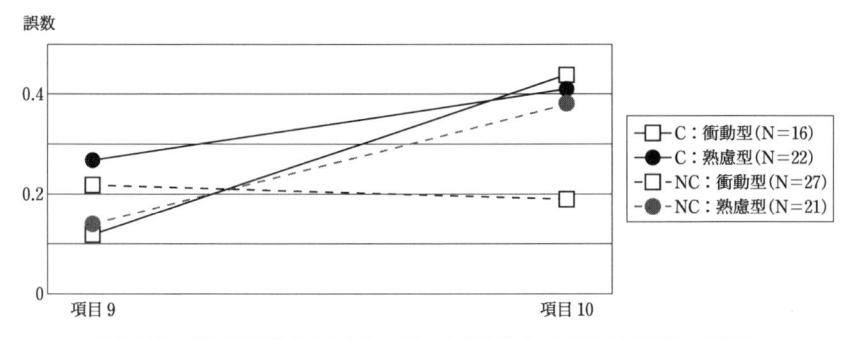

図3-24 提示時間変化（C）と無変化（NC）条件での熟慮型と衝動型の誤数

さらに，提示時間による2群を独立変数に項目1から8の誤数を従属変数にして分散分析を行ったが，いずれの項目においても主効果は見いだされなかったことより，反応時間と同様に誤数の測度においても実験群の間のマッチングは十分であった（1から8項目の$F(1, 122)$値は，0.01, 0.02, 0.08, 1.19, 0.95, 0.10, 1.32, 1.39）。

これらのことから，提示時間が固定される条件になると，熟慮型と衝動型の間の初発反応時間の違いは非常に少なくなり，誤数に関しては全くなくなることが見いだされた。セッション2ではMFFテストにおける衝動型の平均初発RTに近い7秒の提示時間になり，即座に解答することが求められると，熟慮型の子どもはRTを衝動型とほとんど違いがないくらいまでに縮小することができる。しかし，ベースラインでは優位を保ってきた熟慮型の反応の正確さは項目4以降では低下して，衝動型の子どもと違いがなくなっている。このことは，熟慮型の子どもは短時間に解答しなければならない状況になるとそのようにできるが，それは正確さを犠牲にした結果であることを意味している。したがって，熟慮型の子どもが衝動型に比べて情報処理の速度が速い，あるいはより効率的に行っているのではなくて，両者には基本的な違いがない。このことから，仮説2の相対的な発達の遅れ仮説，つまり衝動型の子どもが相対的に認知発達の遅れがあるとする仮説は支持されなかった。その代わりに，この結果は仮説1の情報処理能力対等仮説を裏づけるものとなっている。また，提示時間を熟慮型の子どもの平均的な時間の近くに設定したC条件の項目9と項目10においては，熟慮型と衝動型の間で誤数に有意差はなかった（図3-18）。この結果をあわせて考えると，衝動型の子どもは自由なペースで反応できる事態では主観的な「不確定性」のレベルが十分に低減しない状態で出力してしまいやすく，そのために誤反応が多くなる。しかし，十分な探索時間を強制的に確保される条件になると熟慮型の子どもと基本的に変わらない質の課題解決を行うのである。

③質問に対する反応時間

Kaganは熟慮性・衝動性の認知スタイルが成立する条件として，課題が子どもにとって反応不確定性（response uncertainty）を感じさせることをあ

げている。今回は，それぞれの項目でどれかの比較刺激を選択した直後に，いわばオンラインで3ないし4の質問に答えてもらった。その質問は自分の解答に対する自信の程度，答える時にどれくらい急いだか，まちがえないように気をつけたかなどの程度を尋ねるものであり，質問内容にある程度の不確定性を含む。そこで，これらの質問に答えるまでの反応時間の相互の相関を求めたところ，.39から.82までであり，平均は.61であった。このように質問に対する反応時間に関してはかなりの一貫性が認められた。

また，これらの質問が反応の不確定さをともなう事態であれば，反応時間に関しては熟慮型の方が衝動型よりも長いはずであるが，このことを確認してみた。そこで，MFFテスト10項目それぞれに対する解答直後の3つの質問(質問4は7項目に対して)に対する反応時間の合計を従属変数に，熟慮と衝動の2タイプを独立変数に一要因の分散分析を行った。そのすべてにおいて熟慮型の子どもの方が衝動型よりも有意に反応時間が長かった(図3-25)。質問1，2，3，4に対する$F(1, 76)$値は次の通りであった(5.68*，7.47**，10.78**，3.79(*))。4つの質問は，「今の答えはどれくらい自信があるか」「今，答える時にはどれくらい急いでやったか」「どれくらいまちがえないように気をつけてやったか」「もっと時間がほしかったか」(項目4以降)であったが，反応時間については2つのスタイルの間でかなり安定した違い

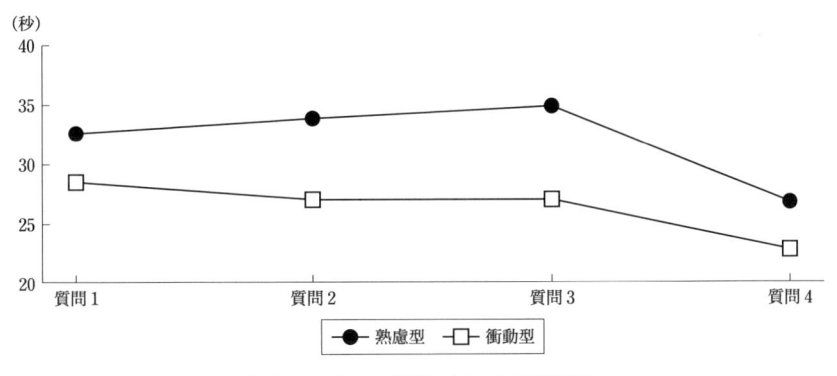

図3-25 4つの質問に対する反応時間

注) Y軸の0から20秒までを省略

(4) 反応時間の自己調整について：早押しと反応の遅れ

この実験では4から8までの5項目は7秒間の刺激の提示があり，反応の合図のビープ音がして3秒以内にディスプレー上のいずれかの比較刺激（variant）に指で触れることが求められている。つまり，刺激の提示から10秒以内に答えなければならないのである。その際の自己調整の失敗としては，制限時間を超えてしまう「反応の遅れ」とその逆に時間前に答えてしまう「早押し（フライング）」の2つがある。まず，両者の反応はどのような関係にあるのだろうか（2つの変数については，すべて初発反応についてのみ対象にしている）。

ここでフライングと反応の遅れの回数について認知スタイル4タイプの一要因の分散分析を行うと，反応遅れ（$F(3, 119)=1.97$, n.s.），フライング（$F(3, 119)=1.37$, n.s.）でともに有意差はなかったが，熟慮型と衝動型の2タイプにすると，反応の遅れでは有意差があり（$F(1, 84)=4.95*$），またフライングでもそれに近い差異が見られた（$F(1, 84)=2.93(*)$）。つまり，衝動型の子どもではフライングが多い一方で，熟慮型の子どもは遅誤型とともに反応の遅れが多かった（図3-26）。

これらの結果から，衝動型ではフライングが多く，反応の遅れが少なかったが，熟慮型ではそれとは対照的な反応のパターンを示すことがわかった。

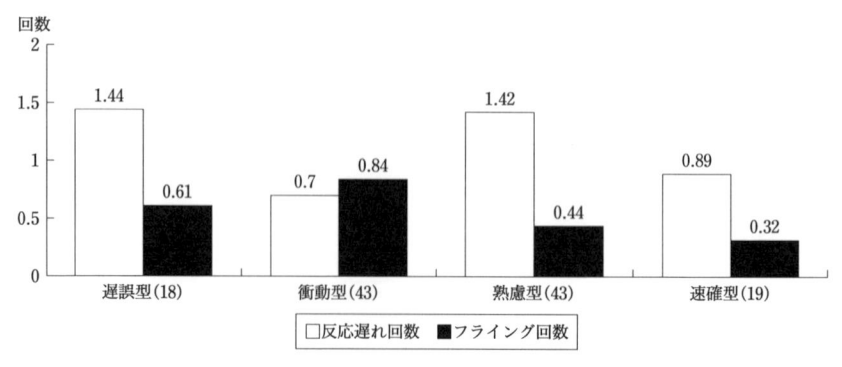

図3-26 4-8項目の反応の遅れとフライングの回数

第4節　反応時間の制御による熟慮性・衝動性の柔軟性(研究6)　139

つまり，熟慮型の子どもでは短い制限時間に自らの反応を調整することの遅れが目立つ一方で，衝動型の子どもではその制限時間を待ちきれずに答えてしまうことが多い傾向にあった。衝動型の子どもでは反応を速めることは比較的容易に順応でき，時には過剰に反応するが，熟慮型の子どもではそうすることが比較的難しいように見える。

(5) 自分の取り組み方に対するオンラインモニタリング

　熟慮型の子どもは正答への志向性が強く，その一方で衝動型の子どもでは速く答えようと努力すること，つまり速答志向性が高いかどうかを検討する。ここでは，それぞれの項目に解答した直後に3ないし4つの質問が示され，それに対して選択肢の当てはまるものをタッチパネルに触れることで答えるという形をとった。その点でほとんどオンライン状態での各自の取り組み方のモニタリングをとらえるものである。

　4項目の質問の合計(質問①～③は10項目，質問④は7項目)については熟慮型と衝動型の違いは認められなかった(表3-13，t-検定)。

　しかし，ベースライン，項目4-8，項目9と項目10の3部分ごとの小計で同様のt-検定を行うと，③の正答志向性(「今，答える時に，どれくらいまちがえないように気をつけてやりましたか」)についてベースラインでは熟慮型の方が有意に高かった[3])(衝動型と熟慮型の平均値(SD)は，3.80(1.38)対3.29(0.67)，t=2.18，df=81，p<.05)。つまり，熟慮型の子どもの方が「まちがわないように」努力を多くしていると答えていて，仮説を支持した。MFFテスト項目ごとに細かく分析すると，ベースラインの項目1(t=1.92，df=82，p<.06)と項目2(t=2.10，df=81，p<.05)の2項目で有意か，ほと

表3-13　取り組み方のオンラインモニタリングの結果

	衝動型(N=42)	熟慮型(N=42)	t-値
①自信の程度	16.37(4.54)	16.88(4.34)	0.52
②速答志向性	13.95(3.52)	14.24(4.34)	0.33
③正答志向性	12.60(3.38)	11.76(2.70)	0.11
④時間の必要性 (4項目以降)	7.27(0.63)	7.46(1.10)	1.03

んど有意であり，いずれも熟慮型の方が正答志向性が高い傾向にあった。また，速答志向性に関しては，項目2のみであったが，衝動型の方が有意に高かった(t＝2.05，df＝81，p＜.05)。

4．考　察

4.1　全体的考察

　熟慮性・衝動性の認知スタイルの測定道具であるMFFテストでは制限時間は設定されていないし，時間に関するフィードバックは一切行われない。つまり，1つの項目に対してどれくらいの時間をかけて反応するかの判断は，テストを受ける子どもに完全に委ねているのである。したがって，長い反応時間とその結果としての少ない誤数，あるいはそれとは対照的に短い反応時間とそれに付随する多い誤数は，子どもの認知的な好みによるもので，潜在的な認知能力や問題解決の方略レパートリーの違いによるものではないという主張がある。その一方で，MFFテストは学校での教科の学習にかかわるテストではないが，何らかの認知的な能力を測定する課題であることは，小学校の中学年以上になれば暗黙のうちに認識されていると考えると，自分の有能さを示すためには誤数を減らすことにより多くの努力を傾けるはずである。事実，さまざまな取り組みについての自己認知のデータによると，衝動的な子どもも大半は「正確に答える」ことを目標としている。そうなると，誤数の多さは認知能力の発達レベルの相対的な低さを反映することになる(Brodzinsky, 1985; 宮川, 2000；臼井, 1985b)。

　そこで，ここではMFFテストの項目の提示時間を制御することで，この2つの説明原理のいずれが妥当であるかを検討した。

　本研究の仮説1と仮説2は対立仮説であるが，今回のデータを見る限りでは，仮説1の情報処理能力対等仮説に対して有利な結果である。つまり，提示時間が制限されると誤数に関しては熟慮型と衝動型の両タイプの間で違いは完全になくなったのである。

4.2 反応時間の頑健性

　誤数に比べると反応時間では第1セッションのMFFテストに対する反応時間との対応関係の程度は総じて大きかった。時間制限が設定されると熟慮型と衝動型の間の反応時間の違いは大きく縮小するが，それでも両群の違いは一貫して示されていた。加えて，衝動的なタイプの子どもでは反応のプロンプトの前に答えてしまうフライングが多かった。これとは対照的に，熟慮タイプの子どもは反応のプロンプトのビープ音が鳴り，ディスプレーの上から刺激の絵が消えて，6つのバリアントのフレームのみが提示されてからようやく答えるという反応遅れ回数が多い傾向にあった。さらに，それぞれの項目に答えた直後に3から4の質問に答える時の反応時間について分析すると，いずれの質問に対しても熟慮的な子どもが衝動的な子どもよりも反応時間が長かった。

　今回のデータでは，こうして不確定性のある刺激に対する反応の様式としての時間の長さ(テンポ)は，課題の性質の違いを超えてきわめて浸透性のある個人差の特徴であることを示している。誤数は課題の性質が異なるとそれの影響を受けやすいのとは対照的に，解答に至るまでの時間の長さに関しては個人差の次元としては非常に頑健性が強いことが明らかになった。

4.3 熟慮型と衝動型の自己の取り組みに対するオンライン・モニタリング

　自分の答えに対する自信の程度，速答志向性，正答志向性，解答までの時間の必要性について，いずれかの比較刺激を選択した直後に調べた。ベースラインでのみ熟慮型の方が衝動型よりも正答志向性が強く，項目レベルで見るとこのベースラインの項目2でのみ衝動型の方が速答志向性が高かった。しかし，それ以外の項目では，1から4のいずれの質問においても熟慮型と衝動型の間には有意な違いはなかった。

　ベースラインでのみ認知スタイルの違いが認められたが，それは時間の制限がない状況では，熟慮型の子どもは多少の時間を犠牲にしても「正確さ」重視の課題解決のオプションをとりやすい一方で，衝動型の子どもはそれよりは「速答」重視のオプションをとりやすいためではなかろうか。しかし，

時間制限が設定される項目4以降では、スタイルの違いが消失していることは、いずれのタイプの子どもも教示に沿って行動を調整できていることを示している。

1) ディスプレー上への項目の提示には時間的なずれがあるので、3秒間の提示時間の延長を行った。
2) 3件法で解答を求め、次のように得点化した。1：もっとほしかった、2：ちょうどよかった、3：長すぎた。
3) 1：すごく気をつけた、2：少し気をつけた、3：あまり気をつけなかった、4：ほとんど気をつけなかったと1～4に得点化した。なお、ほかの質問も得点が低いほど当該の内容に当てはまるようになっている。

第4章　動機づけと文化の影響
　　──学校文化の中の熟慮性・衝動性

第1節 はじめに

1. 目 的

　本章では，熟慮性・衝動性に対する動機づけと文化の影響について検討する。国際的な比較研究のデータ(Salkind, Kojima & Zelniker, 1978; Smith & Caplan, 1988)から，日本の子どもの熟慮性の発達が早いことが示されている。また，小学校の入学を契機に熟慮性が加速的に発達することも確かめられている。このことから，日本社会や文化の何らかの特徴が日本の子どもの熟慮性に影響を与えていることが推測される。とりわけ，日本の学校文化や子どもの認知的社会化の特徴が重要であると考えられる。たとえば，知的な課題や学業に対する私たちの伝統的な信念・価値観・動機づけシステムなどが日本の子どもの熟慮性の特異な発達とどう関係しているのかに関心が持たれるところである。

　ここでは，動機的な志向性や熟慮的な行動と衝動的な行動に対する価値づけや帰属のしかたについて検討を行う。

2. 構 成

　<u>研究7</u>は，スピードと正確さの2つの目標達成場面における熟慮型と衝動型の双方における子どもの反応の柔軟性を実験的に検討する。

　<u>研究8</u>では，熟慮型と衝動型のそれぞれの仮想的なモデルに対する認知を調べ，双方のモデルに帰属される特徴から熟慮型と衝動型についての適応的な価値について明らかにしようとする。

　<u>研究9</u>では，連続的な失敗と成功経験が，2つの認知スタイルの子どもたちにどのような影響を与えるのかを検討する。

　<u>研究10</u>では，小学校5年生を対象に現実感のある同年齢の子どもの熟慮型と衝動型のモデルを提示して，それぞれのモデルの行動や能力，パーソナ

リティなどについての帰属を調べることで，それぞれのタイプに対する認知の枠組みを明らかにしようとする。

　研究 11 では，研究 10 で使用したビデオを大学生にも見せて，小学生の結果との比較を行う。

第2節 熟慮型と衝動型の課題遂行における
隠れた目標志向性(研究7)

1. 問 題

1.1 問題の所在

熟慮性・衝動性を動機的な志向性の側面から見ると，次のようなスタイルの違いが想定される。速く答えたいという目標と正確に答えたいという目標が相互に両立しがたい課題(MFFテスト)は，そのいずれかの目標を優先させ，そのためにほかの目標実現をある程度犠牲にしなければならないtrade-off状況と考えられる。そういった状況では，誤数は少ないが反応時間が長い熟慮型は「正確さ」をより優先させる(正答志向性)が，衝動型では逆に「速さ」をより重視している(速答志向性)と考えられる。この問題については研究5で扱ったが，そこでは反応の遅延が誤答を減らすのに有効であるという認知では認知スタイルによる違いがなかった。だが，子どもの各自の実際の反応の速さを評価する枠組みにおいては大きな違いが見られた。そして，各スタイルの間では初発反応時間と誤数に関しては2，3倍もの違いがあるにもかかわらず，それらの自己評価に関する違いは少なかった。この結果は，目標についての意識の違いに加えて，それぞれの目標に対する自己評価の基準において熟慮型と衝動型では違いがあることを示唆するものである。換言すると，速さと正確さのそれぞれの目標に対する要求水準に違いがある可能性がある。

この動機的な志向性に関するもう一つの問題をここで検討する。それは，反応の柔軟性の問題である。本節で特に重点的に吟味しようとするのは正答と速答の目標が両立しがたい点ではMFFテストと共通だが，課題の内容が異なる場合における熟慮型と衝動型の行動についてである。

このような問題意識に立ち，速さと正確さのtrade-offの性質を有する課題を設定して検討を行う。具体的には，知覚運動学習課題の鏡映描写課題に

おいて正確さとスピードをそれぞれ強調する2つの課題状況を設定して，熟慮型と衝動型の両タイプの子どもに実施し，以下の仮説の検討を行うものである．

1.2 仮　説

仮説1：熟慮型と衝動型の課題遂行の差異は，その目標志向性の違いに原因が求められるならば，スピードが強調される課題では衝動型の方が要求水準が高いはずである．それとは対照的に，正確さが強調される課題では熟慮型の方が要求水準が高いことが予想される．

仮説2：もしも，熟慮型と衝動型のそれぞれの子どもがともに課題要請に対する反応の柔軟性を持っているのであれば，課題のタイプが変化しても同程度の遂行が可能になるはずである．つまり，正確さが強調される事態では正確さの測度で，スピードが強調される事態ではスピードの測度で認知スタイルの違いがないことが予想される．

2．方　法

2.1 研究の対象

北海道S市の小学校3年生の児童110名（男子59，女子51）の全員に児童用MFFテストを標準的な手続きの下に実施した．そして，次の鏡映描写課題では，対象者の約半数ずつをランダムに「迅速」目標群（59名：男子31，女子28）と「正確」目標群（51名：男子28，女子23）に分けた．なお，今回の分析の対象者はMFFテストの初発反応時間（RT）と誤数の二重中央値折半法の分類に基づく熟慮型と衝動型の2群であるが，反応時間と誤数の双方とも性差が有意ではなかったので男女を込みにして分類した．なお，男女それぞれの平均値（SD）を示すと次の通りである（男子と女子それぞれ平均反応時間（秒）（項目あたり）では13.05（10.69）対13.98（8.32），t＝0.05；誤数では19.08（9.31）対16.56（6.30），t＝1.63）．結果的には「迅速」目標群46名（熟慮型24＋衝動型22）と「正確」目標群39名（熟慮型20＋衝動型19）の合計85

名を最終的な研究の対象者とした。

なお，MFFテストの実施は放課後に小学校の教室で行った。実験の実施は筆者と心理学専攻の3,4年生が行った。実施の時期は1976年10月から12月である。

2.2 手 続 き

上記のMFFテストの実施から約3週間後に，鏡映描写課題を以下の手続きで行った。下記の実験の実施場所は，小学校の空き教室であり，筆者と心理学専攻の大学3,4年生が行った。

(1) 練 習 試 行

鏡映描写の器具に簡単な図形を印刷した紙を載せて，鏡に映ったその像を見ながら，鉛筆で図形の周囲の通路を通過することを説明しながら1回練習を行う。そして，通常の鏡映描写と同じように，通路からはみ出した時は必ずその場所に戻るように教示を行った。

(2) 要求水準の測定

この練習の終了後に子どもの目の前の机上に1から5までの数字が書いてある5枚の厚紙(12 cm×12 cm)を横一列に並べ，それぞれの厚紙の裏には今練習したような図形が描いてあることを伝える。そして，1から5の数字は難易度順になっていて，つまり子どもの側から一番左側にある1はもっとも易しく，2, 3, 4と次第に難しくなり，一番右側の5がもっとも難しい図形が描かれていると教示する。これらの5つの課題は難易度1が正方形(辺の数が4)，2が5角形(辺の数が5)，3が辺の数が9の図形，4が十字の形(辺の数が12)，5が正6角形(辺の数が6)となっている(図4-1)。難易度は

図4-1 実験で使用した図形と難易度の数字

大学生の予備実験に基づき辺の数と斜めの動きの有無の双方で決めた。この課題の図形は2つの条件群では同一のものを用いたが，通路の幅では迅速目標群では6 mmに対して正確目標群では5 mmと違っていた。

この後で，正確群と迅速群では以下のように異なるルールがあることを説明して，5つの課題の中から1つを選んでもらい，その時の選択に要した時間(反応時間)と選択した課題の番号(難易度のレベル＝要求水準)を記録する。

正確群と迅速群のそれぞれに対する具体的な教示の内容は次の通りである。

●迅速目標群

このゲームには決まりがあって，<u>3分以内にゴールに着かなければ「アウト」</u>です。そこでやめなければなりません。3分たつと私が「やめてください」と言いますから，途中でもやめてください。これは，どのくらい速くゴールに行けるかというゲームです。それから，もしも○○君(さん)がやっていていやになったら，途中でやめてもいいですよ。では，どれをやりたいですか。

●正確目標群

このゲームには決まりがあって，<u>ゴールに着くまでに10回，線の外にはみ出したら「アウト」</u>です。そこで，やめなければなりません。10回はみ出すと私が「やめてください」と言いますから，途中でもやめてください。これはどれくらい線からはみ出さないでゴールに行けるかというゲームです。それから，もしも○○君(さん)がやっていていやになったら，途中でやめてもいいですよ。では，どれをやりたいですか。

(3)中位難易度の課題の試行：最大3試行

次に，子どもに「○○君(さん)は，△番の絵を選びましたが，今回は3番をやってみましょう」と告げて，子どもが選択した難易度の番号にかかわりなく，すべての子どもに対して難易度の3(中位の難易度)の課題を実施した。そして実施の前に，目標(「正確目標群」：逸脱数は何回以内か，「迅速目標群」：所要時間は何分何秒か)と，目標達成の確信度について「絶対にできない」(1)から「絶対にできる」(5)の5件法で尋ねた。

最初の試行を終えると,結果(正確目標群には逸脱数,迅速目標群には所要時間)を知らせ,さらに同じ課題を続行したいかどうかを尋ね,継続を希望する子どもは次の試行へと進み,目標と確信度を聞いた。この手続きを最大3回の試行まで継続して行った。

各試行とも,子どもに閉目させ,実験者の「はい」の合図で開始するが,成功した(制限時間内あるいは制限逸脱数内にできた)場合には,迅速目標群に対しては「今のは○分○秒でできましたよ」,正確目標群には「今のは,○回でできましたよ」とフィードバックを行う。

(4)追加試行：自由選択課題

この中程度の難易度の課題を最大3回行った後に,今度は(2)で説明した5つの課題についてやってみたいかを尋ね,「はい」と答えた子どもには課題の番号を選択してもらい,その課題について取り組んでもらう。そして,これまでと同様に目標と確信度を尋ね,子どもに実際に試行してもらう。

3．結　果

3.1　2つの条件群の間のマッチング

迅速目標群と正確目標群の2条件群の間で,MFFテストの初発反応時間と誤数についてのマッチングがなされているかどうかのチェックを行った。

初発反応時間の迅速目標群($N=59$)と正確目標群($N=51$)の平均値(SD)は,12.73(7.96)秒と13.41(10.45)秒,また誤数についてはそれぞれ18.33(7.81),17.92(8.49)であり,反応時間と誤数を従属変数に実験群を独立変数に分散分析を行ったところ,このいずれの変数においても有意差はなかった($F(1, 108)=0.15 ; 0.07$)。このことより,今回の2つの条件群に関してはMFFテストのマッチングがとれていることが確認された。

3.2　迅速目標群について

中難度の課題を行う前に選択した番号(ベースライン)と追加試行で選択した課題の番号は,易から難へ1から5に段階づけされているので,各自が選

択した課題の番号を要求水準の高さと操作的に定義した。この定義に沿って要求水準について2つの認知スタイルの平均値を比較すると有意差はなかった(熟慮型と衝動型の平均値(SD)は,ベースラインと追加試行のそれぞれで2.38(1.06)対2.00(1.16), t=1.15, n.s.; 2.64(1.43)対2.06(1.43), t=1.28, n.s.)(表4-1)。

また,課題番号ごとに選択した人数の分布を図4-2, 4-3に示すと,ベースラインにおいても,追加試行においても衝動型の子どもではもっとも難易度の低い1の選択が多いが,統計的な分析(χ^2)ではいずれも有意ではなかった(ベースラインのχ^2=6.41, df=4, n.s.; 追加試行のχ^2=3.41, df=3, n.s.)。

ただし,ここで興味深いことは,追加試行ではこの直前に最大3回行った課題番号3を選んだ子どもは,いずれのスタイルにも誰もいなかったことである。しかし,より高い目標(番号4と5)を設定したのは,熟慮型が8名

表4-1 迅速目標群の鏡映描写の測度:熟慮型と衝動型の比較

	「迅速」目標群　平均(SD)		t-値 (絶対値)
	熟慮型(R):N=24	衝動型(I):N=21	
①MFFテストのRT	19.30(6.80):24	6.24(2.09):22	8.63**
②MFFテストの誤数	11.96(4.21):24	24.55(5.73):22	8.54**
③要求水準:ベースライン	2.38(1.06):24	2.00(1.16):22	1.15
④第1試行:目標(秒)	150.21(48.33):24	150.00(49.70):21	0.14
⑤第1試行:達成確信度	2.29(0.96):24	2.73(1.28):22	1.32
⑥第1試行:所要時間(秒)	118.00(42.82): 8	134.00(30.51): 3	0.58
⑦第2試行:目標(秒)	173.67(57.61):21	189.93(51.31):18	0.92
⑧第2試行:達成確信度	2.81(1.25):21	2.83(1.30):18	0.06
⑨第2試行:所要時間(秒)	105.10(38.94):10	117.00(30.42): 6	0.64
⑩第3試行:目標	166.67(72.24):17	195.00(63.29):10	1.00
⑪第3試行:達成確信度	3.24(1.56):17	3.20(1.48):10	0.57
⑫第3試行:所要時間(秒)	77.27(33.05):11	105.67(39.18): 6	1.59
⑬要求水準:追加試行	2.64(1.43):22	2.06(1.43):18	1.28
⑭追加試行:目標	166.41(61.81):22	183.06(59.09):18	0.86
⑮追加試行:達成確信度	3.24(1.26):21	3.00(1.33):18	0.57

注)追加試行では,それぞれの子どもが選択した課題を行ったので所要時間の比較ができない。

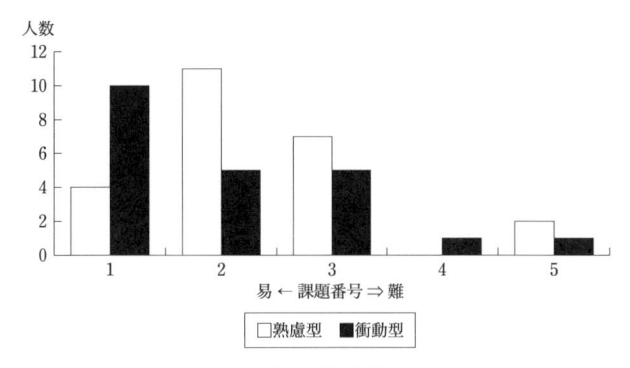

第2節　熟慮型と衝動型の課題遂行における隠れた目標志向性(研究7)　153

図4-2　迅速目標群の要求水準：ベースライン

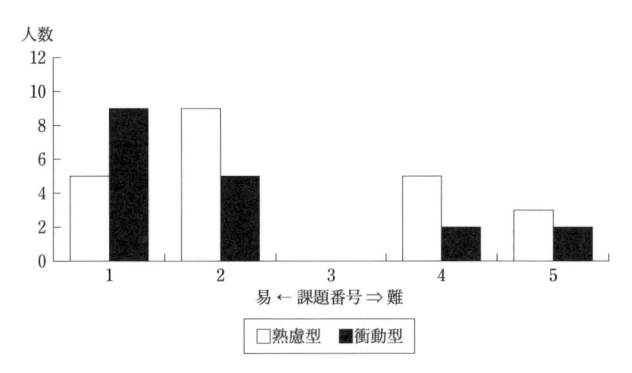

図4-3　迅速目標群の要求水準：追加試行

(36.4%)に対して衝動型では4名(22.2%)，逆に目標を下方(番号1と2)に設定したのは14名と同数であったが，そのうち番号1に関しては衝動型の半数の9名が選択していた。

次に，最大3試行まで可能な中難度課題(課題番号3)の要求水準を調べると，1-3試行のいずれにおいても熟慮型と衝動型で有意差はなかった(表4-1)。当初は，この条件ではスピード強調課題に設定してあるので，衝動型の方がより高い目標を立てるのではないかと予想したが全く違いが見られなかった。また，その目標が到達できるかどうかの確信度でも3試行と追加試行ともにスタイルの違いはなかった。同じく所要時間，つまりゴールに到着

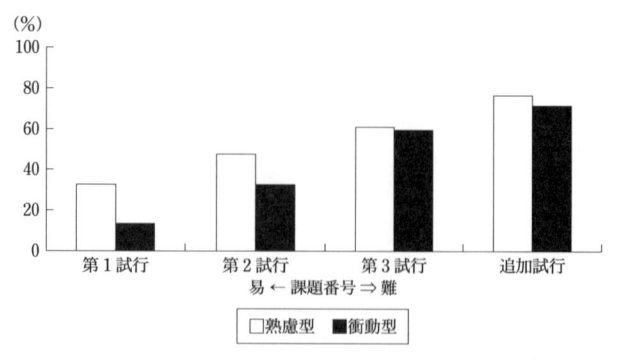

図 4-4　迅速目標群の成功者の比率

した時間(秒)についても、やはり認知スタイルの間で有意差はなかった。しかし、第3試行では熟慮タイプの子どもの方が衝動タイプよりも平均値で約30秒も短い時間でゴールに到着していたが、各群内の分散が大きいために有意差に達していなかった。ただし、この所要時間とは規定の時間制限の3分(180秒)以内にゴールに到達した者だけに限定したデータであるので、その目標到達者の割合について各試行について比べてみた(図4-4)。そこで、制限時間内にゴールに到達できた(成功)と、できなかった(失敗)の2群に分け、2つの認知スタイルで2×2の χ^2 検定を行った。第1試行では熟慮型が33.3%(8/24)に対して衝動型ではわずかに13.6%(3/22)、また第2試行でも47.6%(10/21)対33.3%(6/18)であり、熟慮型の方が制限時間以内にゴールに到達できた人数の割合が衝動型よりも多かったが、χ^2 は2.45と0.82であり、いずれも有意ではなかった。

さらに、成功を1、失敗を0とした4試行の合計得点について熟慮型と衝動型の2タイプに関する一要因の分散分析を行ってみたが、有意な主効果はなかった(熟慮型(N=18)と衝動型(N=10)のそれぞれの平均値(SD)は、2.56(1.42)と1.90(1.37)で、$F(1, 26) = 1.40$, n.s.)。

成功回数の得点分布を図4-5に示すが、満点(4点)は熟慮型が7名(38.9%)に対して衝動型では1名(10.0%)にしか過ぎなかった。この結果は、成功者の割合(図4-4)と同じであるが、この場合も有意差はなかった($\chi^2 =$

第2節 熟慮型と衝動型の課題遂行における隠れた目標志向性(研究7)　155

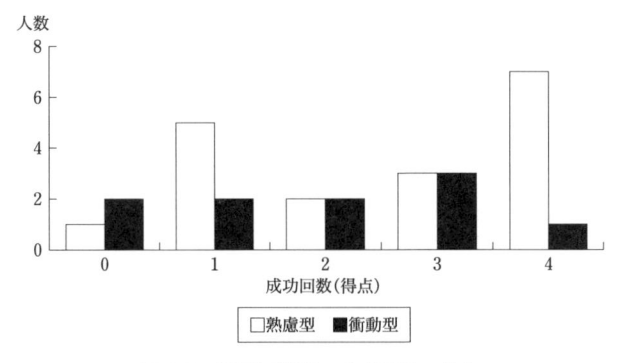

図4-5　迅速目標群の成功回数の分布

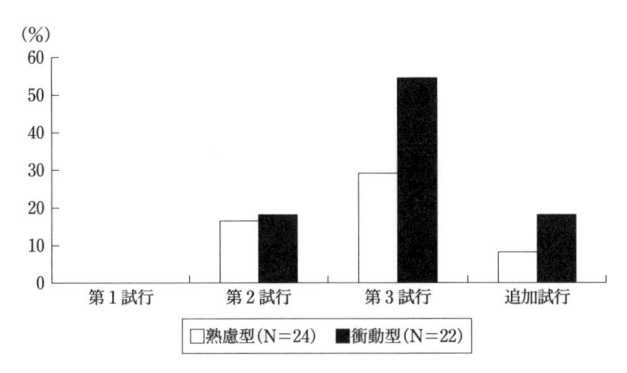

図4-6　迅速目標群の課題遂行拒否率の試行回数による違い

4.17，df＝4，n.s.)。

また，毎回の試行終了直後の質問で次の試行を「しない」と拒否した割合を試行回ごとに図に示した(図4-6)。第3試行で拒否率がもっとも高くなっているのは熟慮型も衝動型も同じであるが，特に衝動型が高くなっている(54.5%)。成功者の割合が第1と第2試行ともに全体で半数を下回っていたが，とりわけ衝動型ではさらに低く(13.6%と33.3%)，失敗経験の繰り返しのために3回目の試行を取りやめる子どもが多くなったと考えられる。

このように，スピード強調の問題状況では，予想に反して衝動型の子どもが要求水準において高いことはなかった。さらに，遂行レベルにおいても優

位ではなかった。統計的な有意差はなかったが，むしろ熟慮型の子どもの方が遂行のレベルが高い傾向が見られた。

3.3 正確目標群について

要求水準については，ベースラインと追加試行のいずれにおいても2つの認知スタイルの平均値間には有意差はなかった(表4-2)(熟慮型と衝動型の平均値(SD)は，2.80(1.11)と2.33(1.14)，t＝1.28，n.s.；2.15(1.19)と2.19(1.17)，t＝0.10，n.s.)。また，選択した課題番号の内訳は図4-7と図4-8に示す通りであるが，いずれも有意ではなかった(χ^2値は2.71と0.21)。ベースラインで中程度の課題3の選択で熟慮型が突出している(55％：11/20名)(図4-7)が，追加試行では熟慮型と衝動型の両タイプでよく類似した分布を示している。

また，目標のレベル，その確信度においても3試行と追加試行のいずれでもスタイルの違いは全くなく，逸脱数でも同様に違いはない。ただし，第1

表4-2 正確目標群の鏡映描写の測度：熟慮型と衝動型の比較

	「正確」目標群　平均(SD)		t-値 (絶対値)
	熟慮型(R)：N＝20	衝動型(I)：N＝19	
①3年MFFテストのRT	21.64(11.56)：20	6.25(1.77)：19	5.74**
②3年MFFテストの誤数	11.00(4.81)：20	25.21(5.90)：19	8.26**
③要求水準：ベースライン	2.80(1.11)：20	2.33(1.14)：18	1.28
④第1試行：目標(逸脱数)	6.89(2.25)：18	6.06(2.28)：17	1.09
⑤第1試行：達成確信度	2.84(0.77)：19	2.53(0.92)：15	1.07
⑥第1試行：結果(逸脱数)	6.17(3.49)： 6	7.33(2.08)： 3	0.52
⑦第2試行：目標(逸脱数)	8.33(2.99)：18	9.81(6.03)：16	0.92
⑧第2試行：達成確信度	3.06(1.16)：18	2.67(0.90)：15	1.06
⑨第2試行：結果(逸脱数)	5.20(2.25)：10	5.78(3.15)： 9	0.45
⑩第3試行：目標(逸脱数)	7.79(3.17)：14	9.54(2.82)：13	1.52
⑪第3試行：達成確信度	2.75(1.29)：12	2.86(1.10)：14	0.23
⑫第3試行：結果(逸脱数)	4.11(3.14)： 9	5.22(3.35)： 9	0.73
⑬要求水準：追加試行	2.15(1.19)：20	2.19(1.17)：16	0.10
⑭追加試行：目標(逸脱数)	7.25(2.31)：20	8.53(2.67)：15	1.52
⑮追加試行：達成確信度	3.05(1.23)：20	3.21(1.25)：14	0.38

第2節 熟慮型と衝動型の課題遂行における隠れた目標志向性(研究7)　157

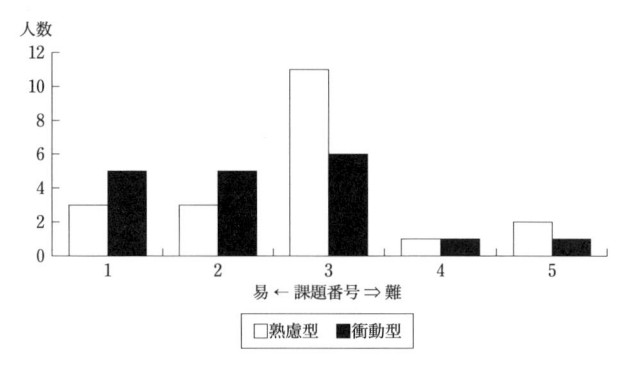

図4-7　迅速目標群の要求水準：ベースライン

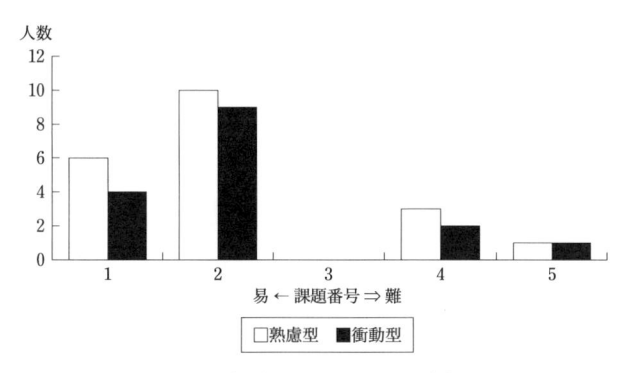

図4-8　正確目標群の要求水準：追加試行

試行では極端に成功者が少なく，特に衝動型で顕著である(熟慮型で30.0%(6/20名)，衝動型で16.7%(3/18名))ことも迅速目標群と共通しているが，成功と失敗に分けてスタイルの2群で2×2のχ^2検定を行うと有意ではなかった($\chi^2=0.93$)。それ以外の試行でも全く違いがなかった(第2，3試行と追加試行のそれぞれのχ^2値は，1.09, 0.15, 0.17 ですべて n.s.)。

各試行で10回の逸脱数以内でゴールに到着した子どもの比率を図4-9に示したが，それぞれの試行で成功対失敗と熟慮型対衝動型の2×2のχ^2検定ではいずれも有意ではなかった(それぞれのχ^2値は，0.93, 1.09, 0.15, 0.17であり，すべて n.s.)。それから，課題遂行の拒否の比率は図4-10にま

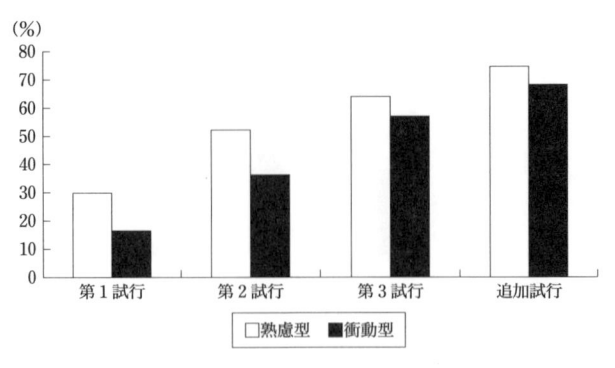

図4-9 正確目標群の成功者の比率

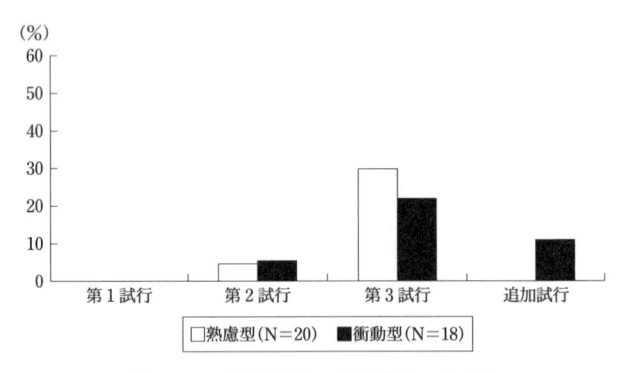

図4-10 正確目標群の課題遂行の拒否率

とめたが，その比率では迅速目標群よりも全体的に低いが，第3試行でもっとも高いこと，さらに第1試行ではゼロであったことは全く同じであった。このように正確目標条件においても，要求水準に関しては認知スタイルによる違いはなかった。同様に遂行レベルにおいても差異はなかった。

　これまでの結果をまとめると，迅速目標群と正確目標群のいずれにおいても，要求水準の高さ，達成の確信度，遂行の結果(所要時間と逸脱数)，制限内に到達できたかどうか(成功)については熟慮型と衝動型の両タイプの間では有意差は見られなかった。このことは，両方のタイプともに目標として設定された方向に向けて，かなりの程度まで行動調整が可能であり，結果的に

迅速と正確という相互に両立しがたい目標の下での課題設定においても，熟慮型と衝動型の両タイプともほぼ同水準の遂行を示した。つまり，課題要請に対する行動の柔軟性という面では基本的には熟慮型と衝動型では差がないことがわかった。

3.4 隠れた目標志向性
(1) 隠れた目標志向性とは

　迅速目標群では3分以内という制限内にゴールに到着することを目標とするので，所要時間についての分析を行ってきた。当然のことながら，子どもたちは制限時間内にできるだけ速くゴールに到達しようと努力していた。このことは，繰り返して失敗すると遂行を拒否する子どもが増えたことからも裏づけられる。しかしながら，鏡映描写課題では速さとともにできるだけ通路から逸脱しないことも求められているという暗黙の前提がある。言葉を換えると，あまり急いで雑になってもいけないので，ある程度の「正確さ」も当然求められる課題状況である。この点では，MFFテストの速さと正確さのtrade-off状況とも共通している。この課題のいわば二重拘束的な状況は正確目標群にとっても同じである。つまり，逸脱数を極力少なくしてゴールに到達することを目指すのだが，同時にスピードも要求される場面という認識を子どもたちが持つと考えられる。なぜならば，この場面でも実験者はストップウォッチで計測しているし，それがなくても小学校の3年間の経験から正確なだけではなくて，速くという効率性も重要であることを認識しているからである。たとえば，MFFテストの発達的な研究では，日本の子どもの場合には2,3年生では誤数が床効果に，そして初発反応時間は天井効果に達することからも，速さと正確さの双方ともに重要と見ていることが推測される。

　そのように考えると，迅速目標群の子どもたちは速さという目標と同時に「隠れた目標」の正確さも意識してこの課題を遂行しただろうし，正確目標群では速さという「隠れた目標」も意識していただろう。このような問題意識に立って，迅速目標群と正確目標群のそれぞれの「隠れた目標」志向性に

ついての新たな測度を作り，分析を行った。

(2)迅速目標群の「隠れた目標」志向性について

この群の「隠れた目標」志向性に関しては，逸脱数や正確さに焦点を当て，そこからいくつかの測度を新たに作り，それらについての分析を行った。その結果は表4-3に示す通りであるが，変数の内容について簡単に説明する。

1) 逸脱数：通路から逸脱した回数。
2) 到達点数：各課題で子どもが鏡映像を見ながらたどる通路に等間隔でいくつかの区間を作り，1つあるいは複数の区間で通路からの逸脱があっても，最終的に到達した区間の数。
3) 逸脱なし区間数：逸脱がなかった区間の数。
4) (逸脱なし区間数÷到達点数)％：追加試行では選択した課題が異なるので，相対的な遂行の正確さの指標として用いた。

もっとも興味深い結果は，速くという明示的な目標に関する変数のすべてにおいて認知スタイルの間には基本的には相違はなかった(表4-1)が，正確さという隠れた目標志向性に関しては熟慮型と衝動型の間にはかなりの違い

表4-3 迅速目標群の「隠れた目標」志向性に関する諸測度

	「迅速」目標群　平均(SD)		t-値 (絶対値)
	熟慮型(R)：N＝23	衝動型(I)：N＝22	
①第1試行：逸脱数	14.48(9.43)：23	19.43(8.61)：21	1.81(*)
②第1試行：到達点数	7.70(3.81)：23	5.77(2.83)：22	1.91(*)
③第1試行：逸脱なし区間数	3.39(2.52)：23	1.55(2.04)：22	2.69**
④第2試行：逸脱数	15.45(9.97)：20	23.33(20.17)：18	1.55
⑤第2試行：到達点数	9.15(3.41)：20	7.89(3.55)：18	1.11
⑥第2試行：逸脱なし区間数	4.55(2.56)：20	1.78(1.96)：18	3.71**
⑦第3試行：逸脱数	14.11(10.91)：18	22.20(10.75)：10	1.89(*)
⑧第3試行：到達点数	10.00(2.87)：18	9.30(4.37)：10	0.51
⑨第3試行：逸脱なし区間数	5.17(3.22)：18	2.70(2.21)：10	2.15*
⑩追加試行：(逸脱なし区間数/到達点数)%	53.62(27.16)：21	27.83(21.63)：18	3.24**

が見いだされたことである。

たとえば，逸脱が全くなかった区間数をカウントすると，第1から第3の3試行のすべてにおいて熟慮型の方が有意に多かった。また，追加試行では選択した課題は子どもによって異なるので，相対的な正確さ（逸脱なし区間数÷到達点数×100）を算出したが，これにおいても熟慮型は衝動型のおよそ2倍に達していた（53.62％　対　27.83％）。

これより，速さという明示的な目標の下でのそれに関連する測度では熟慮型と衝動型の子どもでは違いはなかったが，「正確さ」という隠れた目標志向性に関しては，熟慮型の子どもの方が明らかに遂行レベルにおいて高かった。つまり，熟慮型の子どもは，衝動型の子どもに比べると，速答目標に沿って努力しながらも，正確に答える目標も両立させて行動した。

(3)正確目標群の「隠れた目標」志向性について

この群では「隠れた目標」志向性の速さを中心にいくつかの測度を作り，それらについて熟慮型と衝動型の子どもについて比べてみた（表4-4）。

正確目標群においては，先の迅速目標群の場合とは異なり，熟慮型と衝動型の間での有意差は全くなかった。この群の隠れた目標志向性にかかわる2つの測度について見てみよう。その1つのゴールに到達するまでの時間では

表4-4　正確目標群の「隠れた目標」志向性に関する諸測度

	「正確」目標群　平均(SD)		t-値 (絶対値)
	熟慮型：N=20	衝動型：N=18	
①第1試行：時間(秒)	272.85(117.19)：13	220.10(92.13)：10	1.17
②第1試行：到達点数	6.85(4.37)：20	5.44(3.59)：18	1.08
③第1試行：逸脱なし区間数	3.65(3.51)：20	2.17(2.64)：18	1.46
④第2試行：時間(秒)	242.38(144.43)：13	215.20(149.94)：10	0.44
⑤第2試行：到達点数	8.42(4.02)：19	7.65(3.72)：17	0.60
⑥第2試行：逸脱なし区間数	4.74(3.14)：19	4.00(4.09)：17	0.61
⑦第3試行：時間(秒)	196.11(92.11)： 9	167.00(96.06)： 8	0.64
⑧第3試行：到達点数	9.29(3.87)：14	8.71(4.03)：14	0.38
⑨第3試行：逸脱なし区間数	5.93(3.91)：14	5.29(3.17)：14	0.48
⑩追加試行：(逸脱なし区間/数到達点数)%	60.55(32.18)：20	59.56(31.21)：16	0.09

3試行とも衝動型の子どもの方が平均時間は短くなっているが，それぞれのスタイル内の分散が大きいために有意差はない。これは逸脱数が10回未満でゴールに到達できた子どもについてのデータなので，2つ目の測度として逸脱回数が10回になったために終了した場合も含めたすべての子どもの最終的な到達点の数をとった。それでは逆に熟慮型の子どもの方がわずかに多くなっているが，これもスタイルの中の分散が大きくて有意差にはなっていない。

また，本来の目標の正確さに関する測度では逸脱のない区間数では3回の試行のいずれでもわずかに熟慮型の方が多くなっているが，有意ではない。また，相対的な正確さを表す追加試行での比率ではほとんど同じになっている（熟慮型：60.55％対衝動型：59.56％）。

このように正確目標群に関しては，すでに述べたように明示的な目標においても，また隠れた目標志向性においても，認知スタイルの違いは見いだされなかった。

4．考　察

4.1　要求水準と熟慮性・衝動性との関係

当初は，相対的に遂行のスピードを重視する衝動型の子どもでは，速さを目標とする課題状況で要求水準が高く，それとは対照的に正確に答えることをより重視する熟慮型の子どもでは，正確さを目標とする課題状況で要求水準が高くなるのではないかと予想した。その根拠としては，これまでのいくつかの研究からMFFテストの初発反応時間と誤数の評価についての目立ったバイアスが認められてきたからである。たとえば，衝動型の子どもはMFFテストの初発反応時間で熟慮型の子どもの半分以下にしか過ぎないのに，スピードの自己評価では違いがなかった（第3章研究5；Usui, 1992）。逆に，誤数では熟慮型の2倍以上もある衝動型の子どもは誤数の評価では熟慮型と違っていなかった。このことから，衝動型の子どもは答えるスピードに関してはより厳しい評価基準を内在させている一方で，誤数については相

対的に緩い基準を持っていると推測できる。

　しかしながら，本研究においては2つの目標設定条件のいずれにおいても要求水準に関しては認知スタイルによる違いは見られなかった。この点では，スピード強調条件では衝動型の要求水準が高く，正確さ強調条件では熟慮型の要求水準が高いとする仮説1は支持されなかった。

4.2　迅速目標と正確目標への柔軟性

　熟慮型と衝動型の各タイプの子どもたちは，迅速目標条件では速さに関する遂行の諸測度において有意差がなかった。それと同様に，正確目標条件でもその目標に即した測度に関しては全く有意差が見られなかった。このことは，熟慮性・衝動性の認知スタイルは課題が異なると，それに適合するように個人内で修正可能な性質を持つことを示唆するものである。つまり，熟慮型も衝動型も課題要請に対して同等に柔軟に反応できるとする仮説2を支持している。MFFテストのように重要な目標が速さなのか正確さなのかが全く示されない事態では，子どもたちに内在する動機的な志向性が大きな影響を及ぼすのだろうが，本研究のように単一の目標が明示的に示される条件では，認知スタイルの違いを問わずにいずれの目標に対しても，それに沿った行動の自己調整ができることがわかった。

4.3　隠れた目標志向性とその強さの非相称性

　この2種類の目標のそれぞれに対して，子どもたちは教示に沿い，行動の修正に向けた努力を行っていた。しかし，先に述べたように，速さ強調条件の鏡映描写課題では3分以内にゴールに到着するのが要件としても，ある程度は正確にしなければならないという暗黙のルールがある。同じように，正確目標群でもいくら時間がかかってもよいと考える子どもはいないだろう。そうなると，それぞれの条件群の子どもたちには単一の目標が示されるだけであるが，実質的にはその目標とtrade-offの関係になるもう一つの目標にも二重に拘束されているはずである。もちろん，この二重拘束感には個人差が大きいだろうが，子どもたちは教示された方向へ向けての努力をしながら，

同時にこうした「隠れた」目標に向けてもある程度は努力を傾けていた可能性がある。

　このことを今回の結果に即して述べると，「正確」目標条件下では熟慮型と衝動型の間には隠れた目標の「速さ」に当たる所要時間，通過点数のいずれでも有意差はなかった。しかし，「迅速」目標の条件下では，その「隠れた」目標の「正確さ」にかかわる逸脱のなかった区間数の3試行のすべてと追加試行での相対的な正確さで，熟慮型が衝動型よりも有意に高かった。つまり，スピードが強調される状況では双方のタイプの子どもともに同程度に遂行するが，遂行の質ともいうべき正確さについては熟慮型の子どもの方が上回っていたのである。つまり，隠れた目標志向性の強さではスタイルの間で非対称的であるといえる。

　しかし，正確目標条件では教示の方向とともに隠れた目標志向性(「速さ」)についても認知スタイルの違いは見られなかったのはなぜだろうか。このことについて少し考察を進めてみよう。「正確」目標の教示では，熟慮型も衝動型も基本的に遂行に違いがなかった。ということは，「正確」さに向けて自らの行動を調整する能力に関しては，両方の認知型のグループ間では違いがないということである。言葉を換えると，「正確さ」に向けての柔軟性では認知スタイルの違いはない。これは次のように解釈できるのではなかろうか。つまり，通常のMFFテストでは，重要性や望ましさの評価では熟慮型の子どもも衝動型の子どもも圧倒的に正確さを優先している(宮川, 2000；臼井, 1985a)ので，正確さが明示的に強調される事態では双方のスタイルの子どもとも，その隠れた目標の速さにはそれほど意識を向けないのではないか。

　これに対して，「迅速」強調の条件では，要求水準，目標(どのくらいの時間で行いたいか)，その目標内に収まったかどうか(成功率)では，熟慮型と衝動型の間では有意差がなかった。そうなると，「速く」といわれたことに対して，自らの行動を調整する能力ではここでも両群の間に違いがない。この点に関しては，宮川(1989)の結果とも一致している。しかし，目標ではない「正確さ」に関する測度では熟慮型が衝動型の子どもよりも高いが，これ

は衝動型ではテスターから「いわれた通り」のことをするのに対して，熟慮型ではそれを守りつつも，いわば「速く＋正確に」取り組んでいることの反映かもしれない。熟慮型の子どもがこの2つの課題要請に同時に対処していたとすると，このタイプの認知的な資源がより多いということになる。衝動型の子どもと同じようなスピードで取り組んでも，なおかつ正確にできるからである。そうなると，「隠れた目標」志向性の違いに加えて，熟慮型の方が認知的な資源が多く，認知的な成熟が早い可能性がある。また，速さと正確さという対照的な課題目標に対して熟慮型も衝動型も同等の柔軟性を持つとする仮説2についても，この「隠れた目標」志向性の個人差を組み込んで修正する必要がある。

第3節　仮想的な熟慮型と衝動型のモデルの知的課題の取り組みの評価と帰属(研究8)

1. 問　題

1.1　問題の所在

すでに第3章で見てきたように，熟慮性・衝動性の認知スタイルにはある程度の柔軟性がある。つまり，このように課題状況の性質の違いに応じて各自の解決行動のしかたを調整することができるのである。このことを可能にしているのは次の2つの要因が考えられる。一つはこの章の研究7で扱った動機づけ，あるいは目標志向性の要因である。ただし，動機づけの要因は多分に状況依存的なものであり，その時々の必要に応じて自己の行動の方向づけや調整を行うのである。もう一つの要因は，課題解決の方略であり，個人が複数の課題解決行動(方略)をいわばオプションとして持っていることである(宮川, 1986)。

しかし，自然な状態の下では長期間にわたってかなりの安定性ないしは変化への抵抗を示すので(Gjerde et al., 1985; Messer & Brodzinsky, 1981; 臼井, 1987b)，動機というよりは，安定した性格特性として内面化している可能性がある(宮川・小嶋, 1980)。この問題に関連して次の Hatano & Inagaki(1982)の研究は興味深い知見を提供している。彼らは小学校5年生を対象にして，仮想的な MFF テストの遂行結果に基づいて熟慮型，速確型(Fast/Accurates)，衝動型，遅誤型(Slow/Inaccurates)の4人の仮想的なモデルをこの順序で1人ずつ提示し，それぞれのモデルに対して「頭の良さ(brightness)」と「勤勉さ(diligence)」の2つの特徴について評定するように求めた。その結果，頭の良さの評定では熟慮型と衝動型の子どもの4タイプのモデルに対する評定値の順位は完全に一致していたが，勤勉さに関して2つの認知スタイルのグループ間で衝動型と遅誤型のモデルの順位が入れ替わっていた。つまり熟慮型は誤数は同等でも反応時間のより長い遅誤型のモ

デルを衝動型モデルよりも上位にランクしたが，衝動型ではそれと対照的に反応時間の短い衝動型モデルをより勤勉だと評定していた。衝動型はこのように「速答」を望ましいパーソナリティ特徴に帰属しやすいのに対し，熟慮型では反応時間の長さをむしろ好意的に受けとめていたのである。したがって，仮想的なモデルのパーソナリティ推測の手がかりとしての反応時間の主観的意味づけが，熟慮型と衝動型では異なったのである。

　本研究は，Hatano & Inagaki(1982)の研究パラダイムに依存しながらも，次の5点について改善を行い，以下に掲げる仮説の検討を行う。

　第1に，仮想的なモデルの知的能力の同等性を確保したことである。Hatano & Inagaki(1982)では，それぞれの仮想的なモデルの定義は具体的な時間(秒)と誤数に即して行われていて，誤数については3個(熟慮型モデルと速確型モデル)対13個(衝動型モデルと遅誤型モデル)と大きく違っているので，前者の2つのモデルと後者の2つのモデル間で基本的な知的能力に差異があることを推測させた可能性がある。そこで，本研究では仮想的なモデルを基本的な知的能力が同等であるように特徴づけた。つまり，モデルの間の違いは取り組み方とその結果としての遂行のパターンのみであるように記述した。

　第2に，課題の難易度を変数に加えた。同じ熟慮型モデルにしても，課題の難易度の違いにより遂行の評価が異なるかもしれないからである。

　第3に，MFFテスト場面に加えて，学校での具体的な学習場面を導入することにより，MFFテストの反応から教室場面での行動が予測ができるかどうかを検討した。

　第4に，子どもの自己評価に加えて，仮想的なモデルの担任教師の視点からの評価も求めた。これによって，子どもの認知というフィルターを通じて教師の価値志向性について知ることができる。また両者の間のずれや対応の程度から子どもが教師の価値志向性をどの程度取り入れて内面化しているかを推測できると考えたからである。

　第5に，頭の良さと努力の程度のほかに，それぞれのモデルに対する好悪の感情的側面(モデルの側からすると，対人魅力の程度)についても評価を求

めた。

本研究ではこのような問題意識の下に，次のような仮説を検討する。

1.2 仮　説

仮説1：小学校では一般に「ゆっくりでも，確実な」いわば熟慮的な取り組み方がより重視されている(臼井，1991，2001)。そうすると，子どもたちはこのような価値志向性を内面化していて，その結果として熟慮モデルをより好意的に見ることが予測される。

仮説2：自己の遂行について速さや正確さの次元に即して評価する際に，対比誤差が働くので，速さ志向的な衝動型では時間の評価，そして正確さ志向の熟慮型では誤数の評価がより厳しくなることが予測される。

仮説3：熟慮型の課題対処の構えが日本の学校文化として支持的であると考えられるので，熟慮的な子どもは教師の考えをより内面化しているはずである。そうすると，結果的に自己評価と教師の視点の評価の類似性は熟慮型の方が高いことが予想される。

2．方　法

2.1 研究対象

北海道S市の1つの小学校4学年に属する子ども全員の157名(男子86，女子71)がこの研究への参加者であり，MFFテスト実施時の平均年齢は10歳2か月(範囲は9歳7か月から10歳7か月)であった。

2.2 手　続　き

(1)MFFテスト

対象者全員に対して，MFFテストを個別的に実施した。ここで用いたMFFテストは，Cairns & Cammock(1978)作成のMFF-20から12項目とKaganの成人用のMFFテストから3項目(比較刺激(variant)をオリジナルの8個から6個に修正したもの)を選んだ15項目よりなるものである。た

だし，後述するように子どもたちには『絵さがしゲーム』として行った。

検査は個別に実施し，1984年10月から11月にかけて，対象児の教室で放課後行った。

(2) 仮想的な熟慮型と衝動型の遂行とMFFテストの遂行についての帰属質問紙

この質問紙は，『お友だちについての感想調べ』という名前がつけられており，上記のMFFテストの実施から約1～2週間後に各教室で一斉に行われた。問題は6問から構成され，最初の2つの問題は，仮想的な熟慮型と衝動型の子ども(モデル)のMFFテストでの反応時間と誤数についての情報を手がかりにして帰属や推測を行うものである。そして，次の4つの問題では，両タイプのモデルの教室における学習場面(計算問題)の成績の情報から，それぞれのモデルの諸特徴について評定を行う。また，子どもたちに仮想的モデルに現実感を持たせるために，それぞれのモデルには男女別に名前をつけ，調査用紙もそれに応じて男女別に作成した。

なお，この質問紙は1984年12月に教室で心理学専攻の4年生が対象児の学級単位で行った。

① 仮想的なモデルのMFFテスト場面での帰属と推論

問題1は反応時間のみの，問題2は誤数のみの抽象的な程度表現の情報を手がかりにして，具体的な反応時間の長さや誤数の多さ，そしてそのような結果になった原因などについて尋ねるものである。たとえば，問題1は次の通りである。

「このまえにやった『絵さがしゲーム』で，たかお君は，一番さいしょに『これっ』と答えをみつけるのに，すこし時間がかかってしまいました」

それぞれの問題に対して4つの質問が用意されていて，すべて多肢選択式になっている。上記の問題1に即して説明すると，質問1は，「たかお君は，じっさいにどれくらい時間がかかったと思いますか」となっていて，「5秒よりも短い」から「2分よりもながい」の9件法で反応時間の見積もりを求めるものである。質問2は，「たかお君は，なぜすこし時間がかかってしまったのでしょう」で，その理由[1]として5つをあげ，それぞれの理由につ

いて，「まったくその通り」「その通り」「違う」「まったく違う」の4件法で答えを求めるものである。質問3は，「たかお君のまちがいの数は，どれくらいだったと思いますか」として，「一つもまちがわなかった」から「ものすごく多かった」に至る7段階の中から選んでもらった。質問4も，これと同様に，反応時間についての情報に基づいて誤数を推測するものだが，「じっさいに，なんこぐらいまちがえたと思いますか」と聞き，具体的な誤数を記した「0こ」から「21こよりも多い」の7段階の中から選んでもらった。

問題2では，「このまえにやった『絵さがし』ゲーム[2]で，たか子さんは，すこしまちがえてしまいました」という誤数についての抽象的な情報を手がかりにして，質問1では，実際の誤数を9件法で，質問2では，その原因[3]について5件法で，質問3と質問4では初発反応時間の推測を形容詞的な程度表現の7件法と具体的な時間(秒数)の9件法の両方について聞く。

② 教室の学習での仮想的な熟慮型モデルと衝動型モデルの諸特徴についての評定

4つの話に1人ずつの仮想的なモデルが配分されて，熟慮型モデルと衝動型モデルが難しい課題と易しい課題でそれぞれ半々になっている。課題の難易度の違いは，「やさしい計算問題の10分間テスト」と「まだよく習っていないむずかしい計算問題の15分テスト」という文章表現で区別した。そして，熟慮型モデルと衝動型モデルの定義としては，次の表4-5に掲げる問題例のように，課題の遂行量(解答数)と誤数と正答数の具体的数値とともに，課題解決に要した時間と誤数についての形容詞的な程度表現を併用した。

それぞれのモデルを規定する要因は表4-6に示すように，解答数(遂行量)と正答数そして正答率の組み合わせで決定した。具体的には，熟慮型モデル

表4-5 文例(熟慮型モデル：難しい課題)

まゆみさんは，まだよく習っていないむずかしい計算問題の15分テストでは，組(クラス)の仲間に比べて<u>とても時間がかかってしまいました</u>。そして，組(クラス)の平均より2題も少ない6題しか答えることができませんでした。
　ところが，あとで答えあわせすると，<u>まちがいがとても少なくて</u>，1個しかまちがっていなかったのであっていた答えの数は，組の平均と同じ5題でした。

第3節　仮想的な熟慮型と衝動型のモデルの知的課題の取り組みの評価と帰属(研究8)　　171

表4-6　熟慮型モデルと衝動型モデルの定義

	解答数(遂行量)	正答数	正答率
熟慮型モデル	6 / 12	5 / 10	83.3% / 83.3%
衝動型モデル	10 / 20	5 / 10	50.0% / 50.0%
各モデルの組平均	8 / 16	5 / 10	62.5% / 62.5%

注）対角線の右上は難しい問題，左下は易しい問題

は遂行量は学級で平均以下だが，誤答数が少なく，正答率が83.3%として定義した。衝動型モデルでは遂行量は学級平均よりも多いが，誤答数も多くて，正答数では50.0%と設定した。通常の学習テストでは点数(正答数)が知らされ，誤答数についての情報はない。ここでは，両方の認知スタイルのモデルとも，正答数では各自の所属する学級の平均と同じになっているので，テストの成績では2つのタイプのモデルとも完全に等しくなっている。このように記述することで，基本的な知的能力(学力)では両モデルに違いがないことを印象づけた。

このそれぞれの仮想的モデルに対して，3つの性格特徴[4]（努力志向性，頭の良さ，魅力）について6段階で評価してもらった。それに引き続き，この3つの特徴についてモデルの担任教師を想定して評価してもらった。なお，各モデルの質問紙での提示順序は，衝動型(易)，熟慮型(難)，衝動型(難)，熟慮型(易)となっていて，すべての対象者にとって同一の順序で行われた。

3．結　果

3.1　MFFテスト

MFFテストの初発反応時間(RT)と誤数の2測度について男女間で比較したところ，女子の方が反応時間が長く，誤数が少なく，より熟慮的に見えるが，いずれの測度に関しても有意差はなかった(表4-7)。したがって，以下の認知スタイルの分類では男女混合して行った。対象者全員の反応時間と

表 4-7　男女別の MFF テストの RT，誤数と月齢(平均と標準偏差)

	男子(N＝86)	女子(N＝71)
RT(SD)	212.96(137.73)	268.04(168.82)
誤数(SD)	13.47(6.45)	12.21(5.61)
月齢(SD)	122.30(3.38)	121.54(3.25)

表 4-8　熟慮型と衝動型の MFF テストの RT，誤数，月齢

	人数			RT の平均 (秒)(SD)	誤数の平均 (SD)	月齢の平均 (SD)
	男子	女子	全員			
熟慮型	27	33	60	367.41(148.20)	7.22(3.67)	122.10(3.45)
衝動型	36	22	58	115.80(37.04)	18.29(3.87)	122.00(3.17)

誤数の中央値はそれぞれ 199.3 秒と 13.2 個であり，この 2 つの中央値の二重折半法により，熟慮型 60 名，衝動型 58 名を選択した。これら 2 群の反応時間，誤数および月齢の平均を表 4-8 に示す。なお，対象者全員の反応時間と誤数の相関は，－.58(N＝157，p＜.01)であった。

3.2　仮想的な MFF テスト場面での反応：熟慮型と衝動型の比較
(1)反応時間の情報を手がかりとした予測と帰属

　上記の 60 名の熟慮型と 58 名の衝動型の子どもで，この質問紙に回答したのはそれぞれ 51 名と 57 名であった。この両群の質問紙の問題 1(時間手がかり)と問題 2(誤数手がかり)に対する反応について表 4-9 に沿って見ていくと，2 つの項目において有意差が認められた。

　つまり，問題 1 の「少し時間がかかった」という情報を手がかりにした具体的な反応時間の予想では，熟慮型の子どもの方が，衝動型よりも有意に長い時間を考えていた(それぞれの平均は 5.61 と 4.70 で t＝2.93**)。9 段階の尺度に即してみると，4(16-20 秒)，5(21-25 秒)，6(26-30 秒)であるので，5 秒くらい熟慮型の方が長く見積もっている。別の言い方をすると，衝動型の子どもの方が「少し」の時間により短い時間をあてており，その意味で時間評価が厳しいかもしれない。したがって，この結果は仮説(2)(対比誤差)の

第3節　仮想的な熟慮型と衝動型のモデルの知的課題の取り組みの評価と帰属(研究8)

表 4-9　熟慮型と衝動型の子どもの反応特徴(平均値(SD))

			熟慮型 (N=51)	衝動型 (N=57)	t-値
「少し時間がかかりました」		実際にどれくらい時間がかかったか	5.61(1.54)	4.70(1.68)	2.93**
	原因の帰属	よそ見したりダラダラとやっていたので	1.82(0.68)	1.95(1.68)	0.92
		ていねいによく注意してみていたので	3.06(0.81)	2.95(0.72)	0.74
		まちがえるのがこわかったので	2.00(0.66)	1.86(0.92)	0.92
		このようなゲームは苦手なので	2.14(0.72)	2.19(0.88)	0.36
		このゲームはとても難しかったので	2.53(0.92)	2.26(0.86)	1.55
	誤数の予測	誤数はどれくらいか	3.75(1.16)	3.89(1.05)	0.70
		誤数は何個か	3.08(1.04)	3.47(0.91)	2.10*
「少しまちがえました」		実際に何個まちがえましたか	3.51(1.46)	3.93(1.36)	1.54
	原因の帰属	よそ見しないで真剣にやっていたので	2.75(0.77)	2.98(0.72)	1.65
		ていねいによくみていたので	2.90(0.76)	2.82(0.93)	0.47
		まちがえるのがこわかったので	1.84(0.76)	1.79(0.96)	0.32
		このようなゲームは得意なので	2.27(0.80)	2.40(0.73)	0.88
		このゲームはとてもやさしかったので	2.49(0.78)	2.39(0.84)	0.66
	RTの予測	どれくらい時間がかかったか	3.75(1.13)	3.81(1.06)	0.29
		実際に, どれくらいだったか	4.33(1.80)	3.79(1.70)	1.62

時間の側面について支持している。そして, もう一つの有意差は誤数の予測において表れていた。衝動型の子どもは, 熟慮型の子どもに比べて「少し時間がかかってしまいました」に対して, より多くの誤数を予想していたのである(平均値で熟慮型と衝動型はそれぞれ, 3.08 と 3.47, t=2.10*)。7段階の具体的な記述内容に即していうと, 3(4-6個), 4(7-10個)であるので, 衝動型の方がおよそ 1-2 個多く見積もっている。

　この2つの事実を結びつけて考えると, 衝動型の子どもは, 熟慮型に比べると,「少し」という時間の長さの手がかりをより短い時間と解釈するとともに, より多くの誤数を予想している。つまり, 衝動型の子どもは衝動的な行動を仮想モデルに帰属させている。しかし, 反応時間と誤数に対する原因帰属については両群間で全く差がなかった。当初は, 熟慮型の反応時間の長さは, 誤りに対する不安が原因であれば,「まちがえるのがこわかったので」という理由に対して, 熟慮型の方が帰属させやすいと予想した。また, 衝動

型の子どもは反応の速さをより好意的に解釈しやすい(Hatano & Inagaki, 1982)と考えれば,「少し時間がかかった」ことを,このタイプの子どもは熟慮型よりも「よそ見をしたり,ダラダラとやっていた」というような注意維持の乏しさや消極的な取り組み方に帰属させやすいのではないかとも考えた。しかし,ここでは,このような事前の予想は全く裏づけられなかった。

(2)誤数の情報を手がかりとした予測と帰属

表4-9に示す通り,「少し」の誤りを衝動型は熟慮型よりも多くの誤数を推測し(3.93対3.51,t＝1.54,n.s.),これを手がかりにして,より短い反応時間を予測しているが(3.79対4.33,t＝1.62,n.s.),いずれも有意水準には達していない。このように,具体的な誤数の手がかり情報に対して熟慮型の子どもの方がむしろ誤数を少なく見積もっている点では,誤数に対してより厳しい基準で評価する可能性,つまり対比誤差の方向で差異が見られたが有意差はなく,時間情報を手がかりとした場合では仮説(2)を支持したが,ここではそれを裏づけることはできなかった。しかし,両群間の差の方向性はこれと整合性を持つことは注目してもよいだろう。原因の帰属については,反応時間の手がかりの場合と同様に,両群間で全く有意差が見られず,概ねよく類似した原因帰属のしかたをしていた。

(3)反応時間と誤数の見積もりと原因帰属との相関

時間と誤数の程度に関する「少し」という言語的手がかりに対する反応時間の長さと誤数の見積もり(推定)と5つの原因帰属項目に対する反応との相関を求めた。時間の長さの見積もりと帰属要因との相関(表4-10)では,熟慮型,衝動型の両タイプとも有意なものはなかった。わずかに,熟慮型で誤

表4-10 推測したRTと「少し」時間がかかった帰属要因(理由)との相関

原因帰属要因(理由)	熟慮型(N＝51)	衝動型(N＝57)
よそ見をしたり,ダラダラとやっていたので	0.09	−0.01
ていねいによく注意してみていたので	0.02	0.04
まちがえるのがこわかったので	−.26(*)	0.01
このようなゲームは苦手なので	0.05	−0.19
このゲームはとても難しかったので	0.19	−0.01

表4-11 推測した誤数と「少し」まちがえた帰属要因(理由)の相関

原因帰属要因(理由)	熟慮型(N=51)	衝動型(N=57)
よそ見をしないで，真剣にやっていたので	−.33*	−.26(*)
ていねいによくみていたので	−.46**	−0.12
まちがえるのがこわかったので	−.32*	.28*
このようなゲームは得意だったので	−.33*	−0.01
このゲームはとてもやさしかったので	−.31*	0.06

りに対する不安と弱い負相関(r=−.26, p<.10)が認められたに過ぎない。つまり，反応時間がより長くかかったと考える者ほど，まちがえることへの不安にその原因を求める傾向が少なく，失敗の不安を回避しようとして反応を急ぐことを示唆する結果となっている。

ところが，誤数の見積もりと帰属要因の相関(表4-11)について見れば，熟慮型と衝動型の両群間で相関のパターンが好対照をなしているのがわかる。よそ見をしないで，真剣にやっていることと少ない誤数の推定数が結びついている点では，熟慮型と衝動型で共通している(−.33* と−.26(*))。言葉を換えると，誤数の多さをよそ見をしたり，真剣にやっていないことに帰属させるのは両タイプとも同じだが，そのほかでは大きく異なっている。

たとえば，熟慮型では誤数の多さは「ていねいによく注意して見ていたので」(−.46**)，「このようなゲームは得意なので」(−.33*)，「とてもやさしかったので」(−.31*)とすべて有意なマイナスの相関であった。つまり，注視不足や真剣さの不足，適性の少なさ(不得意)，課題の難しさへの帰属はより多い誤数の見積もりと関係している。この相関は直観的に解釈しやすいというよりも自然な帰属のしかたであろう。というのは，注意深い取り組みを怠ったり，苦手な課題のタイプであったり，課題が難しければ，当然遂行のレベルは低下するからである。しかしながら，衝動型ではこのような自然な帰属の傾向は見られない。とりわけ対照的なのは，誤りに対する不安への帰属のしかたである。熟慮型と衝動型のそれぞれの群内で考えると，熟慮的な子どもでは誤数を比較的多く見積もった者は，その原因として誤りに対する不安をとりたがらない(−.32*)。すなわち，まちがいを気にしないことが誤

数の多さにつながると考えるのである。このような帰属とは対照的に，衝動型の子どもの中で誤数を多く見積もった者は，失敗の不安を原因としやすい(.28*)，あるいは失敗を恐れる者ほど誤数を多く見積もっているのである。このことは，熟慮型では誤数の多さを誤りに対する不安の低さに帰属させやすいのに対し，衝動型では全く逆に誤数の多さを不安の高さに帰属しやすいことを示している。そうなると，熟慮型では誤りに対する不安が誤反応を抑えるように作用しやすいのとは対照的に，衝動型ではそうした不安を回避しようとしてよりいっそうの衝動的反応を誘い，結果的に多くの誤数をもたらすのではなかろうか。

3.3 教室課題(計算問題)の仮想モデルの遂行に対する熟慮型と衝動型の評価

(1)全体的傾向

ここで登場する仮想モデルは，認知スタイル(熟慮型対衝動型)×課題の難易度(難対易)の組み合わせにより4人の子ども(モデル)となっている。これら4人のモデルについての評価結果を検討するに先立って，課題の難易度によりモデルに対する評価に違いがあるかどうかを調べた(表4-12)。

表4-12 モデルに対する評定：課題の難易別の比較

	性格特徴	課題の難易度	平均(SD)	t-値
自分自身の評定	努力志向性	難しい	7.43(1.94)	0.63
		易しい	7.32(1.62)	
	頭の良さ	難しい	7.04(1.86)	−1.02
		易しい	7.21(1.52)	
	魅力度	難しい	4.73(3.69)	−0.33
		易しい	4.84(2.56)	
教師の視点での評定	努力志向性	難しい	7.42(2.05)	1.21
		易しい	7.21(1.66)	
	頭の良さ	難しい	7.01(1.95)	0.40
		易しい	6.93(1.66)	
	魅力度	難しい	7.74(2.58)	1.26
		易しい	4.49(2.21)	

結果は表4-12に示す通り，モデルの認知スタイルを込みにした場合，自己および教師の立場からの評価においても努力志向性，頭の良さ，魅力度のすべてにおいて有意差は見いだされなかった。当初は難しい課題に従事することに対する社会的望ましさのために，難しい課題に取り組むモデルをより好意的に評価するのではないか，特に教師の側に立てばそうした評価をしやすいのではないかと予想した。

しかし，結果を見るかぎりでは，このような予想は全く支持されなかった。このように課題の難易度の影響はなかったので，以下の分析においては，易しい課題と難しい課題の2つを合成したものを主に用いることにする。

①子ども自身の評価

努力志向性，頭の良さ，魅力度の3特性のすべてにおいて，子どもたちは熟慮型モデルを衝動型モデルよりもきわめて一貫した形で有意に高く評価している（表4-13）。

すでに述べたように，この2つの認知スタイルモデルは，ともに正答数では同数であり，テストの点数にしたら同点となるので，能力的には同等とみなされるものである。しかし，現実には頭の良さに関して熟慮型モデルを衝

表4-13 熟慮型モデルと衝動型モデルの性格特徴の比較（N=146）

	性格特徴	モデルのタイプ	平均(SD)	t-値
自分自身の評定	努力志向性	熟慮型	8.64(1.96)	11.90**
		衝動型	6.11(1.89)	
	頭の良さ	熟慮型	7.86(1.81)	8.02**
		衝動型	6.39(1.74)	
	魅力度	熟慮型	5.19(2.24)	4.12**
		衝動型	4.38(2.11)	
教師の視点からの評定	努力志向性	熟慮型	8.45(2.07)	11.05**
		衝動型	6.17(1.90)	
	頭の良さ	熟慮型	7.72(1.93)	7.45**
		衝動型	6.22(1.79)	
	魅力度	熟慮型	8.40(2.26)	6.69**
		衝動型	7.49(2.21)	

動型モデルよりも高いと評価しているのは実に興味深い。子どもたちは、学校の日常生活の中で「テストの点数＝頭の良さ」という動かしがたい図式を経験的に形成してきていると考えた。しかし、仮想的な状況における行動とはいえ、正答率の高さといった課題解決行動の質的側面の方を頭の良さの判断の手がかりとして利用している。このことは努力の評価にもそのまま当てはまる。子どもたちは、最終的な点数が同じであっても、拙速な課題解決行動をするモデルの努力を低く評価しやすい(熟慮型モデルと衝動型モデルの平均値は、8.64 と 6.11 で t＝11.90**)。また、魅力度に関しても、やはり熟慮型モデルに対してより好意的な評価をしている(5.19 と 4.38 で t＝4.12**)が、努力志向性や頭の良さに比べると差異は小さい。この2つの認知スタイルモデルの評価についてさらに検討するために、易しい課題と難しい課題に分けて、3つの評価次元に沿ってそれぞれの平均値をプロットした(図 4-11, 4-12)。

図 4-11 と 4-12 を一瞥すると、すでに述べたように課題の難易度による違いはないことに気づく。自己評価について見ると、努力志向性では衝動型モデルは、3(あまり努力しない)付近に平均値が来ているが、熟慮型モデルでは、わずかに4(少し努力する)を超えるところに来ている。頭の良さでは、衝動型モデルは「少し頭が悪い」とする3に近い位置に、熟慮型モデルでは「少し頭が良い」とする4に近い位置に平均値が来ている。ところで魅力度では、両モデルに対する評価はともに低く、全体的に好ましく思っていない(易課題：2.67 対 2.10；難課題：2.50 対 2.27、熟慮モデル対衝動モデルの平均値。2＝好きでない、3＝あまり好きでない)。しかし、相対的な好意度については熟慮型モデルの方が上回っていて、課題の困難度を合計すると有意差があったことはすでに示した(表 4-13)が、難しい課題では熟慮型モデルに対する評価が下がり、2つのモデル評定値で有意差が消えている。このように全体的な傾向としては、明らかに熟慮型モデルの方が好意的な評価を受けていて、仮説1を支持している。

②教師の立場からの評定

　子ども自身の2つのモデルに対する評価の傾向は、担任教師の視点の結果

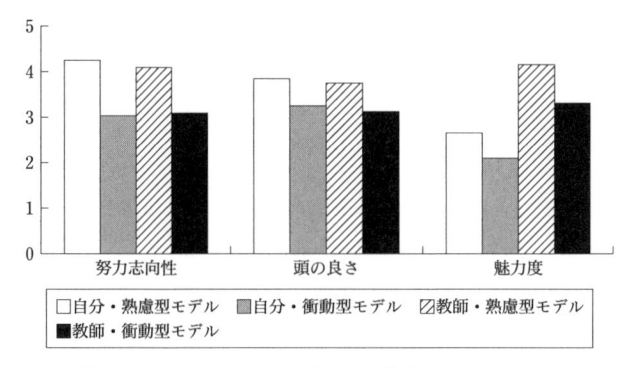

第3節　仮想的な熟慮型と衝動型のモデルの知的課題の取り組みの評価と帰属（研究8）　179

図 4-11　2つのモデルに対する評定結果：易しい課題

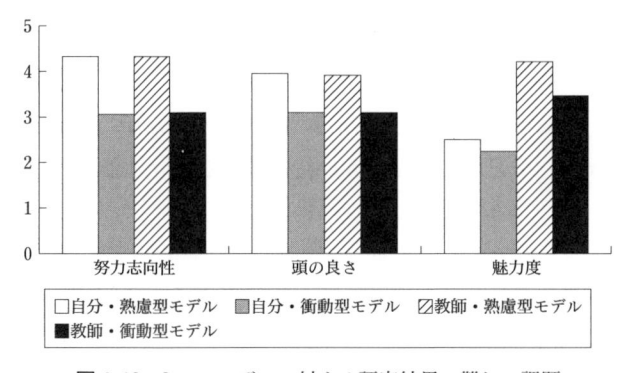

図 4-12　2つのモデルに対する評定結果：難しい課題

でも再現されている。しかし，魅力度については両方の評価の間で大きな差がある。努力志向性と頭の良さの判断では，子どもは自分の評価を教師のそれにほとんどダブらせているが（自己評価と教師に見たてての評価に関する個人内の差の検定では，努力志向性：t＝0.53, n.s.(熟慮型モデル)；t＝－0.40, n.s.(衝動型モデル)，頭の良さ：t＝1.29, n.s.(熟慮型モデル)：t＝0.56, n.s.(衝動型モデル)）有意差はなかった。だが，魅力度については教師の視点の評価は自分自身の評価に比べて著しく好意的な方向に動いている（熟慮型モデル，t＝－8.90**；衝動型モデル，t＝－8.90**）。つまり，教師はこれらのモデルに対して自分たちよりも好意的で寛大に評価すると子ども

たちは推測している。しかし，このことを認めた上でも，教師の2つのモデルに対する評価では，子ども自身の評価よりもむしろ一貫した形でさらに拡大しており，熟慮型モデルに対して好意的な評価をしていることは注目に価する。

(2) 熟慮型と衝動型の子どものそれぞれの群内における比較

次に，熟慮型と衝動型のスタイルのそれぞれにおいて2つの仮想的なモデルに対する評価の個人内の差異を算出した（表4-14）。熟慮型の子どもも衝動型の子どももともに熟慮型モデルに対して一貫して3つの特性のすべてにわたって，より好意的な評価を行っていた。このことは，教師の視点での評価においても全く同一であった。この結果から，本研究の対象となった4年生では，子ども自身の認知スタイルを問わず，遂行量は少なくとも（速度は遅くとも）より正確な課題解決行動を，遂行量は多くとも不正確な行動よりも望ましいとする明白な信念を持っていることがわかる。そして，このような信念は教師も自分たちと同じように持っていると信じていることがわかった。

表4-14　2つの認知スタイル・モデルに対する評価の群内の比較

評定視点	性格特徴	モデルタイプ	熟慮型 平均(SD)	t-値	衝動型 平均(SD)	t-値
自分自身	努力志向性	熟慮型	8.80(2.14)	8.09**	8.48(1.84)	6.67**
		衝動型	5.84(1.65)		5.91(2.07)	
	頭の良さ	熟慮型	8.04(1.90)	5.05**	7.70(1.66)	4.64**
		衝動型	6.37(1.65)		6.18(1.99)	
	魅力度	熟慮型	5.31(2.22)	2.14*	5.35(2.24)	3.85**
		衝動型	4.51(2.23)		4.16(2.12)	
担任教師	努力志向性	熟慮型	8.78(2.36)	7.35**	8.35(1.85)	6.79**
		衝動型	5.98(1.58)		6.05(2.09)	
	頭の良さ	熟慮型	8.10(2.13)	5.44**	7.52(1.72)	4.61**
		衝動型	6.16(1.70)		5.98(1.97)	
	魅力度	熟慮型	8.35(2.39)	4.89**	8.44(2.10)	3.50**
		衝動型	7.25(1.92)		7.58(2.35)	

注）＊：p＜.05 ; ＊＊：p＜.01

第3節　仮想的な熟慮型と衝動型のモデルの知的課題の取り組みの評価と帰属(研究8)　181

(3) 熟慮型，衝動型の両群内における自分―教師の評価の対応性

　熟慮型および衝動型の各群内で，自分の評価と教師を想定した時の評価について比べてみた。結果はすでに全体的傾向のところで述べた通り，モデルの認知スタイルの違いにもかかわらず，「魅力度」を除けば自分―教師の評価のずれはほとんどない。これについては，熟慮型も衝動型と全く共通している。そこで，魅力度の評定値のずれについて少し検討してみよう。

　すでに述べたように，仮想的な仲間(モデル)の魅力度については，教師視点からの評価の方が子ども自身の視点からの評価に比べて好意的，あるいはより寛大なとらえ方をしていた。そこで，その寛大さの程度を「教師視点からの評価―自己の視点からの評価」として操作的に定義して2つの認知スタイルの間で比べてみた(図4-13)。いずれの評価においても教師視点の方が高いのでプラスになっている。熟慮型モデルに対する魅力度では認知スタイルの間でまったく違いがなかった。しかし，興味深いことに衝動型モデルに対しては衝動型の子どもの方がプラスのずれが大きかった。つまり，衝動型の子どもは自分と同じタイプの衝動型モデルに対して教師視点ではより好意的な評価をしていた。

　ところで，自己の視点と教師の視点との類似性に焦点を当てると，粘り強く，自己抑制的に取り組むことが重要視される日本の学校文化においては，熟慮型の方がこうした学習態度をより内面化していると想定されるので，両

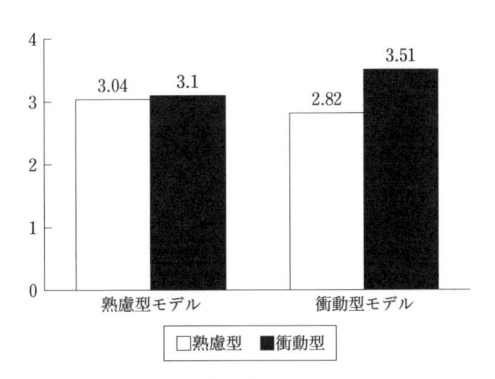

図4-13　教師の視点と自分自身の視点による評価のずれ

表 4-15 自分自身の評定と教師の立場としての評定との相関

		熟慮型(N=51)	衝動型(N=57)
熟慮型モデル	努力志向性	.95**	.66**
	頭の良さ	.85**	.72**
	魅力度	.39**	.27*
衝動型モデル	努力志向性	.77**	.80**
	頭の良さ	.79**	.73**
	魅力度	.25(*)	.17

注) (*): p<.10 ; *: p<.05 ; **: p<.01

者の視点間の類似度はより高いかどうか(仮説(3))を検討した。

自分自身と担任教師の視点からの2つの評価に関する相関を熟慮型と衝動型に分けて表4-15に示す。これを見ると，衝動型モデルに対する相関では熟慮型と衝動型の努力志向性と頭の良さの相関係数の値はほぼ同じであり，きわめて高い。だが，衝動型モデルにおける魅力度については熟慮型で .25 (p<.10)に対して衝動型では .17 となっていて，先の2つの特徴に比べるとずいぶん低いが，数値的にはほとんど同等である。しかし，熟慮型モデルに関しては，3つの特徴のすべてにおいて熟慮型の相関の方が高い(相関の平均で，.73対 .55)。

特に熟慮型の努力志向性に関しては .95 であり，自分自身と担任教師の視点での評価がほとんど完全に一致しており，衝動型の .66 とは極端に違っている。よくがんばる子どもであるかどうかの評価については，熟慮型の子どもでは自分自身の信念を担任教師のそれに同一視，あるいは自己に内面化している可能性が高い。この点から仮説(3)は十分とはいえないが支持された。

4. 考 察

4.1 反応の速さと正確さに対する主観的基準

仮想的な MFF テスト場面で，反応時間と誤数に関する「少し」という言語的な手がかりから，反応時間の長さや誤数の予測を求めた。このようなあいまいな言語的な手がかりが，熟慮型と衝動型の子どもの時間と誤数の推測

に関する主観的基準の違いを明示化すると考えた。結果は，反応時間の評価において，熟慮型は衝動型に比べてより長い時間を予想していた。つまり，「少し時間がかかった」という言語的手がかりから，熟慮型は時間の長さを過大評価しやすかった。これは，Hatano & Inagaki(1982)が指摘するように，衝動型では反応が遅くなることに対して，より厳しい評価をしていることを示唆するものである。また，別の解釈としては，それぞれのタイプで体内時計が異なっている可能性もある。Walker(1982)は，個人の反応の興奮・抑制(excitation-inhibition)過程での優位性と時間評価との関連性についての研究から(Montare, 1977)，興奮過程が優位だと考えられる衝動型の子どもでは時間を過小評価する一方で，抑制過程が支配的な熟慮型では過大評価しやすいという仮説について，部分的ではあるが実験的に裏づけているが，本研究の結果とも整合性を持つ。また，この結果は「速く進む心理的クロック」を衝動型の子どもが持っているとする第3章の研究5の結果を支えるものである。

4.2 熟慮的な取り組み方に対する社会的望ましさ

テストの点数は全く等しいが，遂行量(解答数)と正答率の2つの側面では対照的な2つの仮想的モデルに対する性格的特徴の帰属において，いわゆる熟慮型モデルに対しては衝動型モデルに比べるとすべての特徴にわたってより望ましい方向に帰属させる傾向があった。この傾向はきわめて強くて，熟慮型と衝動型の子どもは共通して熟慮型モデルをより好意的に見ていた。ところで，小学生の2タイプのモデルに対する評価のこのような非対称性は，どのようにして形成されてきたのだろうか。これまでの研究より，日本の子どもでは小学校への入学を境により急激な熟慮性の増大があることが示されている(波多野, 1974；Salkind, Kojima & Zelniker, 1978; 臼井, 1987b)。このことは幼稚園期から小学校の1年生までの縦断的なデータからも裏づけられている(Usui, 1987a, 第2章研究3)。このような変化をひきおこす原因としては，小学校での45分間というかなり長い時間の区切りの中で知的な課題に持続的に従事すること，また一斉授業の中で自己主張とともに自己抑

制的にふるまうことの必要性が増すことがあげられる。その一方で、子ども自身が学校という状況において、教師との相互作用のプロセスを通じて教室での潜在的なカリキュラムとしてのこうした学習態度を身につけていくのである。これらのことが学校の日常場面において結びつき、熟慮的な課題解決への構えの重要性を学校文化の一つの核心に据えることになっているのであろう。また、このプロセスは別の視点からすると、子どもは教師と同一化して、彼らの持つ学校における好ましい生活態度を内面化していくのだろう。このような教師たちの間で共有される望ましい学習態度についての信念、つまり熟慮性へのバイアスのかかった信念に対して熟慮型の子どもの方がより強く同化することが予想され、実際にそれを支持するデータが得られた。

4.3 教師の価値志向性の内面化

　自己の評価と教師に見たてた時の評価との相関係数について、熟慮型と衝動型を比べた場合、特に熟慮モデルに関しては熟慮型の相関の方が高かった。これは、学校での社会化において熟慮型は自分―教師の間により多くの類似性を感じ、教師の価値志向性を取り入れ、内面化しやすいだろう、とする仮説に有利な結果といえよう。しかし、両者の相関の大きさは、特に努力志向性の.95が示すように自己―他者の未分化性ないしは、他者の視点取得(perspective-taking)の欠如である可能性もある。そこで、参考までに4年時の5月に実施した標準学力検査(教研式)の国語の得点について両群間で比べてみた。それによると、熟慮型の方が有意に得点(偏差値)が高かった(53.33(7.97)対49.84(8.46)、$t=12.27^{*}$、$df=113$)。これにより、熟慮型の子どもに問題の理解や役得取得の能力に問題があったとする可能性は否定してよいだろう。改めて、熟慮型の子どもは衝動型に比べると教師の子ども観ないしは価値観をより強く内面化していることが示唆された。

1) あ)よそ見をしたり、ダラダラとやっていたので、い)ていねいに、よく注意をしてみていたので、う)まちがえるのがこわかったので、え)このようなゲームは、にがてなので、お)このゲームはとてもむずかしかったので

第3節　仮想的な熟慮型と衝動型のモデルの知的課題の取り組みの評価と帰属(研究8)　　185

2) この質問紙の1, 2週間前に実施したMFFテストは『絵さがしゲーム』という教示の下に行った。
3) あ)よそ見をしないで, しんけんにやっていたので, い)ていねいによく見ていたので, う)まちがえるのがこわかったので, え)このようなゲームはとくいだったので, お)このゲームはとてもやさしかったので
4) 努力志向性は,「あなたは, ○君(さん)は, どれほど努力する人だと思いますか」, 頭の良さは,「どれほど頭のよい人だと思いますか」, 魅力は「どれほど好きですか」。

第4節 連続的な成功・失敗経験の課題遂行に及ぼす影響(研究9)

1. 問　題

1.1 問題の所在

　熟慮性・衝動性の認知スタイルに対する動機づけの影響に関する研究は意外に少なく，結果にも整合性が低い。この研究の創始者のKaganはごく初期の研究で，失敗に対する不安の多少がこの認知スタイルの重要な先行条件ではないかと考えた(Kagan et al., 1964; Kagan & Kogan, 1970)。その影響により，熟慮性の先行要因としての失敗への不安に焦点を当てた研究がいくつかなされてきた。Messer(1970)は，小学校3年生を対象にして次の3条件に分けてアナグラム課題を実施した。そこでは，大半の子どもが解けるような易しい問題だと説明されるが，第1は非常に難しい課題が提示される「失敗誘導(不安喚起)」条件，第2には対照的に非常に容易な課題が出される「成功誘導」条件，そして第3には正誤のフィードバックを行わない条件を構成し，その後に再度MFFテストを実施して，失敗に対する不安喚起の有無による影響を調べた。失敗誘導条件では熟慮型と衝動型の両群の児童ともに初発反応時間が増大し，衝動型の子どもでは誤数も同時に減少を示した。これに対して，Reali & Hall(1970)は幾何図形からMFFテストの類似課題を作成し，それらに対する成功と失敗経験の影響について調べた。そして，次の4条件の下に実験を行った。つまり，12試行の課題に対して①「全試行正答」，②「全試行誤答」，③「前半正答だが，後半はすべて誤答」，④「前半は誤答だが，後半はすべて正答」の4条件を設定した。熟慮型と衝動型の子どもは双方ともに失敗経験の後では正答の期待は低下し，逆に成功経験後には正答の期待が上昇する点では全く同一であった。しかし，反応時間については，両方のスタイルの子どもとも成功と失敗経験による違いがなかった。失敗によってまたまちがえるのではと不安が増して，反応が慎重に

なるという予想は当たらなかったので、この点では、先の Messer の結果とは異なった。また、この反応時間については、いずれの条件においても熟慮型の方が衝動型の子どもよりも長かった。

さらに、Block たち(1974)は幼児のパーソナリティ発達の縦断的な研究において、衝動型(彼らは「速いが不正確」タイプと呼んでいる)の子どものパーソナリティ特徴はストレス状況では脆く、傷つきやすく自信にも欠け、不安も高いことから、Kagan の初期の失敗に対する不安仮説に疑義を唱えている。Kagan と Messer(1975)は彼らに反論して、MFF テストの信頼性や妥当性に疑問のある幼児を対象にした研究であること、熟慮性・衝動性の概念を広範囲な子どもの日常行動やパーソナリティに適用すべきではなくて認知的な課題の遂行に限定すべきであること、さらに失敗への不安には次の2種類があり、Block たちはそれを混同していると指摘している。その一つは特定の課題を遂行する能力を欠いているという不安であり、その不安から逃れようとして課題場面からできるだけ早く離れたく思うので衝動的な行動になりやすい。もう一つは、これとは全く異なる原因に由来する不安である。この不安の特徴は、自分で解決できると思っている課題で失敗するのではという不安である。たとえば、MFF テストは見本と同一のものを6つの比較刺激の中から見つける見本一致課題(sample-matching task)であるが、6つの中に必ず正答が1つあり、誰でも時間をかけて慎重に調べると正しい答えを探すことができる課題であり、どの子どもも直観的にこのように感じるものである。そのようなタイプの課題における失敗に対する不安である。熟慮的な反応へ導くのはこのタイプの不安であるとして、両者の不安の性質における違いを強調している。

その後、Yap & Peters(1985)は上記の論争点を次のように整理している。つまり、熟慮性・衝動性に関する競合する2つの不安仮説の一つは「失敗に対する不安(anxiety-over-errors)仮説」であり、Kagan がはじめに考えた仮説であり、問題に正答できると思っているが、それでも失敗してしまうのではないかという不安である。MFF テストでは6つの比較刺激の中から見本刺激と同一のものを選択する課題であるので、誰でも注意深く調べると正

しく反応できる課題である。しかし，それでももしかしたらまちがえるのでないかと心配するのがこのタイプの不安である。そして，この不安のために反応する前にそれぞれの比較刺激を注意深く調べ，結果的に熟慮的になるのである。もう一つの仮説は，「能力に対する不安(anxiety-over-competence)」であり，MFFテストで求められる能力があるかどうかの不安である。別の面から見ると，この不安は自信欠如の感覚であり，課題からの回避として速い反応，その結果として衝動型となるというものである。この仮説は，Blockたちの考えとほぼ対応するものである。この2つの競合仮説の妥当性を検証するために，彼らは次の実験を行った。熟慮型と衝動型の小学生に対して，10項目のMFFテスト終了後に失敗のフィードバックが与えられ，その後もう1セットの10項目のMFFテストを行った。この失敗経験群に加えて，フィードバックなしに，もう一度MFFテストを行う統制群の2群を構成した。また，失敗のフィードバック前と後でMFFテストの成績の予想について10段階の評定を求めた。失敗経験により熟慮型も衝動型もいずれも成績の予想では下降し，先のRealiとHall(1970)の結果を追認している。しかし，衝動型の失敗経験群では誤数は有意に低下したが，統制群では変化が見られなかった。このことから，衝動性の先行要因としては失敗に対する不安がより重要であることが示唆されたのである。

　また，WapnerとConner(1986)は，この不安仮説に対して新たに自我防衛の概念を導入している。彼らによると，衝動型の子どもでは誤反応をすることで有能ではない(incompetent)と思われることを避けようとして，自己防衛的に「反応の速さ＝有能さ」という別の評価の枠組みを作るというのである。これと関連して，衝動型の子どもでは推理課題でより危険の高い方略を用いやすい(Kogan & Saarni, 1990)こともわかっている。

　このように動機づけと不安についての研究では，理論化においても結果においても整合性が低い。おそらくその原因は，失敗に対する不安の概念化と実験操作の吟味が不十分なためであろう。たとえば，実験的に導入された不安の程度は子どものパーソナリティや認知的な枠組みにより異なる可能性がある(臼井・佐藤, 1976)。同じ回数の失敗や「成績が悪かった」という同一

の言語的なフィードバックでも，それを受けた子どもがすべて同じ程度の失敗感や自分の能力に対する不安感を持つとは限らないからである。極端な場合では，アナグラム課題で完全に失敗しても，ごく少数ではあるが失敗だと思わない子どもがいることがわかっている(稲垣・波多野，1981)。

その後も動機づけの側面からのアプローチは多くはないが，それはこのアプローチが不毛であることを反映しているとは思えない。というのは，熟慮的な子どもと衝動的な子どもの間での誤反応の数や反応の速度に関する評価基準なり，価値づけの枠組みが大きく異なる可能性が高いことである(第3章研究5参照)。具体的にいえば，衝動型の子どもの誤数は熟慮型のおよそ2，3倍にもなっているが，誤数の評価では熟慮型の子どもと大差がない。さらに，初発反応時間では熟慮型は衝動型の子どもに比べるとやはり2，3倍も長いにもかかわらず，その評価ではやはり両群の間に大きな違いが見られないのである(臼井，1985b)。これはMFFテストにおける反応の「速さ」や「正確さ」に対する動機的な志向性の違い，換言すると速さや正確さに対する価値づけや目標価値に関する個人差が熟慮性・衝動性の個人差の重要な動機的な構成要素となっていることを示唆するものである。

また，教育実践へのかかわりについて考えると，学業場面では常に成功と失敗の経験に直面し，失敗に対する脆さが学業不振へとつながりやすいことから，失敗経験に対する適切な対処の方略につながるような知見を得ることが必要である。ところが，現実には失敗経験の影響に関する研究は多くはない。

そこで，本研究ではMFFテストでの連続的な成功と失敗の経験が，その後のこの課題の取り組みに対してどのような影響を持つのか，そして熟慮型と衝動型の認知スタイルの間でこの影響がどのように異なるのかを検討する。具体的には以下の2つの仮説の検証を行う。

1.2 仮 説

仮説1：MFFテストの連続的な成功(正答)によって，課題の解決が容易であると認知し，「正答」志向性が薄れ，あるいは失敗に対する不安が低下

し，速答重視へのウェイトが増すはずである。それにともない，初発反応時間は減少し，その結果として誤数は増加すると考えられる。また，課題の遂行への自信が増大し，より楽観的になり，達成要求や遂行の期待レベルが上昇すると予想される。

仮説2：MFFテストの連続的な失敗(誤答)によって，課題の難しさを感じ，反応が慎重になり，結果として「正答」志向性が増大すると考えられる。それにともない，初発反応時間は増大し，誤数は逆に減少するはずである。また，失敗を繰り返すことで自信を失い，あるいはより悲観的になり，要求水準や遂行の期待レベルが下降することが予想される。

2. 方 法

2.1 研究対象

北海道S市の小学校1校の4年生全員の91名(男子48，女子43)であり，MFFテストの実施の時の平均月齢(SD)は121.41(3.57)である。

2.2 手 続 き

この実験は2つのセッションから構成される。

(1)セッション1：MFFテストの実施

MFF-20(Cairns & Cammock, 1978)の短縮版(13項目)を小学校の教室で放課後に個別に実施した。初発反応時間(RT)と誤数の相関は－.54であり，この検査の妥当性は確保されていた。初発反応時間(平均・秒)と誤数の中央値はそれぞれ10.36と9.0であり，双方の中央値の二重折半法により熟慮型，衝動型，速確型(Fast/Accurate)，遅誤型(Slow/Inaccurate)に分類した。その内訳は表4-16に示す通りである。

なお，このテストの実施の時期は1988年11月であり，対象児の教室で放課後に行った。

表 4-16 4つの認知型の成功経験と失敗経験の各群の内訳

認知型	条件	人数(92)			平均 RT(SD)	平均誤数(SD)
		全体	男子	女子		
全体	成功	46	23	23	160.00(83.51)	9.98(6.15)
	失敗	46	25	21	155.67(78.68)	9.91(6.29)
熟慮型	成功	16	9	7	231.49(89.43)	4.88(2.45)
	失敗	16	8	8	233.42(81.25)	4.87(2.45)
衝動型	成功	16	6	10	102.96(27.89)	15.69(5.23)
	失敗	17	10	7	98.42(26.89)	15.67(5.33)
速確型	成功	6	3	3	111.63(14.30)	5.67(1.63)
	失敗	7	3	4	112.27(11.69)	5.71(1.70)
遅誤型	成功	7	5	2	168.46(65.65)	12.29(3.25)
	失敗	6	4	2	160.93(15.12)	12.83(1.94)

(2) セッション2
① 実験条件群の構成

セッション1の約1週間後に項目の内容が異なる11項目のMFFテストの平行テスト(MFF-Ⅱ)を実施した。このMFF-Ⅱの実施に先立ち，成功経験と失敗経験の2条件の参加者のマッチングを調べた。条件群(2)と認知スタイル(4)を独立変数に，MFFテストの初発反応時間(RT)と誤数を従属変数にした分散分析を行うと，条件群の要因と相互作用要因では有意差はなかった($F(1, 83) = 0.31$, n.s.；$F(3, 83) = 0.31$, n.s.)。このことより，2つの条件群の間のマッチングが確認された(表4-16)。

② 手続き
1) MFF-Ⅱの実施

ここではMFFテストにおける連続的な成功と失敗の経験の後続する同種のテストに対する影響を調べるために上記のMFF-Ⅱ(11項目)のテストを実施した。その際は，次のような修正を施した。この手続きは通常のMFFテストと基本的には同一であるが，6個の比較刺激(variant)には正答が含まれていない点で異なっている。ここで子どもが正答がないことに気づかないように，比較刺激の相互間の複雑度を高くして識別を困難にした。それに

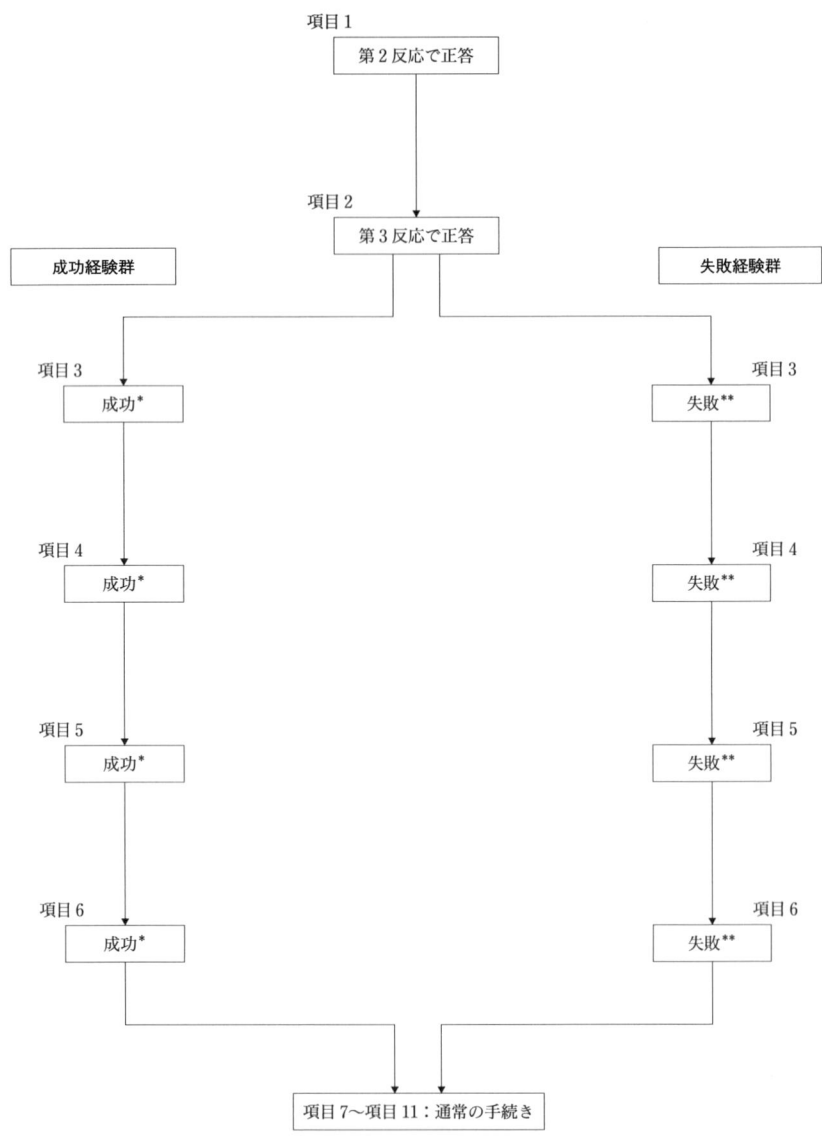

192　第4章　動機づけと文化の影響

```
                         項目1
                     ┌─────────────┐
                     │ 第2反応で正答 │
                     └─────────────┘
                            │
                            ▼
                         項目2
                     ┌─────────────┐
                     │ 第3反応で正答 │
┌──────────┐        └─────────────┘         ┌──────────┐
│ 成功経験群 │                                │ 失敗経験群 │
└──────────┘                                └──────────┘

   項目3                                        項目3
 ┌──────┐                                    ┌──────┐
 │ 成功* │                                    │失敗**│
 └──────┘                                    └──────┘

   項目4                                        項目4
 ┌──────┐                                    ┌──────┐
 │ 成功* │                                    │失敗**│
 └──────┘                                    └──────┘

   項目5                                        項目5
 ┌──────┐                                    ┌──────┐
 │ 成功* │                                    │失敗**│
 └──────┘                                    └──────┘

   項目6                                        項目6
 ┌──────┐                                    ┌──────┐
 │ 成功* │                                    │失敗**│
 └──────┘                                    └──────┘

            ┌──────────────────────────┐
            │ 項目7～項目11：通常の手続き │
            └──────────────────────────┘
```

図4-14　セッション2の実験手続きの流れ図

注）＊：第1反応で「正答」のフィードバック，＊＊：第1～第4のすべての反応で「誤答」のフィードバック

表 4-17 成功経験群と失敗経験群の手続き

項目番号		1			2			3, 4, 5, 6		
		第1反応	第2反応	第3反応	第1反応	第2反応	第3反応	第1反応	第2反応	第3反応
フィードバック・タイプ	成功経験群	F	S	終了	F	F	S	S	終了	終了
	失敗経験群	F	S	終了	F	F	S	F	F	F

注) S (成功経験):「はい，あたりです」；F (失敗経験):「いいえ，ちがいます」

よって，正答がないことに気づいた子どもは誰もいなかった。また，誤反応を3回行うと打ち切りとしている点も異なる。実際の実験の手続きは図4-14に示すように，成功経験群も失敗経験群も彼らがどの位置の比較刺激を選択したのかに関係なく，すべての反応に対して項目1では2回目で，項目2では3回目で正答としてのフィードバックを受けるようになっている。その次の3番目の項目から6番目までの4項目では，成功経験群は4項目連続して第1反応で「正答」のフィードバックを受ける。これとは対照的に，失敗経験群では4項目連続して第3反応まですべて「誤答」のフィードバックを受け，それで打ち切られる[1]。

最後に後半の5項目(7-11)は，セッション1で使用しなかったMFF-20からの5項目であり，2つの条件群とも第1セッションと同じ通常のMFFテストと同じ手続きで行われるが，誤答が3回続くと打ち切りになる点が異なっている(図4-14，表4-17参照)。

3．結　果

3.1 連続的成功・失敗経験の初発反応時間(RT)と誤数に対する影響
(1)初発反応時間

図4-15に示すように，成功経験群も失敗経験群もベースラインの項目1と項目2，および両群で正誤のフードバックが初めて異なる項目3(前者では最初の反応で「正答」，後者では3回連続して「誤答」)では両群の間に有意差はなかった。しかし，失敗経験群では項目4以降では急激に初発反応時間

(秒)

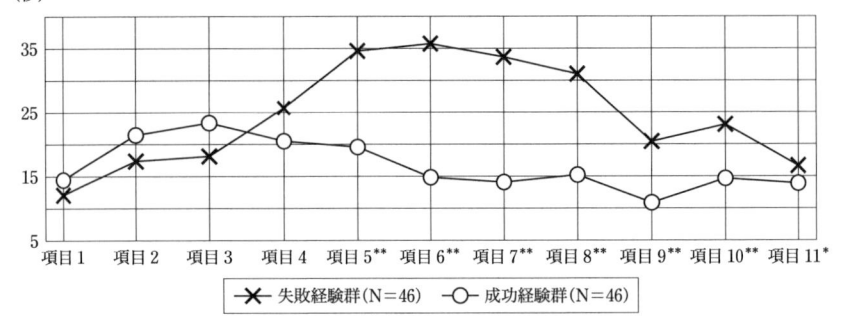

図 4-15　成功・失敗両群の初発反応時間の変化

注）＊：p＜.05 ; ＊＊：p＜.01

が増大している。そして，通常の MFF テストと同じ手続きになる項目 7 以後は徐々に減少し，特に項目 9 では大幅に減少するがその後は床効果に達して，ほぼベースラインの反応時間に戻っている。これに対して，成功経験群の反応パターンはこれとは全く対照的であり，初発反応時間は項目 7 まで下降傾向を見せるが，その後の変化はほとんどない。

　成功経験と失敗経験の両群の間では項目 5 から項目 11 のすべてにおいて有意であった（項目 1-11 の t 値（絶対値）（df＝90）は，0.99，1.26，1.40，2.81＊＊，4.40＊＊，4.20＊＊，3.56＊＊，4.60＊＊，3.00＊＊，2.28＊。＊：p＜.05，＊＊：p＜.01）。

(2) 誤　反　応

　項目 3 から項目 6 までは条件群で固定した誤数，つまり成功群では 0 個，失敗群では 12 個（1 項目 3 個ずつ）を人為的に割りつけているので，実際の誤数のデータはテスト試行である項目 7 以降である。図 4-16 に示すように，失敗経験群の誤数が一貫して少なく，項目 7 から項目 11 のすべてで有意であった（t 値（絶対値）（df＝90）は，3.26＊＊，3.57＊＊，2.87＊＊，3.44＊＊，3.72＊＊であった。＊＊：p＜.01）。つまり，失敗群は 4 回連続の失敗経験により，その後 5 試行連続して誤数が成功群よりも少なかった。

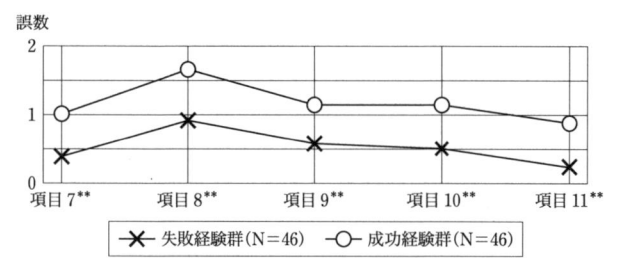

第4節　連続的な成功・失敗経験の課題遂行に及ぼす影響(研究9)　195

図4-16　成功・失敗両群の誤数の変化

注) ** : p<.01

3.2　熟慮型と衝動型の比較

(1)初発反応時間

　失敗経験が続くと初発反応時間が長くなり，反対に成功経験が続くと減少する傾向に関しては，この2つの認知スタイルともに全く共通していた(図4-17)。つまり，項目3から項目6まで連続して第1反応で正答のフィードバックを受ける成功経験群では，熟慮型も衝動型も項目3をピークにして，それ以後は項目9まで徐々に短くなっている。これとは対照的に，これらの4項目のすべてで3回連続して誤答フィードバックを受ける失敗経験群では，項目3以後は次第に長くなっていって項目5(熟慮型)あるいは項目6(衝動型)でピークに達し，それからは緩やかに減少する。しかし，こうした条件

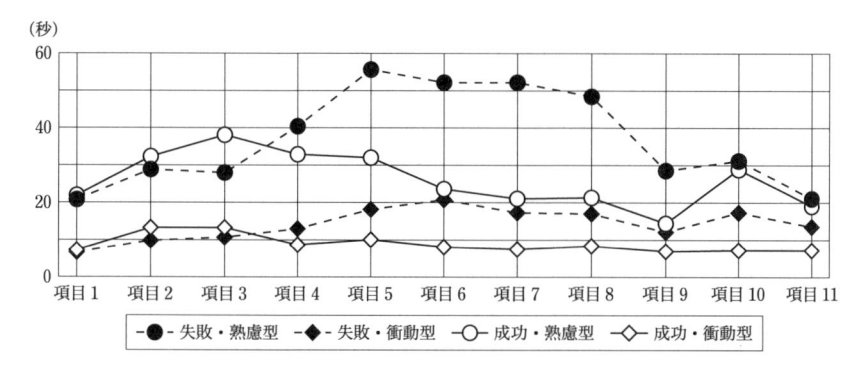

図4-17　成功・失敗両群のRTの変化：熟慮型と衝動型

の違いの初発反応時間に対する効果については，熟慮型の子どもの方がはるかに大きく，特に熟慮型の失敗経験群では人為的に失敗経験をした項目3から項目5にかけての初発反応時間の増大がきわめて顕著であった。

このことを確認するために，項目3，4，5，6を繰り返し要因，熟慮型と衝動型の認知スタイルと条件群の2変数を個人間要因とする分散分析を行ったところ，項目の繰り返し要因で有意であった($F(3, 168)=5.49**$)。また，実験群および認知スタイルとの交互作用効果は双方とも有意であった($F(3, 168)=10.87**$；$F(3, 168)=3.01*$)。これに対して，個人間要因の条件群は有意でなかった($F(1, 56)=0.25$, n.s.)が，認知スタイルは有意であった($F(1, 56)=36.00**$)。しかし，両者の交互作用効果は全くなかった($F(1, 56)=0.10$, n.s.)。また，最終の項目11では熟慮型の中では成功経験群と失敗経験群の間の違いは完全に消失しているが，それでも衝動型では両群間の違いは維持されていた。そして，実験的に操作された経験の種類に関係なく，熟慮型の方が衝動型よりも反応時間が長かった。

それぞれの認知型についてもう少し詳しく見ると，熟慮型の子どもでは項目6(4項目連続成功あるいは失敗経験をした最後の項目)，7，8，9の4項目で成功群と失敗群の間に有意差があり，失敗群の方が有意に初発反応時間が長かった($F(1, 29)=6.53*$；$8.10**$；$.86**$；$11.08**$)。ただし，最後の2項目，つまり項目10では両群間の有意差は消失し，最終の項目11でも両群の差異は全くなくなっている($F(1, 29)=1.67$；0.24)。

これに対して，衝動型では項目6と7では熟慮型と同じく失敗群＞成功群で有意差が条件群間で見られた($F(1, 26)=5.26*$；$9.86**$)が，その後もこの傾向は維持されるが差異は減少している(項目8，9，10，11の$F(1, 26)=2.93(*)$；$4.17(*)$；$3.10(*)$；$3.75(*)$。$(*)$：$0.05<p<0.1$)。このように認知スタイルの違いを問わず，失敗経験はより慎重な取り組み傾向を強める一方で，成功経験はその逆に反応のスピードを速めている。ただし，その時間の変化量に注目すると熟慮型の方がより大きいが，実験効果の持続性という点ではむしろ衝動型の方が強い。

また，全体を通して見ると，成功・失敗経験のいずれの実験群においても

第4節　連続的な成功・失敗経験の課題遂行に及ぼす影響（研究9）　197

11項目のすべてにおいて熟慮型の初発反応時間が衝動型のそれを上回っており，有意であった(t-検定)。図4-17より明らかなように，衝動型の失敗経験群では項目3以後は徐々に反応時間を増していったが，この間に時間を減少し続けた熟慮型の成功経験群を上回ることがなかったのであるが，6，7，8，10の4項目では有意差はなくなっている。成功経験により熟慮型の取り組みが速くなり，失敗経験を重ねた衝動型と反応時間で同程度になっている。このように，成功と失敗の経験が認知スタイルの違いを超えて同じように影響するが，それぞれのスタイルにより変容可能性には明らかな限界がある。

(2) 誤　数

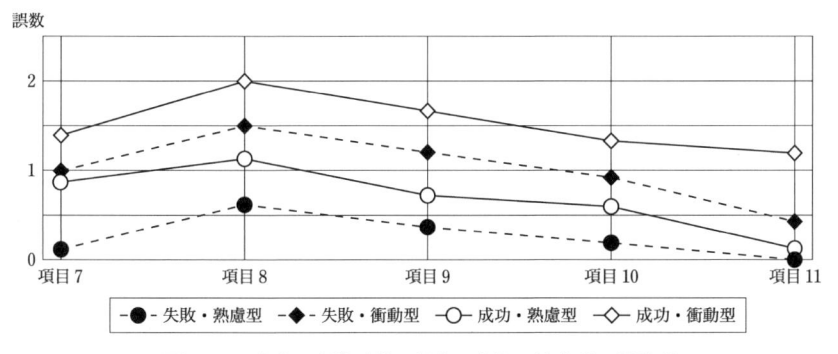

図4-18より明らかなように，失敗と成功の条件の違いにかかわらず，衝動型は熟慮型よりも5項目のすべてにおいて誤数が多い。認知スタイル(熟慮型と衝動型)と実験群(成功経験と失敗経験)の2つを独立変数にした分散分析では，5項目すべてで認知スタイルの有意な主効果があった($F(1, 56)=10.12^{**}$；15.51^{**}；14.84^{**}；11.89^{**}；23.95^{**}：**：$p<.01$)。また，熟慮型と衝動型のそれぞれ中で比較すると，いずれのタイプにおいても失敗経験群の誤数は成功経験群よりも常に少なくなっている。実験群の主効果は項目7，8と11で有意であり，項目9と10も10%以下のレベルで有意であった($F(1, 56)=6.45^{*}$；5.20^{*}；$3.10(^{*})$；$3.65(^{*})$；8.77^{**}。$(^{*})$：$0.1<p<.05$；*：$p<.05$；**：$p<.01$)。また，交互作用効果では項目11で有意で

図4-18　成功・失敗両群の誤数の変化：熟慮型と衝動型

あった($F(1, 56)=4.36^*$)。

この誤数の結果を先の初発反応時間の結果とあわせて考えると,連続的な失敗経験が慎重な取り組みを引き起こし,初発反応時間が増加するとともに,誤数を減少させるという仮説を支持している。もう少し詳しく見ると,2つの実験群の間に有意差があった項目は,熟慮型の子どもでは項目7のみ($F(1, 29)=10.76^{**}$)だが,項目8と10でも10%レベルで有意差があった($F(1, 29)=2.98; 3.81$)のに対して,衝動型の子どもでは有意差があったのは項目11のみであった($F(1, 26)=5.41^*$)。この結果からは,失敗と成功の経験の正確な取り組みに向けた影響の大きさでは熟慮型と衝動型で大差がないことがわかった。また,興味深いことは,項目8で誤数がピークになると,それ以降は4群すべてが減少し,この最後の項目11で熟慮型では成功・失敗両群の間の違いはほとんどなくなっているのだが,衝動型ではかえって差が開いたことである(認知スタイルと実験群の間の交互作用効果が有意であった)。この結果は初発反応時間でも衝動型では2つの実験群の間で有意差が残ったことと共通している。

4. 考　察

4.1 成功経験と失敗経験の影響と認知スタイルの頑健性

MFFテストで偶然にせよ正反応が続くと,次の正反応の見通しで楽観的になり,その結果認知的努力を抑えた取り組み,つまり視覚的な探索活動を減らし,結果的に反応時間を減少させやすい(仮説1)。そして,こうした取り組みが不正確な反応を引き起こしやすくなる。それとは対照的に誤反応が連続すると,より慎重な取り組み,つまりより徹底した視覚的な走査を行い,結果として反応時間を増加させ,そしてより正確な反応へと導きやすい(仮説2)。これが当初の仮説であったが,この研究の結果からは熟慮型と衝動型の両タイプともにこのような傾向があり,2つの仮説がともに支持された。

本研究の結果では,失敗経験後にはいずれの認知スタイルの子どもも反応時間が増加し,誤数が減少している。そして,成功経験の後ではやはり両方

のタイプの子どもとも反応時間が減少し，誤数が増えている。そして，成功経験群の熟慮型では徐々に反応時間が減少するが，それとは対照的に失敗経験群の衝動型では反応時間が漸増している。そして，その両者の間の違いは次第に接近して項目6，7，8ではついに有意差が消失している。誤数に関しては，測定した項目7から項目11のいずれにおいても成功経験群は失敗経験群よりも多かった。このように，失敗と成功経験の影響の方向は認知スタイルの違いを超えて同一であった。

しかし，その一方で注目すべきもう一つの事実は，成功経験群と失敗経験群のいずれにおいても，熟慮型の子どもは衝動型の子どもよりもすべての項目で反応時間が長く，かつ誤数が少なかったことである。たとえば，失敗と成功の経験が実験的に導入される前からすでに存在していた初発反応時間と誤数における2つのスタイルの間の差異は，同一の実験条件群の中ではほぼ平行移動していて，差の大きさはあまり変化していない。特に，誤数に関してはそうである。すでに述べたように，繰り返して失敗すると反応時間が増大する傾向は熟慮型も衝動型も同じであるが，時間の延びに関しては熟慮型の方が大きい。失敗経験群では項目3で3回連続して誤答のフィードバックを受け，「失敗」を強く印象づけられるので，その経験の直接的な影響は次の項目4に現れるはずである。そこで，項目3と項目4の変化を具体的な時間(秒)に即して説明すると，熟慮型では28.03(21.86)秒(かっこ内はSD)から40.63(27.86)秒と12.60秒増えているのに対して，衝動型では9.54(6.33)秒から11.81(11.77)秒と2.27秒しか増えていない。このことは，実験的な操作による成功と失敗の経験は子どもの認知スタイルを問わずに同じ方向に向けた行動の修正を導くが，その修正可能な幅ないしは範囲は，あらかじめ認知スタイルにより強く制約を受けていることを示している。さらには認知スタイルの中での反応傾向の一貫性，ないしは反応時間の頑健性(robustness)を強く示唆するものである。それとともに，初発反応時間では実験試行(項目3から項目6まで)の終了後には，熟慮型の成功経験群と衝動型の失敗経験群の間には有意差がなくなっているとともに，誤数でも両者の間に項目7と項目8では違いがなくなっていることも指摘しておくべきことである。つ

まり，熟慮型の子どもも繰り返して最初の反応で正答が続くと認知的な努力を抑制し，その逆に誤答を重ねる衝動型の子どもではかなり慎重な取り組み方に変えて，結果的に両群間には違いはなくなる。

4.2 失敗後の熟慮性(postfailure reflectivity)の熟慮型と衝動型の比較

これまで幾度も述べたように，失敗経験をすることで次の課題ではより慎重な取り組みへと向かうことが確かめられた。ShafirとPascual-Leone(1990)は，さまざまな認知的な推論課題においては正答よりも誤反応に対してより注意深く考えること，つまり「失敗後の熟慮性(postfailure reflectivity)」が課題遂行に対して有利に働く条件であることを強調している。そして，彼らは自己のペースで解答する推論課題において失敗と成功直後の反応時間の相対的な比率をその指標とし，9歳から11歳までの児童について実験を行った。その結果，彼らの仮説，つまり失敗後の熟慮性は課題の遂行を予測した。ShafirとPascual-Leoneの考えをMFFテストに当てはめて考えると，正答のフィードバックの時に比べて，誤答に対しては「どこが違ったのだろうか」などと考えてから次の反応をすることが多いはずである。この自発的に行う自分の反応に対する再検討は，別の言葉でいうとモニタリング，あるいは実行過程(executive process)の心理的なプロセスと対応するだろう。そうなると，熟慮性という概念はまさに「失敗後の熟慮性」ということになるであろう。そこで，項目3での成功あるいは失敗の経験により自分の反応を成功ないしは失敗と認知し始めるのが項目4と考えると，その直前に位置する項目3の初発反応時間(RT)に対する比率が失敗後の熟慮性の指標になると考えた。具体的には，(項目4の反応時間)÷(項目3の反応時間)を算出した。理論的な予測では，成功経験群では分子の項目4の方がRTが短くなるはずであるから1以下になる。そして，失敗経験群では逆に項目4ではRTが増大するので1より大きくなるはずである。実験群と認知スタイル(熟慮型と衝動型)の2要因の分散分析を行うと，実験群($F(1, 57)=19.52^{**}$)および認知スタイル($F(1, 57)=8.45^{**}$)で有意であったが，図4-19に示すように両者の交互作用効果はなかった($F(1, 57)=0.14$)。さ

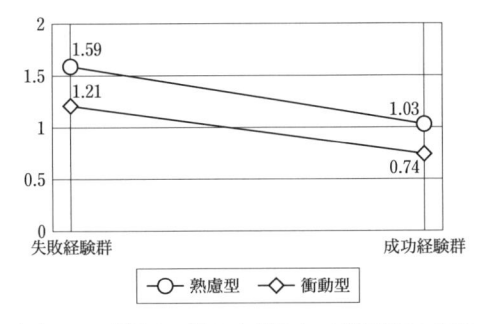

図4-19 項目3に対する項目4の反応時間の比率

　らに，熟慮型と衝動型ごとに，失敗経験群と成功経験群の間のこの比率について比べると，熟慮型においても（F(1, 29)＝9.15**），衝動型においても（F(1, 28)＝11.26**），高いレベルで有意であり，失敗経験群の方が比率が大きかった。

　要するに，両方のタイプともに失敗後の反応時間が成功後のそれよりも長かった。しかし，項目3に対する項目4の時間の割合では，失敗群でも成功群でも熟慮型の方が大きかった。認知スタイルの一要因の分散分析では，失敗経験群および成功経験群において有意な主効果があった（F(1, 29)＝4.29*；F(1, 28)＝4.41*）。この結果から，熟慮型は衝動型に比べると，失敗をすると次の項目ではより長い判断の時間をとるので「失敗後の熟慮性」の指標では熟慮型の方が大きいことになる。それとともに，成功経験の直後でも熟慮型では反応時間をそのまま維持しているのに対して，衝動型では7割程度になっていることから，衝動型の子どもの方が成功経験に対してより応答的ということもできよう。あるいは，反応時間の個人差は熟慮型にとってはより頑健性の高い個人的な特徴かもしれない。

1) 6つの比較刺激はいずれも見本刺激と同一ではないので，事実上「正答」はない。しかし，見本刺激と6つの比較刺激との違いはきわめて微細であって，大学生の予備実験でも識別不可能であり，正答がないことに気づく者はいなかった。

第5節　小学生の熟慮型モデルと衝動型モデルの行動評価（研究10）

1. 問　題

　熟慮性・衝動性の発達に焦点を当てた研究やその発達のプロセスを認知的社会化の視点から追究した研究はとても少ない。その中で教室での教師と子どものやりとり，具体的には教師の認知スタイルの影響を調べたものにYando & Kagan(1968)の研究がある。彼女たちは，小学校1年生の学級担任の教師に対して成人用のMFFテストを実施し，その一方で教師の受け持ちの児童にも児童用のMFFテストを行い，約1年後に再検査を行った。その結果，それぞれの児童はこの1年の間に担任教師の認知スタイルに接近するように変化していったが，とりわけ教職歴の長い熟慮的な教師が，衝動的な子どもを熟慮的な方向へと変化させる効果がもっとも大きかったのである。これは教師のスタイルに対するモデリングの影響として有名な研究であるが，それ以後この種の研究の追試は現れなかった。

　また，小学校の入学を契機にして熟慮性が急激に発達するというデータは，横断的な研究(波多野，1974)のみならず，縦断的なデータ(臼井，1987b；第2章研究3)からも認められている。しかし，その変化のメカニズムについては，収束的な集団思考が強調される日本の教室文化による(波多野，1974)とするものや，いわゆる5歳から7歳の認知的な変化(White, 1965)の一つと見る考えもあるが，明らかになっていない。たとえば，教師とのやりとりを通じて，子どもは熟慮的な取り組み方が教室での学習にとっては適応的な認知スタイルであることを学ぶ可能性が大きい(宮川，2001b；臼井，2001)。しかし，実際に教室の中での教師と子どもとのどのような相互交渉の特徴が，こうした熟慮傾向の増大という変化を促進しているのかがわかっていない。また，子どもは教師が熟慮的な取り組み方を好ましいと考えているのであれば，教師の見ているところではより熟慮的な反応が増す可能性が

ある。臼井(1975)はこうしたことが現実にありうることを偶発的な観察から推測している。MFFテストにおいて，教師が子どものそばにいることが，子どもにより慎重な取り組みを増大させていた。つまり，教師が近くにいることが「まちがえないように」という暗黙の心理的な圧力を与えるように働く可能性が示唆されたのである。また，認知的社会化の視点から考えると，低学年の子どもに比べると高学年の方が重要な他者からの評価懸念，あるいは公的自己意識を持ちやすい。したがって，教師が子どものMFFテストの遂行を見ていることの影響は，高学年の方が相対的に強くなるはずである。しかし，その一方で衝動的なスタイルの子どもでは，教師の自分に対する暗黙のメッセージとして「素早く答える」方が好ましいと解釈しているならば，教師の存在が彼らの持つ衝動性をさらに加速させる可能性も否定できない。そうした問題意識に立って，田川(1989)は小学校1年生と5年生の児童を対象にして，MFFテストの取り組みにおいて，教師が子どもたちのそばにいて彼らを観察することの影響について実験を行った。彼の立てた仮説は次のようなものであった。すでに述べたように教師自身が熟慮性に向けた暗黙の価値志向性を持つとすると，熟慮的な子どもではもともとその志向性が強いので，反応時間が長くなる余地は少ない。これに対して，衝動的な子どもの場合には速さに向けた努力を抑制すると考えると，反応時間が増加し，誤数が減少し，その変化量は熟慮型よりも大きくなるはずである。

　その一方で，全くこれと対照的な価値観を持つ教師もいるはずである。たとえば，学校の中のいろいろな場面で何か早くできること，あるいはまちがえてもたくさんの反応をする子どもをほめたり，こうした子どもの取り組みをよりプラス方向に評価する教師もいる。田川(1989)は1年生の3クラス(91名)と5年生3クラス(95名)の児童全員にMFFテストを実施し，その約1か月後に項目内容と正答位置を変えたMFFテストの平行テストを再度実施した。ただし，その遂行時に教師が子どもたちのまわりを机間巡視する群(教師観察条件群)と教師不在でテストを行う群(教師不在条件群)の2群に分けて行った。教師観察条件の子どもには次のような教示がなされた。

この間の『絵さがしゲーム』を覚えていますか。今日は担任の○○先生が教室にいらっしゃいます。そして，△△さん（君）がどんなふうにしてやっているかを見るそうです。それから，あなたがこのゲームで「いくつまちがえた」と「かかった時間」をこの紙に書いて後で先生にお知らせすることになっています。

この課題では速さと正確さという目標があること，そして教師への報告を子どもに伝えたことは，担任教師が子どもたちがMFFテストを行っている教室に偶然にやって来たのではなくて，このテストの遂行が学習成績に影響する可能性をほのめかした。

最初に行ったMFFテストの初発反応時間と誤数については，2つの条件群間ではいずれも有意差がなかったので，条件群間のマッチングは確保された。だが，仮説に反して2回目のMFFテストの平均初発反応時間と誤数においても両群の間で有意差がなかった。つまり，教師の観察を受ける子どもたちと，教師不在でテストを受ける子どもたちの間では，MFFテストの遂行において違いがなかったのである。このことより，仮説は支持されなかった。この実験では教師の観察はMFFテストの実施というごく短い間であったこと，しかも教室の中で同時に4，5名の子どもがテストを行っている中を教師が少し離れて見て回るという状況であった。このように教師の観察の影響がきわめて限定される場面設定であったことが問題であったかもしれない。

そこで，ここでは対象者と同年齢の子ども（モデル）が典型的な熟慮型と衝動型の行動をするのを見て，それらのモデルに対して，子どもたちはどのような認知をするのかを調べる。そして，2つの対照的なモデルに対する認知や帰属のしかたの分析を通じて，熟慮型と衝動型の認知スタイルに対する価値観や信念の特徴について明らかにする。このような問題意識に立って，次のような実験を計画した。対象児と同一の学年の典型的な熟慮型と衝動型の子どもがそれぞれMFFテストを実際に行っているビデオを見せて，両タイプの子どもの行動を評価し，行動の原因帰属を行うことである。

2. 方 法

2.1 研究対象
　北海道S市の小学校1校の5学年全員108名(男子55,女子53)がこの研究への参加者であるが,この子どもたちは1か月前にMFFテストを受けている。

2.2 手続き
(1)熟慮型と衝動型の子どものMFFテスト取り組みに関するビデオ制作
①モデル
　小学校5年生の男子1名を一卵性双生児に見立てて,以下で具体的に述べるような典型的な熟慮型と衝動型の子どものような取り組みを行ってもらい,ビデオカメラで撮影した。
②典型的な認知スタイルの行動の規定
　ひと月前に行ったMFFテストの2クラス54名のデータから初発反応時間(RT)と誤数の二重の中央値折半法により,16名の熟慮的な子どもと17名の衝動的な子どもを選んだ。それぞれの群の初発反応時間と誤数の平均に基づき,熟慮型のモデルは反応時間を15秒,衝動型モデルでは5秒とした。また,誤数では前者と後者でおよそ1:3.3であったので,熟慮型モデルが3個,衝動型モデルが10個とした。
　実際の両モデルの正答と誤答の反応パターンは図4-20に示す通りである。熟慮型のモデルでは初発反応で7項目のうち4項目が正答であるが,衝動型のモデルでは2項目だけが正答となっている。
　それぞれの認知スタイル・モデルの子どもは,あらかじめ決められた反応パターンに沿って行動する。実際には用いたMFFテスト7項目のすべての比較刺激(6個)には選択反応の順序に対応して番号を書いているので,その番号に沿って比較刺激の選択反応をするようになっている。また,初発反応時間は次のようにコントロールした。つまり,カメラからは見えないようにモデルにイヤホーンをつけて,ビデオ撮影を行っている隣室からそれぞれの

衝動型モデル					
	反応回数				
項目番号	1	2	3	4	5
1	○				
2	×	×	○		
3	×	×	×	×	○
4	×	○			
5	○				
6	×	×	○		
7	×	○			
総誤数	10				

熟慮型モデル					
	反応回数				
項目番号	1	2	3	4	5
1	○				
2	×	○			
3	○				
4	×	○			
5	○				
6	×	○			
7	○				
総誤数	3				

図 4-20 衝動型モデルと熟慮型モデルの正答と誤答のパターン
注)○は正答，×は誤答

モデルタイプの5秒ないし15秒ごとにワイヤレスマイクで指示を行い，指示したタイミングで解答してもらった。なお，この2人のモデルが別人であることを印象づけるために，それぞれのモデルで服装を変えた。

③実験の実施時期

1988年12月に教室の単位でモデルの行動を記録したビデオの再生を行い，教室に設置の大型のTVモニターで視聴し，その後に次のような質問紙に答えてもらった。

(2)質問紙の作成とその内容

『ビデオの感想調べ』という題名の5ページの質問紙を作成した。この質問紙は前半の衝動型のモデルと後半の熟慮型のモデルに関して，両方のモデルに対して同一の内容の質問12項目から構成されている。それぞれの項目の内容は表4-18に示す通りである。

2つのモデルの提示順序は衝動型のモデルを最初に，熟慮型のモデルを2番目という固定した順序で行った。そして，「衝動型モデル」のビデオの視聴直後に「衝動型モデル」に関する質問紙に回答し，その終了後に「熟慮型モデル」のビデオを視聴し，このモデルに関する質問紙に回答した。なお，質問紙への回答に先立ち，次のような教示を行った。

表 4-18　質問紙の内容

項　目	項目内容	選択肢
1. 答え方の類似度	この男の子の答え方は，あなたの答え方とにていますか。ちがっていますか。	全然にていない〜とてもよく似ている(6段階)
2. 答える速さ	この男の子の答え方は速いですか。遅いですか。	とても遅い〜とても速い(6段階)
3. 答える速さ(自分との比較)	あなたと比べて速いですか。遅いですか。	とても遅い〜とても速い(6段階)
4. 誤数の推測	この男の子は全部で何回まちがえたと思いますか。	誤答数(自由回答)
5. 誤数の多さ	この男の子のまちがった回数は多かったですか。少なかったですか。	とても少なかった〜とても多かった(6段階)
6. がんばり	この男の子はどれくらいがんばったと思いますか。	全然がんばらなかった〜とてもがんばった(6段階)
7. 好きなタイプ	あなたにとってこの男の子のようなタイプは好きなタイプですか。	全然好きでないタイプ〜とても好きなタイプ(6段階)
8. 賢さ	この男の子はどれくらいかしこい子どもだと思いますか。	全然かしこくない〜とてもかしこい(6段階)
9. がんばり：先生	担任の先生は，この男の子はどれくらいがんばったと思いますか。	全然がんばらなかった〜とてもがんばった(6段階)
10. 好きなタイプ：先生	担任の先生はこの男の子のようなタイプは好きなタイプでしょうか。	全然好きでないタイプ〜とても好きなタイプ(6段階)
11. 賢さ：先生	担任の先生はこの男の子はどれくらいかしこい子どもだと思うでしょうか。	全然かしこくない〜とてもかしこい(6段階)
12. 成績	この男の子の成績はどのくらいだと思いますか。	とても悪い方〜とてもよい方(5段階)

　これから別の小学校の5年生の男の子の『絵さがしゲーム』のビデオを見せますからよく見てください。そして，みなさんがどのような感想をもったのかを教えてほしいのです。感想を書くページは，この次のページからですが，それを開かないで，ビデオを見た後で，こちらが合図してから開いて書いてください。

3. 結　果

3.1 熟慮型と衝動型の2つのモデルに対する認知の比較

12の質問項目ごとに熟慮型と衝動型のモデルの間のt-検定を行った。9項目で有意差があり，有意差のなかった項目(項目9)でもほとんど有意であった($p=.06$)(図4-21，4-22)。

項目2(答えるのが速い)と3(自分と比べて速い)については，衝動型モデルの方がより速いと評価され，また4(誤数の推測)(図4-23)，5(誤数の多さの評価)では衝動型モデルの方がより多いと評価されていた。このようにMFFテストのビデオから観察される客観的な行動の側面である反応の速さと誤数について，2人のモデルの評価に大きな違いがあることから，ビデオのモデルが熟慮的な子どもと衝動的な子どもの典型的な行動を確かに演じていたことが確認された。また，子どもたちも対照的なモデルの行動を正確に認知していたこともわかった。

図4-21，4-22，4-23から結果を要約的に述べると，すでに触れたように答える速さ(反応時間)の評価では衝動型モデルの方がより速いと評価され，自分自身との比較においても同様になっている。また，誤数の具体的な推測

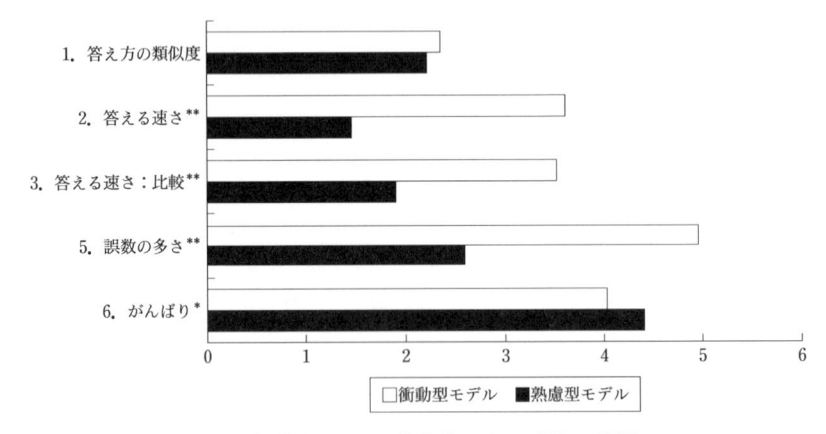

図4-21　衝動型モデルと熟慮型モデルの認知と帰属

注) ＊：$p<.05$；＊＊：$p<.01$

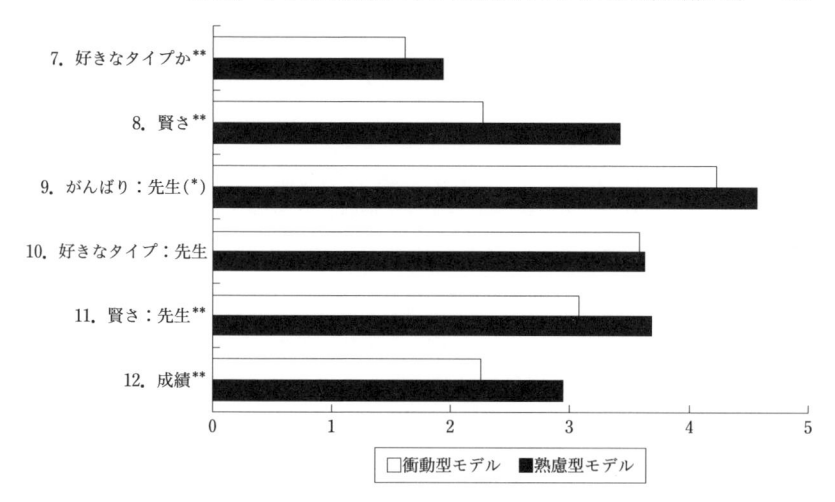

第5節　小学生の熟慮型モデルと衝動型モデルの行動評価(研究10)　209

図 4-22　衝動型モデルと熟慮型モデルの認知と帰属

注)　(*)：p<.10；**：p<.01

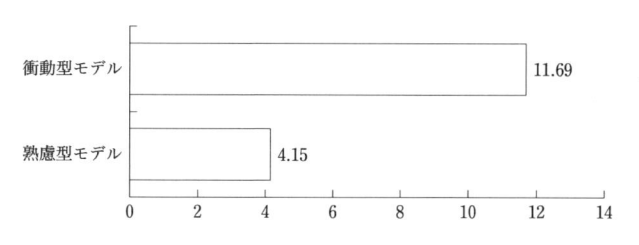

図 4-23　2つのモデルに対する誤数の推測(項目 4)

では衝動型モデルが 11.69 個に対して熟慮型モデルは 4.15 個となっている。これは，実際にそれぞれのモデルが示した誤数の 10 個と 3 個に比べると 1.69 個と 1.15 個多くなっているが，衝動型モデルと熟慮型モデルの誤数の比率ではおよそ 3 倍近くになっていてほぼ対応している。

　ところで，好意度ではいずれも低いが，熟慮型モデルの方が否定的な程度が低く(熟慮型と衝動型モデルの平均：1.95 と 1.62(1：全然好きでないタイプ，2：好きでないタイプ))，賢さ(3.43 と 2.28)，がんばり(4.38 と 4.00)，また学校の成績(3 がふつうで，2 が悪い方)の評価でも衝動型モデルを有意

に上回っている(2.95と2.26)。担任の先生の推定でも賢さ(3.69と3.09)では熟慮型モデルの方が有意に高くなっていて，がんばり(4.57と4.23)(p＜.06)もほとんど有意である。だが，好きなタイプでは2モデルの評価では全く違いがなくなっている。

興味深いのはモデルの対人的な魅力，賢さ，成績といったビデオの行動からは直接的に推測できないような側面においても2モデル間の評価に明らかな違いがあり，いずれにおいても熟慮型モデルの方をより好意的に認知していることである。ところで，日本の学校文化，特に教室文化の特徴を考えると，子どもたちは自分の担任教師は慎重な取り組みや粘り強く従事することを重視していると見やすいので，熟慮型モデルに対してより好意的な評価をするのではと予測した。たしかに，成績と賢さではこの予測に沿った明確な違いがあったが，好きなタイプかどうかの評価では2モデルの間には違いがなかった。このように，教師は対照的な両方の子どもに対して，対人的な好みに関しては差別的な評価をしていないと子どもたちは見ている。

3.2 性差の分析

双方のモデルに対する12項目の特徴の評価について男女の差の検定(t-検定)を行った。まず，衝動型モデルについて見ると，半数を超える7項目で性差が有意であった(図4-24)。答え方の類似度，速さ，速さの自己との比較，賢さ，賢さ(担任の推定)，成績において女子の方が有意に高く評価していて，好みのタイプについてのみ男子の方が有意に高かった。一方，熟慮型モデルについては2項目でのみ性差が有意であった(図4-25)。答え方の類似度と答える速さについて女子の方が高く評価していたが，これは衝動型モデルに対する評価と同じ結果になっている。

つまり，熟慮型と衝動型のいずれのモデルに対しても女子の方が肯定的な認知をしていた。たとえば，自己の取り組みとの類似性に関する評価でいずれのタイプのモデルに対しても男子よりも高かった。また，答える速さも2モデルとも男子よりも速いと評価していた。今回の実験で使用したビデオのモデルは男子であり，研究対象児が小学校高学年であったので，男子の方が

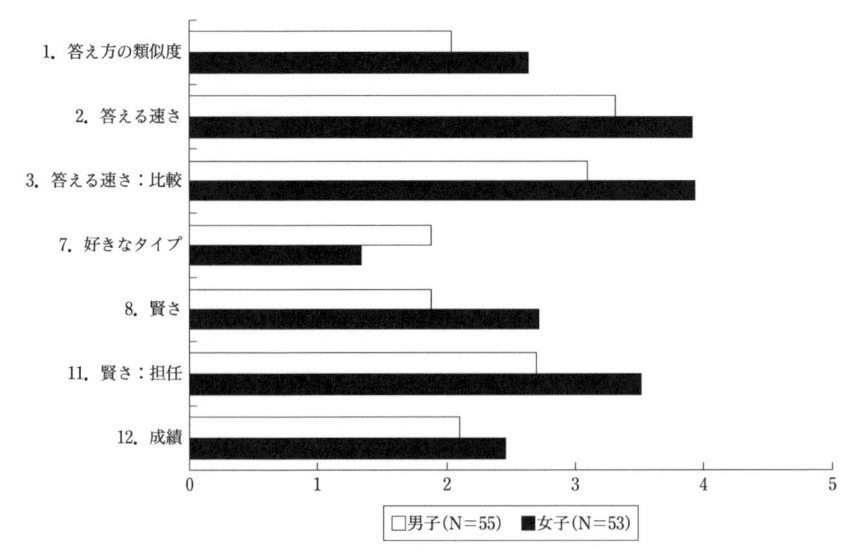

第5節　小学生の熟慮型モデルと衝動型モデルの行動評価(研究10)

図4-24　衝動型モデルに対する評価者の性差：有意差のあった項目

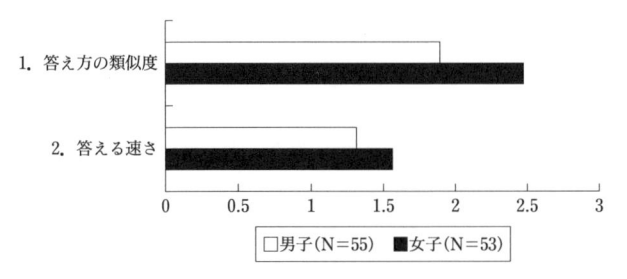

（項目：1. 答え方の類似度、2. 答える速さ、3. 答える速さ：比較、7. 好きなタイプ、8. 賢さ、11. 賢さ：担任、12. 成績／□男子(N=55)　■女子(N=53)）

図4-25　熟慮型モデルに対する評価者の性差：有意差のあった項目

（項目：1. 答え方の類似度、2. 答える速さ／□男子(N=55)　■女子(N=53)）

自己と同性であるモデルに対して全体的に肯定的な見方をし，また自己との類似度を高く認知するのではないかと想像していたが，現実にはその逆であった。

ここでは，さらにもう一つの側面についての性差を検討してみた。男子と女子のそれぞれについて，熟慮型モデル(R-M)と衝動型モデル(I-M)に対する12項目の個人内評価の差に関する検定を行った。男子のサンプルでは，7項目(10％レベルにすると8項目)が有意であったが，女子では9項目

(10％レベルでは11項目)が有意であった。男女とも共通して有意であったのは,項目2の反応の速さ(t＝10.69**, df＝51；t＝12.38**, df＝52, t-値と自由度は男子と女子の順で,以下も同じ：I-M＞R-M),項目3における反応速度の自己との比較(t＝8.65**, df＝53；t＝10.69**, df＝52：I-M＞R-M),項目4における実際の誤数の推測(t＝12.19**, df＝44；t＝11.76**, df＝50：I-M＞R-M),項目5の誤数の多さ(t＝10.84**, df＝53；t＝14.65**, df＝51：I-M＞R-M),項目8の賢さ(t＝6.01**, df＝53；t＝4.61**, df＝52：R-M＞I-M),項目12の成績(t＝4.19**, df＝53；t＝5.34**, df＝51：R-M＞I-M)の6項目であり,男女ともに共通して衝動型モデルの方が反応が速く,誤数が多いが,賢さと成績では熟慮型モデルの方を高く評価していた。加えて,女子は項目6のがんばり,項目7の好み,担任教師のがんばりの評価(項目9)の3つにおいても熟慮型モデルの方を有意に高く評価していた。

また,全体を通して女子は男子よりも2つのモデルの行動やそれから推測される属性について,より識別して認知していることがわかった。

3.3 子どもの認知スタイルの比較

熟慮型と衝動型の間で,それぞれのスタイルに対応するモデルのさまざまな行動特徴や属性の評価に関する差の検定を行った。衝動型モデルに対しては4項目(10％レベルでは5項目),熟慮型モデルでは2項目(10％レベルでは3項目)で認知スタイル間で有意差があった。まず,衝動型モデルに対する評価について見てみよう(図4-26)。熟慮型の子どもは衝動型に比べると,このモデルに関しては,答える速さがより速く,かつ自分自身との比較においても自分よりも反応が速いと見ている。また,モデルの誤数の推定では熟慮型が平均(SD)で10.50(2.08)に対して衝動型では13.59(4.60)と3個も多く見ている。ところが,間違いの回数が多かったかどうかの評価では,逆に熟慮型では5.34(0.72)と6段階の天井効果に近いレベルになっているのに対して,衝動型では4.90(0.87)と平均値で1.44もの違いがあり,熟慮型の子どもほど極端に多いとは認知していないのが興味深いところである。また,担任

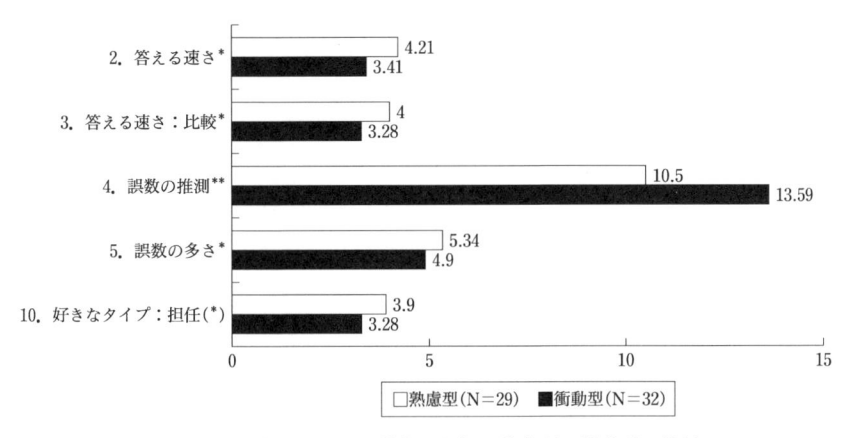

第5節　小学生の熟慮型モデルと衝動型モデルの行動評価(研究10)　213

図4-26　衝動型モデルの特徴の評価：熟慮型と衝動型の比較

注) ＊：p＜.05；＊＊：p＜.01；(＊)：.1＜p＜.05

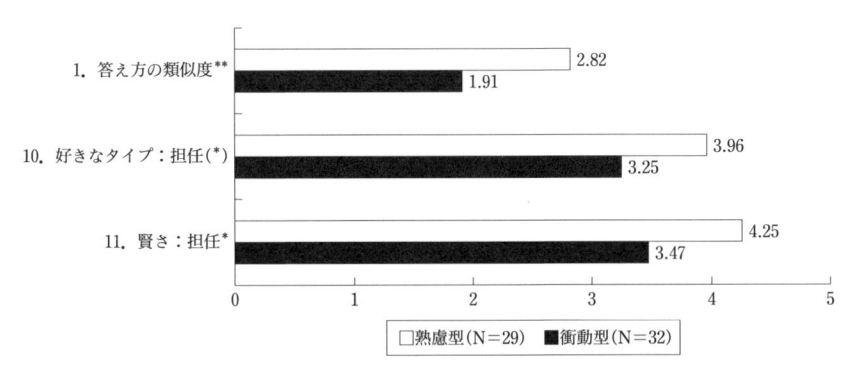

図4-27　熟慮型モデルの特徴の評価：熟慮型と衝動型の比較

注) ＊：p＜.05；＊＊：p＜.01；(＊)：.1＜p＜.05

の先生の好みでは熟慮型の子どもの方が好意度が高い(非好意度が低い) (3.90対3.28(3：あまり好きでないタイプ，4：少し好きなタイプ))。

　これに対して，熟慮型モデルに対する認知では，答え方の類似度，好みと賢さの担任教師の推測に関する3項目で熟慮型は衝動型の子どもよりも有意に高かった(図4-27)。つまり，熟慮型は自分と同じタイプのモデルを衝動型の子どもよりも相対的に類似性を高く評価していて，各認知スタイルの自

214　第4章　動機づけと文化の影響

己認知の違いを反映した結果となっている。

　次に，衝動型と熟慮型の子どもを抽出して，それぞれの群内で2つのモデルに対する評価の差の検定を行った。まず，衝動型のグループ内で有意差のあった2つのモデルに関する項目のペアは7組であった(10%以下のレベルでは8組)のに対して，熟慮型のグループ内では9組(10%以下のレベルも含めると11組)であり，熟慮型の子どもたちの方が2つのモデルの間の違いをより強く感じていた。ところで，衝動型で有意差のあった7つのペアについては，熟慮型においても同様に有意差があり，答え方の類似度の1項目を除くと平均値の違いの方向においても同一であった。たとえば，項目2の速さ(衝動型モデル(I-M)＞熟慮型モデル(R-M))，項目3の速さに関する自分との比較(I-M＞R-M)，項目4の実際の誤数(I-M＞R-M)，項目5の誤数の評価(I-M＞R-M)，項目8の賢さ(R-M＞I-M)，項目11の賢さ：担任の推測(R-M＞I-M)，項目12の学業成績(R-M＞I-M)であった。熟慮型の子どもも衝動型の子どもも客観的な行動である反応の速さと誤数に関しては共通した見方をしているばかりでなく，それとは直接関連性のない賢さや学校の成績においても熟慮型モデルの方をより高く評価していた。こうした認知スタイルの違いを超えた共通性がある中で例外の1項目は答え方の類似度であった。すでに図4-27で触れたように，熟慮型モデルに対しては同じタイプの子どもの方が類似性を高く認知していたが，今回の各認知スタイル内の比較においては，衝動型では有意差はなかったが，いずれの認知スタイルの子どもも自分と同じスタイルのモデルに対して類似度をより高く評価してい

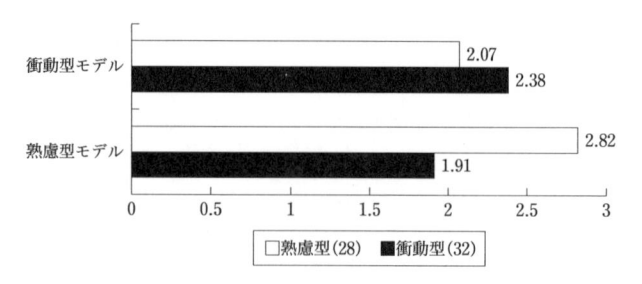

衝動型モデル　2.07／2.38
熟慮型モデル　2.82／1.91

□熟慮型(28)　■衝動型(32)

図4-28　モデルの答え方と自分との類似度の評価

た(図4-28)。

4. 考　察

4.1　ビデオ・モデルの演示の妥当性

　今回の実験では，熟慮型モデルと衝動型モデルは一卵性双生児として紹介したが，実際には同一の子どもであった。しかし，そのことに気づいたそぶりを示すか，そのことを指摘する言葉を発した子どもは誰もいなかった。実験を実施してみて，2人が同一人物であることを疑う子どもはいない印象であった。このことは，今回の実験の手続きが妥当な形で進められたことを示すものである。

　また，この2人のモデルを観察した子どもたちは，明確に両モデル間の反応時間と誤数の違いを識別しており，今回のモデルの演じた行動については熟慮型と衝動型のモデルとして妥当であったと考えてよいだろう。

4.2　2つの認知スタイルのモデルから日常的な行動や
　　　学業関連コンピテンスの推測

　2人のモデルの行動を観察して，反応の速さ，誤数やがんばりの程度といったテスト状況と比較的関連が高い特徴の推測に加えて，このテスト状況における行動とは直接関係しない属性，たとえば好きなタイプ，賢さ，学業成績について，自分自身と担任教師の2つの異なる視点から評価を求めた。結果として，好きなタイプ，賢さ，成績のいずれの特性においても熟慮型モデルを衝動型モデルよりも高く評価していた。このことから，認知的社会化のプロセスにおいて，小学校の高学年では慎重で注意深い課題への取り組み方を，より有能で，学業の達成に対して促進的に働く特徴であるととらえているようである。さらに，担任の先生も同様に考えていると認知している。この結果は，仮想的なモデルに対する評価を検討した研究8を支えるものとなっている。つまり，努力志向性，頭の良さ，対人的な魅力のいずれにおいても熟慮型モデルを衝動型モデルよりも肯定的に見ていた。このことは，担

任教師の視点からの評価においても全く変わらなかった。

4.3 性 差

今回の調査では性差については2つのことがわかった。一つは，全体的に特に衝動型モデルに対して男子よりも女子の方が肯定的な見方をしていることである。また，2人のモデルのいずれに対しても，男子よりも女子の方が反応のしかたで自分自身との間の類似性を高く評価していたことである。このことは，一般に女子の方が共感性が高く，相手の行動に自分を近づけ，共感的に見やすいことの表れかもしれない。

もう一つは，2人のモデルの特徴の違いを女子の方がより識別していたことである。実際に，男子に比べて女子の方がモデル間で有意差を示す項目の数が多かったことから，モデルの行動や推測される心理的な属性について女子の方がより敏感に識別しているといえよう。この種の課題を別の視点から見ると，対人認知課題ということもできよう。そうなると，女性の方が他者のパーソナリティや行動特徴の違いに気づきやすいといえる。

いずれにしても，性差はこの研究に関してはかなり重要な変数であることは確かなので，性差を考慮した研究計画を立てる必要がある。

4.4 子どもの認知スタイルとの関連性

今回の実験とほぼ同じ時期に行ったMFFテストの結果に基づく熟慮型と衝動型の2タイプのモデルに対する認知について調べた。衝動型モデルに対しては，同じタイプの衝動型の子どもは熟慮型の子どもよりも誤数の推定数では約3個も多かったが，誤数が多かったかどうかの評価では逆に低かった。このことは，1個の誤数に対する心理的な重みづけ，ないしは順応水準が認知スタイルにより異なっている可能性を示すものである。換言すると，衝動型の子どもでは誤反応に対してより寛大である。

一つの興味深い問題は，2人の対照的なタイプのモデルの行動を見て，自分自身と似ているかどうかの判断である。一般的な傾向性としては，衝動型モデルに対しては衝動型の子どもの方が(有意差はなかったが)，熟慮型モデ

ルに対しては熟慮型の子どもの方が相対的により類似していると認知していた。そして，熟慮型では各自の中で2つのモデルを比較すると自分と同じタイプの熟慮型モデルをより好意的に評価していた。たとえば，賢さ，賢さ（担任教師），成績の評価において衝動型モデルを有意に上回っていた。衝動型においては，自分と同じタイプのモデルに対して相対的に類似性を高く認知していたが，個人内で比較すると，賢さや成績については熟慮型モデルの方を有意に高く評価していた。つまり，熟慮型か衝動型かを問わず，熟慮型モデルのようにふるまうことが学業面での適応に対して促進的に働くという信念を持っていることがわかった。そうなると，衝動型の子どもでは自分の課題解決行動について肯定的に認知することが少なくなり，結果的に自尊心や自己効力感の低下につながる可能性があるかもしれない。

第6節　熟慮型モデルと衝動型モデルの行動評価：
大学生と小学生の比較(研究11)

1. 問　題

　本章の第5節の研究10では，小学校5年生にMFFテストで熟慮型と衝動型のそれぞれの典型的な行動をする同じ学年の男子の2人のモデルのビデオを視聴させて，さまざまな行動特徴や属性について調べた。その結果，それぞれのモデルの行った客観的な行動の側面(初発反応時間の長さと誤数)については明確に識別されていた。それとともに，MFFテストの反応時間と誤数の2つの測度の多少からは直接推測できない心理的な属性についても異なる認知をしていることがわかった。また，このような2人のモデルに対する評価の違いは自分たちの担任教師の視点から行った評価ともよく類似していた。実際に小学校の教師たちがはたして子どもたちと同じような認知をしているかどうかは興味深いところであるが，日本の教師たちも子どもたちと同様に熟慮的な行動をより望ましいものとして考えやすい(宮川，2000；臼井，2001)。しかし，このことを確かめるような教師を対象にした研究は見いだすことができない。

　そこで，ここではその一つのステップとして，将来教師を目指す人が多い教員養成大学の学生を対象にして小学生で得られた結果が追証できるかどうか，また小学生と比較してどのような共通性や違いがあるのかを検討することを目的として次の実験を行った。

2. 方　法

2.1 研究対象

　北海道内の教員養成大学で著者の授業(発達と学習)を受講している大学生194名(男71，女123)を対象にして以下の研究を行った。なお，この対象者

の大半が1年生である。調査の時期は1990年と1994年の2度，いずれも授業中に一斉に行った。

また，小学生のサンプルは研究10の5年生のデータであり，108名(男子55，女子53)である。

2.2 手　続　き

小学生の場合と同様に，5年生の一卵性双生児である2人の男子が行った「絵探しゲーム」のビデオということをあらかじめ説明し，最初に「衝動型モデル」の子どものMFFテスト遂行のビデオテープを視聴する。その直後に質問紙の前半のこのモデルに対する12項目の質問に回答してもらう。その記入を終了した時点で，次に「熟慮型モデル」のビデオテープを前と同じように視聴し，質問紙の後半部分のこのモデルに関する質問の12項目(衝動型モデルの質問と同一)に答えてもらった(資料4)。

2.3 質　問　紙

前回の小学生で使用したものと基本的に同じであるが，大学生の質問紙では次の3点について異なっている。第1は，小学生版の「この男の子の答え方は，あなたと比べると，速いですか，遅いですか」の質問項目を削除したことである。第2は，「この男の子はクラスの友だちから，どれくらい好かれているでしょうか」の質問を加えたことである。そして，第3は2つのモデルについての質問に答えた後で，「最初の子ども」(衝動型モデル)と「2番目の子ども」(熟慮型モデル)を比べて，次の10の質問に対してより当てはまるのはどちらのモデルかについて二者択一的な選択をしてもらったことである。これにより2つのモデルに対する認知の違いをより明確にしようとした。

これらの項目の内容は次の通りである。
①答え方が速かったのは：(最初の子ども　　2番目の子ども)
　(以下，「最初の子ども」「2番目の子ども」の選択肢は省略)
②たくさんまちがえたのは，

③たくさんがんばったのは，
④あなたが好きなタイプは，
⑤あなたが賢いと思うのは，
⑥担任の先生が好きなタイプは，
⑦クラスの仲間から好まれるタイプは，
⑧現在の学校の成績がよいのは，
⑨将来(高卒以降)伸びるのは，
⑩あなたの実際の取り組みに近いのは，

3．結　果

3.1　2人のモデルの比較：大学生

　12項目のすべてについて，2人のモデルに対する評価において有意差があった(図4-29，4-30)。答える速さ(項目2)と誤数の多さの評価(項目4)では衝動型モデル，答え方の類似度(項目1)，がんばり(項目5)，好きなタイプ(項目6)，賢さ(項目7)，がんばり：担任(項目8)，好きなタイプ：担任(項目9)，賢さ：担任(項目10)，成績(項目11)の7項目では熟慮型モデル

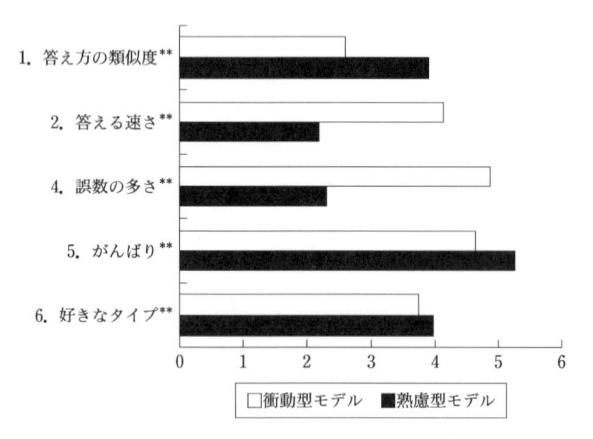

図4-29　大学生の2つのモデルに対する評定結果：その1

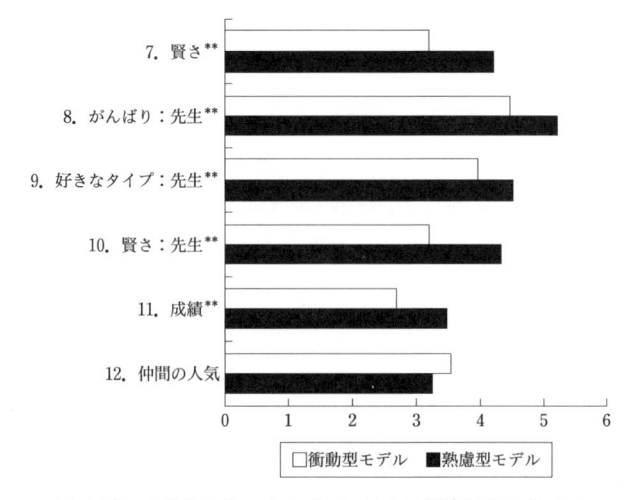

第6節　熟慮型モデルと衝動型モデルの行動評価：大学生と小学生の比較(研究11)　221

図4-30　大学生の2つのモデルに対する評定結果：その2

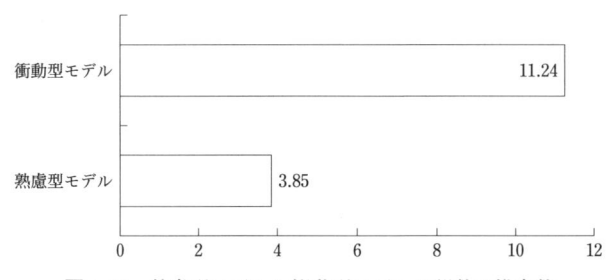

図4-31　熟慮型モデルと衝動型モデルの誤数の推定数

が有意に高く評価されていた。だが，仲間の人気(項目12)では逆に衝動型モデルの方が評価が有意に高かった。また，各モデルの誤数の推測(項目3)では衝動型モデル11.24個に対して熟慮型モデルでは3.85個で約3倍になっている(図4-31)。実際の誤数ではそれぞれ10個と3個であるので，衝動型モデルでは1.24個，熟慮型モデルでは0.85個の過大評価をしているが，その傾向は小学生のサンプルと同じく約3倍であった(小学生ではそれぞれ11.69個と4.15個)。

また，大学生の調査に限っては2人のモデルに対する認知の違いをより明

222　第4章　動機づけと文化の影響

項目	値
1. 速さ	96.4
2. 間違い	100
3. がんばり	23.6
4. 好きなタイプ	44.8
5. 賢さ	9.9
6. 担任の好み	34.4
7. 仲間の人気	73.6
8. 成績	13
9. 将来の伸び	48.2
10. 取り組みの類似	26.9

□衝動型モデル　■熟慮型モデル

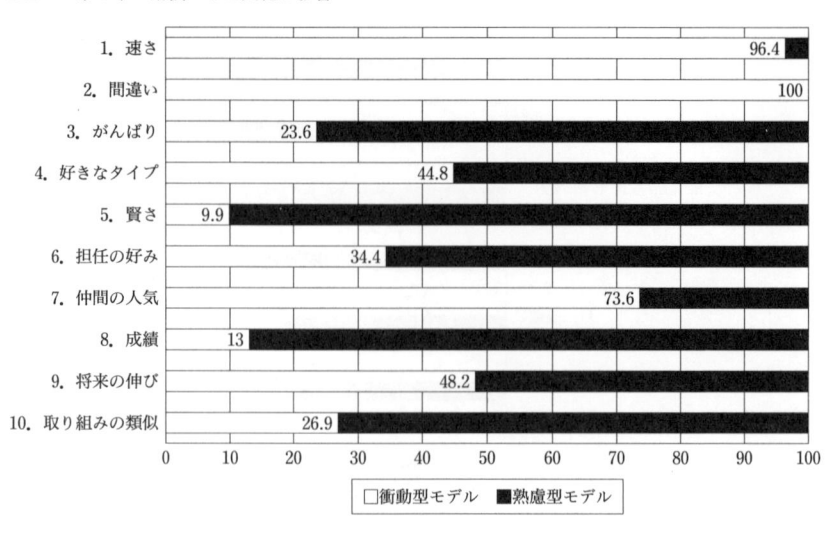

図 4-32　10の心理的な属性帰属：2モデルの比較

確にするために次のような10の心理的な属性について，「より当てはまるのはどちらか」について2人のモデルのいずれかの選択を求めた(図4-32)。この結果を簡単に説明すると，まず速さではほとんど全員(96.47%)が，またまちがいの多さでは全員が衝動型モデルを選択した。それに対して，がんばり，賢さ，担任の好み，成績，取り組みの類似においては，熟慮型モデルを選んだ者が多かった。興味深いのは，好きなタイプと将来の伸びのいずれもわずかに熟慮型モデルの方が多かったが，両方のモデルの被選択率は拮抗していた。現在の成績の推測では圧倒的に熟慮型モデルと考えている(87.0%)が，将来の伸びとなると衝動型モデルを選ぶ者が半数近くになっている(48.2%)。また，仲間からの人気では衝動型モデルが7割を超える選択を受けていたが，個人レベルでの好みでもほぼ半数近くになっている。また，小学生の場合には全体として熟慮モデルの方を肯定的に評価しやすかったが，「クラスの仲間から好まれるタイプ(仲間の人気)」では衝動型モデルの選択が多かった。このように大学生の2人のモデルに対する見方では，熟慮型モデルを総じて肯定的に評価するということはなかった。

3.2 性差：大学生

2人のモデルに対する評価では男性と女性では異なるのだろうか。小学生の結果では女子の方が衝動型のモデルに対して肯定的な見方をしていたが、大学生においてははたして同様な結果が得られるかどうかを検討した(表4-19)。

まず、衝動型のモデルについて見ると、12の心理的な属性の中の半数の6項目で有意差が認められた。答える速さ、賢さ(自分自身と教師の視点)、成

表4-19 12の心理的な属性に対する評価：男女の比較(大学生)

項　目	モデルのタイプ	男 平均(SD) N=114	女 平均(SD) N=172	自由度	F-値
1. 答え方の類似度	衝動型モデル	2.42(1.28)	2.58(1.18)	1	2.24
	熟慮型モデル	2.92(1.60)	3.62(1.58)	1	9.40**
2. 答える速さ	衝動型モデル	3.66(1.25)	4.17(1.06)	1	12.15**
	熟慮型モデル	1.76(0.82)	2.09(0.83)	1	7.02**
3. 誤数の推測	衝動型モデル	11.52(3.13)	11.66(3.84)	1	0.04
	熟慮型モデル	4.22(2.54)	3.98(1.59)	1	1.41
4. 誤数の多さ	衝動型モデル	5.02(0.77)	4.82(0.85)	1	4.01*
	熟慮型モデル	2.54(1.28)	2.28(0.89)	1	4.58*
5. がんばり	衝動型モデル	4.38(1.30)	4.47(1.10)	1	0.00
	熟慮型モデル	4.78(1.20)	5.13(0.90)	1	4.67*
6. 好きなタイプ	衝動型モデル	3.12(1.60)	2.96(1.44)	1	9.63**
	熟慮型モデル	3.03(1.47)	3.49(1.53)	1	0.67
7. 賢さ	衝動型モデル	2.56(1.10)	3.11(0.90)	1	23.04**
	熟慮型モデル	3.67(1.36)	4.13(0.97)	1	7.70**
8. がんばり：先生	衝動型モデル	4.47(1.25)	4.36(1.10)	1	1.03
	熟慮型モデル	4.81(1.32)	5.12(0.90)	1	3.18(*)
9. 好きなタイプ：先生	衝動型モデル	3.87(1.33)	3.81(1.14)	1	0.88
	熟慮型モデル	3.95(1.41)	4.39(1.05)	1	5.24*
10. 賢さ：先生	衝動型モデル	2.90(1.05)	3.34(0.81)	1	21.30**
	熟慮型モデル	3.89(1.33)	4.27(0.92)	1	6.60*
11. 成績	衝動型モデル	2.33(0.84)	2.67(0.65)	1	12.34**
	熟慮型モデル	3.15(0.99)	3.41(0.74)	1	4.64*
12. 仲間の人気	衝動型モデル	3.52(1.03)	3.57(0.85)	1	0.22
	熟慮型モデル	2.95(0.88)	3.44(0.76)	1	22.53**

績では女性の方が高く評価し，誤数の多さでは女性の方が逆に少ないと評価していた。興味深いことに，これらの特徴については小学生の男女の間でも同じ方向で有意な性差があった。また，好きなタイプの程度では反対に男性の方が有意に高く評価していたが，この結果も小学生と同じであった。

　また，熟慮型モデルについては8項目(10%レベルを含めると9項目)で有意差があった。答え方の自分との類似度，答える速さ，がんばり，賢さ(自分と教師の視点)，好きなタイプ(教師)，成績，がんばり(教師，$p<.10$)，仲間からの人気では，すべて女性の評価の方が高かった。そして，衝動型モデルの評価と同様に誤数の多さについては女性の方が低く評価していた。小学生では答え方の類似度と答える速さの2つの属性だけで女子＞男子であったのに比べると，大学生では性差が非常に目立っていた。

　要約すると，大学生においても小学生の性差が再現され，やはり女性の方が特に衝動型モデルに対してより寛大な見方をしていた。また，小学生のサンプルの結果とやや異なる点は，熟慮型モデルに対しても女性の方が全体的に肯定的な見方をしていることである。つまり，大学生の女性ではモデルのタイプを問わず全般的に受容的な対人認知をしていたことである。

3.3　小学生と大学生の比較

　小学校と大学の学校種別と性別を独立変数として，2人のモデルで双方に共通の11項目に関する評価得点を従属変数とする分散分析を行った。

(1)衝動型モデル

　学校種別の要因に関しては，誤数の多さと賢さ(先生の視点)の2つは有意な主効果がなかったが，そのほかの心理的な属性に関する項目については有意，あるいはそれに近い主効果が見られた(図4-33，4-34)。つまり，答え方の類似度($F(1, 300)=3.66(*)$)とがんばり：担任($F(1, 300)=3.63(*)$)の2項目が10%レベルで有意であり，それ以外の7項目はすべて5%以下の水準で有意であった。答え方の類似度，答える速さ，がんばり，好きなタイプ(好意度)，賢さ，好きなタイプ(好意度：先生)，成績のすべてにおいて大学生の方が小学生よりも有意に高く評価していた。

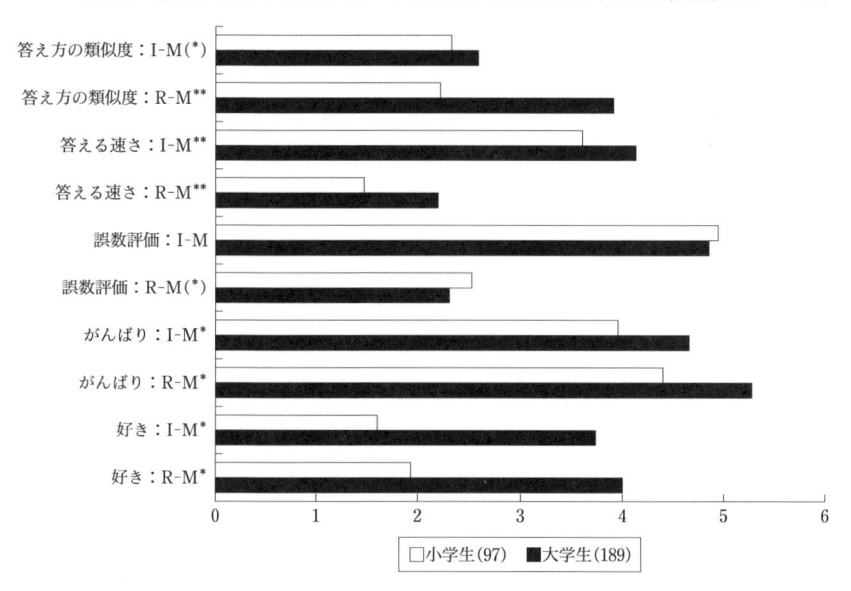

第6節 熟慮型モデルと衝動型モデルの行動評価：大学生と小学生の比較（研究11） 225

図4-33 衝動型と熟慮型モデルに対する小学生と大学生の評価（その1）
注）I-M（衝動型モデル），R-M（熟慮型モデル）

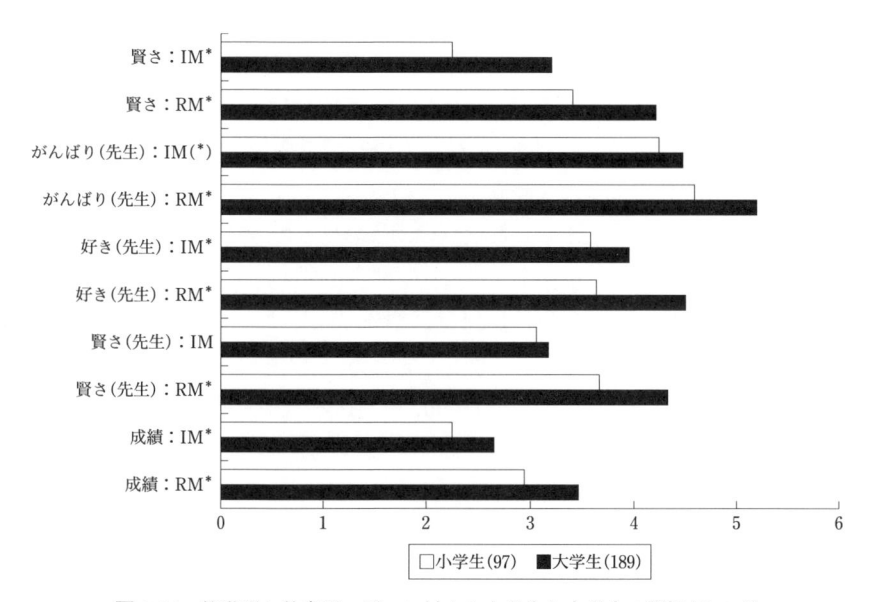

図4-34 衝動型と熟慮型モデルに対する小学生と大学生の評価（その2）

小学生と大学生にサンプルを込みにした全員を対象にした性別の主効果では，答える速さ(男：M＝3.64(1.25)対女：M＝4.17(1.06)，F(1，300)＝12.55**)，好きなタイプ(男：M＝3.03(1.60)対女：M＝2.95(1.44)，F(1，300)＝9.46**)，賢さ(男：M＝2.55(1.10)対女：M＝3.12(0.90)，F(1，300)＝22.92**)，賢さ(先生)(男：M＝2.91(1.05)対女：M＝3.34(0.81)，F(1，300)＝19.69**)，成績(男：M＝2.34(0.84)対女：M＝2.68(0.65)，F(1，300)＝11.89**)の5項目で有意であった。差の方向では，好きなタイプを除いたほかは，すべて女性の方が評価の得点が高かった。

(2)熟慮型モデル

学校種別の主効果では11項目のすべてが有意あるいは，それに近かった。つまり，誤数の評価(小学生＞大学生，p＜.10)以外の10の属性ではすべて大学生の方が小学生よりもプラスにとらえていた。

また，図には掲げていないが，誤数の推測数でも大学生の方が有意に低く見積もっていた(小：M＝2.62(1.37) vs. 大：M＝2.31(0.86)，F(1，300)＝4.96*)。このように，誤数の推測と誤数の評価の2項目では小学生の方が高くなっており，これ以外の項目を含めて全体的に大学生の方が肯定的な認知をしている点が注目される。たとえば，小学生と大学生の間で極端に評価が異なるのが好きなタイプであり，小学生では6段階の2弱(1.95)が平均であるが，大学生ではその2倍(3.99)になっている。つまり，大学生の方がモデルのタイプを問わず寛大な評価をしている。

すべてのサンプルを込みにした性別の効果を見ると，好きなタイプでは有意な主効果がなかった。また，がんばり(先生)では10％レベル(F(1，300)＝3.58(*)，女性＞男性)で有意であったが，ほかの9項目ではすべて5％レベルで有意であった。つまり，答え方の類似度(男：M＝2.89(1.62)対女：M＝3.62(1.57)，F(1，300)＝90.99**)，答える速さ(男：M＝1.75(0.82)対女：M＝2.08(0.83)，F(1，300)＝58.73**)，がんばり(男：M＝4.70(1.20)対女：M＝5.16(0.90)，F(1，300)＝52.90**)，賢さ(男：M＝3.65(1.36)対女：M＝4.14(0.97)，F(1，300)＝35.62**)，好きなタイプ(先生)(男：M＝3.97(1.41)対女：M＝4.39(1.05)，F(1，300)＝34.01**)，賢さ(先

生)(男：M＝3.87(1.33)対女：M＝4.27(0.92)，F(1, 300)＝26.36**)，成績(男：M＝3.12(1.00)対女：M＝3.42(0.74)，F(1, 300)＝26.63**)の7項目のすべてにおいて女性の方が高く評価し，推測誤数(男：M＝4.97(4.91)対女：M＝4.01(1.59)，F(1, 300)＝16.40**)と誤数の多さ(男：M＝2.62(1.28)対女：M＝2.28(0.89)，F(1, 300)＝4.96*)の評価では逆に女性の方が有意に低かった。小学生も大学生も概して女性の方が熟慮型モデルに対しても，好意的な見方をしていることがわかる。また，衝動型モデルに比べると有意な性差の項目数が5から9へと2倍近くになっていて，子どもの行動からさまざまな心理的な属性を帰属する際に熟慮型モデルの方が性別による違いが大きくなりやすい。つまり，大学生は熟慮型モデルに対して自分の取り組み方との類似性を小学生よりも高いと認知し，がんばりや賢さ，成績などのすべてにおいて小学生よりも肯定的な評価をしている。このことから，認知的社会化のプロセスとして熟慮的な取り組み方に対して，より好ましいという見方が小学生よりも大学生の方が強いことがわかる。

また，全体を通して見ると，概して女性の方が熟慮型モデルに対して肯定的な傾向がある。

4．考　察

4.1　ビデオモデルの演示の妥当性

小学生の対象者と同様に，大学生においても小学生の男児モデルの熟慮型と衝動型の演じ方については妥当性が認められた。つまり，二者択一の質問では誤数の多さについては全員が，また速さでは96.4％が衝動型モデルを選択しており，またそれぞれのモデルの個別的な12項目の評価でもそれを裏づけている。さらに，誤数の推測では衝動型モデルと熟慮型モデルでそれぞれ11.24個と3.85個としており，実際の誤数の10個と3個よりもわずかに過大に見積もっているが，比率的な対応関係ではほとんど同型となっており，大学生のサンプルにおいてもこのビデオの2つのモデルは対照的な行動を演じ分けていることが確認された。

4.2 小学生との比較

まず第1に，2人のモデルに対する小学生と共通する11項目についての個人内比較では，小学生が8項目(誤数の推測を含め)に対して大学生では11のすべての項目について衝動型と熟慮型のモデルの間で有意差があった。詳しく見ると，小学生では，取り組みの類似度と先生の視点からの好きなタイプの2項目では有意差がなく，先生の視点からのがんばりでも10％以下のレベルで有意であったに過ぎなかったが，大学生では11項目のすべてで1％レベルで有意であった。このことより，小学生も大学生もこの両モデルの行動の違いやそれから推測される行動については明白に識別して認知していたことは確かであるが，両モデルの特徴の違いを小学生よりも大学生の方がより明確に認知していた。

第2に，2人のモデルに対する基本的な帰属のしかたでは小学生と大学生に違いはないことである。がんばり，好きなタイプ，賢さ，先生の視点からの好きなタイプと賢さの推定，学校の成績のすべてにおいて，熟慮型モデルの方を高く評価している。換言すると概して熟慮型のモデルに対してより好ましい特徴を帰属させている。

第3に，それぞれのモデルに対する小学生と大学生の評価を比較すると，モデルのタイプを問わず一般に大学生の方が好意的に見ている。たとえば，反応の速さ，がんばり，好きなタイプ，賢さ，好きなタイプ(先生)，成績ではすべて大学生の評価得点の方が有意に高くなっている。また，先生の視点からのがんばりと賢さの2項目では熟慮型モデルではやはり大学生の方が有意に高い。さらに，答え方の類似度についても衝動型モデル(10％以下のレベルで有意)と熟慮型モデルの双方で小学生よりも高く評価している。

このように大学生の方が小学生よりも双方のモデルに対して好意的な評価をし，またいずれのモデルに対しても自己との心理的な近さを認知しやすいのはなぜだろうか。一つの解釈として，小学生のサンプルでは自分たちと同じ5年生の子どもとして紹介されたので，各自は身近なモデルとして親近感とともにライバル視しやすかったのかもしれない。あるいは，身近さゆえに自分たちの特徴との違いにより敏感に反応して，結果的にさまざまな行動や

性格特徴の社会的な望ましさを過小評価するような対比効果が働きやすかったのかもしれない。その一方で，大学生のサンプルは教員養成大学の学生であり，日頃から子どもに対して肯定的な見方をすべきという価値観を共有するような暗黙のカリキュラムの影響にさらされていることが全体的に寛大に子どもを見るようにさせているのかもしれない。たとえば，10項目の二者択一の質問では，好きなタイプと将来の伸びについては大学生では2人のモデルの評価ではほぼ二分されていたし，仲間からの人気では圧倒的に衝動型モデルの方が強かった。このことに関連して，熟慮型と衝動型の対人的なイメージに関する研究を紹介する。臼井(1996)は小学生(5年生)の1学級全員(36名)の上半身の写真を大学生15名に典型的な熟慮型と衝動型の行動に即して分類してもらい，分類の一致度の高いそれぞれの認知スタイルの子ども(熟慮型と衝動型で男女それぞれ2名ずつの計8名)の写真を選択した。次に，別の約100名の大学生を対象にして，熟慮型と衝動型の特徴を持つ子どもの写真を1枚ずつスライドで提示して，それぞれの子どもの行動特徴を推測してもらった。それによると，明るさや仲間からの人気では「衝動型」タイプの方が高かった。

　また，本研究に戻ると，大学生はいずれのモデルに対しても小学生よりも自分との類似度を高く見積もっていることについては，認知的な分化や認知的な複雑性が増すことにより，一見対照的な行動パターンを示す2人のモデルに対しても，二分法的に自分に当てはまるか否かではなくて，状況によってはいずれのモデルも自分にある程度は当てはまるという認知が行われやすかったのかもしれない。

第 5 章　結論と今後の課題

第1節　本書の概要

　本書では，1960年代の半ばにKagan, J.が案出した認知スタイルの熟慮性・衝動性に焦点を当てて，この個人差の発現の心理的なメカニズムと柔軟性に関する実験的検討を行った。そして，その発達のプロセスについて日本の学校文化の影響を含めた認知的社会化の文脈からアプローチしたものである。具体的には次の4つの研究課題を設定して，それらに向けての取り組みとして第2章から第4章にわたり合計11の実験的研究を行った。

課題1：熟慮性・衝動性の認知スタイルの発達の様相の解明（第2章）
　これまでの内外の知見により熟慮性・衝動性の発達に関してはいくつかの点で明確な発達関数が認められてきた。たとえば，少なくとも小学校の中学年くらいまではMFFテストの誤数は年齢とはマイナスの相関関係，初発反応時間とはプラスの相関関係が示されている。また，小学校の入学にともない急速な熟慮化，すなわち初発反応時間の増加と同時に誤数の減少が認められている。しかし，こうした知見はすべて横断的なデータに基づくものであるので，縦断的なデータにより確認の必要があった。加えて，これらの横断的なデータは年齢サンプル間での等質性を十分に担保するものではなかった。そこで，本章ではこのサンプル選択の問題を改善した横断的なデータと縦断的なデータの双方からの検討を行った。特に，発達的な変化については，小学校の入学にともなう急激な熟慮化という知見があるので，幼稚園の2学年と小学校低学年の2学年の子どもを対象にした1年間の縦断的なデータの収集を行うことで，就学の影響に焦点を当てたデータの分析を行った。この課題1に即して，本研究から得られた知見の主要なものは以下の通りである。
　・小学校低学年と高学年の1年間のMFFテストにおける初発反応時間と誤数の安定性は双方ともかなり高く，また認知スタイルに関しても熟慮型と衝動型の2つのタイプに関しては十分な安定性を示した。しかし，速確型(Fast/Accurate)と遅誤型(Slow/Inaccurate)の2タイプに関してはきわめ

て低かったので，認知スタイルとして安定性を備えたという点では，熟慮型と衝動型の2タイプに限定すべきことが示唆された(研究1)。

・幼稚園の2年間(年少組から年長組)のMFFテストの初発反応時間(RT)と誤数の変化に比べると，年長組から小学校1年生にかけての変化が目立って大きかった。具体的にはRT(増加)と誤数(減少)のいずれにおいても有意な変化，つまり熟慮性の急激な増大が横断的なデータとともに縦断的なデータからも確認された。そして，MFFテストに子どもが取り組む時の行動の観察から，こうした発達的な変化と対応して，いくつかの点で年長組と小学校1年生の間で顕著な変化が見られた。たとえば，1年生は年長組の子どもとは異なり見本の図形(標準刺激)の注視回数がテストの後半になっても低下しなかった。また，注意の集中や維持において1年生は幼稚園の年長組の子どもよりもまさっていた。こうした認知的な努力の投入が熟慮性の発達を促す作用因となっていることが強く示唆された。さらに，3つの年齢集団ごとのRTと誤数の相関を算出すると，年長組と1年生ではともに有意なマイナスの相関であった。しかし，年少組ではマイナスであったが有意ではなかった。ただし，性差があり，男子では+.24 であったが，女子では−.32 であった。このことは，女子の方が熟慮性・衝動性の認知スタイルの確立が発達的に早い可能性を示すものである(研究2)。

課題2：熟慮性・衝動性の認知スタイルの発達と認知発達との相互影響性の検討(第2章)

この課題2の認知発達レベルと熟慮性・衝動性の認知スタイルとの相互影響性については，次の2つのサンプルに基づき検討した。一つは小学生のサンプルであり，もう一つは幼稚園児から小学校低学年の児童の学校種を超えたサンプルであり，双方のサンプルについて縦断的なデータ収集を行った。本研究から得られた主要な知見は以下の通りである。

・小学校2年生から3年生にかけてのMFFテストの測度と標準学力検査得点との交差時差パネル相関分析から，学力⇒熟慮性の増大(初発反応時間の増加，誤数の減少)への影響方向が有意であったが，その逆の影響方向は

有意ではなかった(研究1)。

・幼稚園の2年保育の年少組と年長組，そして小学校1年生を対象にした1年間の縦断的なデータから，幼稚園児では認知能力⇒熟慮性の増大への影響方向が支配的であることが見いだされた。しかし，小学校1年生から2年生にかけては，いずれかの優越的な影響方向性は見いだされなかった(研究3)。

・また，教師評定に基づく子どもの行動特徴とMFFテストのRTと誤数の相互の時差的な相関は，幼稚園と小学校ではかなり異なっていた。たとえば，幼稚園の年少組では熟慮的な傾向の強さが翌年の好ましい行動特徴の形成につながる一方で，それとは対照的に衝動的な傾向性から自発性といった好ましい行動特徴の増加が予測された。しかし，幼稚園の年長組から小学校1年生への時差的な相関からは，熟慮性が翌年の好ましい行動の増大につながっただけであった。また，年長組から1年生の間での初発反応時間の伸びが大きい子どもは，伸びが小さい子どもに比べて独立性，自発性，道徳性の行動評定において小学校教師からは高く評価されていた(研究3)。

このような幼稚園の2年間と幼稚園から小学校入学の2年間の時差的な相関の分析から，幼稚園期と小学校入学後では衝動性の日常行動に対する影響のしかたが変化していることがわかった。幼稚園と小学校の学校文化や教師の子ども観の違いが原因となっていることが示唆された。

課題3：熟慮性・衝動性の認知スタイルの柔軟性とメタ認知に関する検討(第3章)

熟慮性・衝動性の認知スタイルの時間的な安定性は比較的高いが，それと同時にそれぞれの認知スタイルは課題の性質や要請の変化に対応してある程度の反応の柔軟性もあるはずである。この反応の幅ないしは柔軟性を規定するメタ認知や自己制御能力において，認知スタイルの間で違いがあるかどうかについて実験的な検討を行った。この課題3に即した主要な知見について以下に示す。

・集団式タキストスコープ(瞬間露出機)によりMFFテストを学級単位で

実施した。その際に提示時間を1学級では熟慮型の平均的な反応時間に、もう1学級では衝動型の平均的な反応時間に設定して解答を求めた。正答数は、衝動型の短い提示時間の学級では2つの認知スタイルの間に違いがなかったが、双方のスタイルともに熟慮型の長い提示時間条件の学級の方が多かった。このことから、情報処理の速度では認知スタイルの違いがなく、また反応の柔軟性についても対等であることが示された(研究4)。

・すでに先行研究より、小学校中学年になるとMFFテストを含めて学業的課題においては多少のスピードを犠牲にしても正確に取り組むことが望ましいと信じていることがわかっている。そうなると、MFFテストに直面する時に、どのようなことが要求されているのか、それに応じて自分のどのような心理的な資源が必要なのか、そしてそれをどう配分したり、制御するのかといったメタ認知の働きが重要な役割を持つと考えられる。そこで、メタ認知の側面からのアプローチを試みた結果わかったことは、反応時間や誤数に対する自己評価の枠組みが熟慮型と衝動型では大きく異なっていることである。実際に熟慮型は衝動型の2倍以上の反応時間がかかる一方で、それとは全く対照的に誤数に関しては衝動型は熟慮型の2倍以上も多かったが、各自の反応時間と誤数の評価では両者の差は比較的小さかった。つまり、熟慮型では反応時間の長さに対して相対的に寛大な評価をするが、衝動型では誤数の多さに対してより寛大な評価をする傾向にあった。また、熟慮型ではもっとも難しいと考えた項目に対しては、特にそう感じなかった項目よりも有意に反応時間が長かったが、衝動型では反応時間の長さを項目の難易度にあわせて変化させることがなかった。言葉を換えると、熟慮型では課題の難易度にあわせて注意や認知的努力の配分を調整しているが、衝動型ではこのような自己制御的な行動が見られなかった。この点に関して見ると、メタ認知の発達に関しては熟慮型の子どもの方が衝動型の子どもよりも早いことを示している(研究5)。

・MFFテストの提示と反応時間をパソコンにより制御した「時間制限・強制反応パラダイム」に基づく実験を実施した。その結果、自己のペースで反応できるベースライン試行では誤数に関して熟慮型と衝動型の間に有意差

第 1 節　本書の概要　237

があったが，刺激の提示時間が短くなると 2 つのスタイルの間の差異は消失した。このことから双方のスタイルの間で基本的な情報処理能力には違いがないことが示唆された（研究 6）。

**課題 4：熟慮性・衝動性の発達に関する動機づけと
　　　　　文化の影響の検討（第 4 章）**

　本書においては，子どもの課題解決への構えに焦点を当てて，それに影響する社会，文化的な要因の解明に挑んだ。そこで，課題 4 に即した本書の主要な知見は以下の通りである。

　・小学生に鏡映描写課題をスピード強調と正確さ強調の 2 条件で実施したところ，両方の条件ともに熟慮型と衝動型の間には遂行において有意差はなかった。したがって，教示に沿った行動調整能力に関しては両群で対等であった。しかし，スピード強調条件での正確さの行動指標については熟慮型の方が有意に大きかったことから，「正確さ志向」という隠れた目標志向性が熟慮型の子どもの間で共有されていることがわかった（研究 7）。

　・仮想的な教室場面での学習における熟慮型と衝動型のモデルに対するパーソナリティ特徴の帰属についての質問紙調査を小学生に行った。その結果，熟慮型の子どもに対して好ましい特徴を帰属させる傾向があった（研究 8）。

　・動機づけの側面における失敗の影響について，実験的に連続的な成功または失敗経験を導入し，それぞれの影響について検討した。連続的な成功の後では認知的努力を節約した行動をとることが増すのとは対照的に連続的な失敗の後では反応時間が増大し，結果的に誤数も減少した。そして，この傾向性については熟慮型も衝動型も全く共通していた。この点からすると，反応の柔軟性は 2 つの認知スタイルの子どもが同様に示すことが確認された。しかし，いずれの場合にも反応時間では熟慮型＞衝動型，誤数では衝動型＞熟慮型であった。具体的に述べると，連続的成功によりその後の取り組みで熟慮型と衝動型の両方とも反応時間が減少し，その逆に連続的失敗により双方ともに反応時間を増加させる慎重な反応に変化するが，両者の反応時間と

誤数を比較するとほぼ平行移動であった。このようにある程度の柔軟性を持ちながらも，認知スタイルによる反応範囲に明らかな違いが見られた(研究9)。

・小学生に同学年の熟慮型と衝動型のモデルのMFFテストにおける遂行のビデオを見せて，パーソナリティ特徴や学力レベルなどの帰属を調べた。ここでも，熟慮型モデルが同年齢の子どもから相対的に好ましい評価を得る傾向があった(研究10)。また，同じビデオを大学生に見せたところ，子どもの結果と基本的に同じであったが，衝動型モデルに対しては小学生よりも寛大に見て，認知スタイルを優劣ではなく適性と見る傾向があった(研究11)。

第2節　本書の結論と意義

1. 結　論

　本書においては，幼児期から学童期にかけての熟慮性・衝動性の発達の様相を明らかにし，そこに働く心理的なメカニズムないしは影響要因の解明を目指した。幼児期の後期から学童期にかけての熟慮性の増大が1960年代から認められているが，日本の子どもについてはその発達傾向に特異性があり，早熟化傾向が指摘されている。しかし，発達データそのものが少なく，特に縦断的なデータとなるとさらに少ない。そこで，本書においては次の2つの点からこの問題にアプローチを試みた。一つは，異なる年齢集団相互の等質性を十分に確保したデータを得て，各年齢集団の間の代表値の変動から発達的な変化を推定する横断的な方法により，これまでの知見がどれほどの一般化可能性を有するかを検討することである。もう一つは，同じ研究の対象者を継続的に調査する縦断的な方法によってである。具体的には幼稚園と小学校の子どもを対象にして1年から最大では5年の時間間隔を置いて追跡調査を行った。

　熟慮性の発達で際だった特徴は，幼稚園から小学校1年生にかけての顕著な熟慮傾向の増大と誤数の著しい減少であるが，その現象を解明するためには親や教師が行う社会化のしかたに目を向けた研究が必要である。幼児期の後期から学童期を通じて，親や教師の発達期待や認知的な課題解決の構えや動機的な志向性が，どのような形で子どもに内面化され，子どものMFFテストへの遂行に影響を与えているのだろうか。言葉を換えると，熟慮性の発達に対する幼児期から学童期にかけての認知的社会化からのアプローチが重要である。本書においては，これらの目的について実験，観察，質問紙調査，教師評定など多様な側面からデータ集積を行ってきた。これらの結果についてはすでに記したので，その中から特に重要と考える本書の結論を以下の3点に絞って述べる。

240　第5章　結論と今後の課題

　第1は，MFFテストの2つの測度，つまり初発反応時間と誤数の発達的な変化についてのこれまでの知見を裏づけたことである。加えて，縦断的なデータから，幼稚園の年長組から小学校1年生にかけての安定性が極端に低下することを発見したことである。この知見は本書が初めてのものである。これまでもこの時期に初発反応時間の大きな増加と誤数の低下が認められていたが，年長組から1年生の間の同一年齢サンプル内の順位変動は，幼稚園の1年間と，小学校1年生と2年生の1年間よりもずいぶん大きかったのである。また，幼稚園と小学校の教師による行動評定と初発反応時間と誤数との交差時差相関分析を行った。具体的には，MFFテストの初発反応時間（RT）および誤数に対する子どもの行動特徴（教師評定）との時差的な相関を算出した。たとえば，幼稚園の年少時(5歳)のRTと1年後の年長時(6歳)の行動特徴（リーダーシップ）との偏相関（5歳時のこの行動特徴をコントロール）の数値とその逆の年少時のリーダーシップと年長時のRTの偏相関（年少時のRTをコントロール）の数値を，次の図5-1のような形でいわばたすき掛けの形で比較する。基本前提は時間的にずれのある2つの変数に相関関係があるならば，時間的に先行する変数が原因として後続の変数に影響するということである。

　幼稚園の年長時と小学校1年生の時の時差的な相関からは，衝動性の高さ（RTの短さと誤数の多さ）は翌年の小学校1年生の時の社会的コンピテンス（リーダーシップ，自発性，道徳性など）の低さと結びついていた（図2-26，

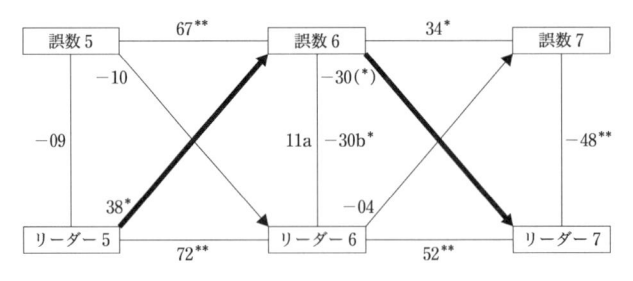

```
誤数5  ──67**──  誤数6  ──34*──  誤数7
  │       −10        │  −30(*)       │
 −09              11a  −30b*        −48**
  │        38*       │    −04        │
リーダー5 ──72**── リーダー6 ──52**── リーダー7
```

図5-1　初発反応時間・誤数とリーダーシップ（行動特徴）との交差時差的相関
　注）a：コホート1の相関，b：コホート2の相関

第2節　本書の結論と意義　241

27, 28参照)。別の言い方をすると，幼稚園年長時に熟慮的な取り組みをする子どもは，小学校入学後には社会性が高いと教師から評価される傾向にあった。また，同じ時点でのRT，誤数と行動特徴の相関では，年少組では両者にはほとんど関連はなかったが，年長になると衝動性は社会性の低さと相関する傾向が出て，さらに小学校になると衝動性と社会性の低さとの結びつきはさらに強くなった。しかしながら，年少時から年長時にかけての時差的な相関からは，自発性やリーダーシップのように，年少の時のこの行動特徴が翌年の衝動性と結びついたり，その逆に衝動性(RTの短さ)が自発性の高さにつながることも見られた。つまり，小学校では熟慮性が教室の中の有能な子どもの行動特徴と結びつきやすいのに対して，幼稚園では年少の時期においてはこうした関係は見られなかったばかりか，衝動性がある面では子どもの社会性の発達にプラスに働く面が潜在していた。これは，幼稚園と小学校の学校文化の違い，その内部における教師の子どもをとらえる枠組みの違いが背景にあることが示唆された。

　第2に，MFFテストや教室場面の学習における課題解決の構えでは，多少の時間を犠牲にしても正確に答えることが好ましいという信念は小学校3年生になるとすでに確立していることが示された。この信念は親と教師のそれと一致しており，これまでの間に内面化してきたと推測された。

　第3に，課題解決でスピードないしは正確さを強調し，いずれかの目標を強制的に設定すると，課題の要請に沿った行動の修正，つまり柔軟性に関しては熟慮型も衝動型も基本的に違いがなかった。このことから，基本的な情報処理能力においては，認知スタイルに違いがないことが示唆された。この結果は，衝動的なスタイルは相対的な認知発達の遅れとする仮説を支持していない。しかし，スピードが強調される場面でも遂行の質(反応の正確さ)では熟慮型がまさり，反応時間でも熟慮型が常に長いこともわかった。そして，このような認知スタイルの違いをもたらす要因としては，「隠れた目標志向性」があることがわかった。つまり，スピードが強調される場面においても，「正確さ」という目標も同時に意識して自らの行動を自己調整する傾向が熟慮型の子どもに多かったのである。このように，いずれのスタイルもある程

度の反応の柔軟性を示すが，その修正の範囲には固有の限界を持っていることが示唆されたのである。

2．本書の意義

　上記のような本書の結論について，先行研究や関連する研究知見と比較，検討して，本書の意義について整理してみる。
(1)熟慮性の発達的な変化のより厳密な記述を行った。とりわけ幼児期から学童期にかけてのドラスティックな変化と，その原因となる心理的メカニズムを明らかにした。

　本書の第1の意義は，熟慮性・衝動性の認知スタイルの発達の様相についてのより正確なデータを提供し，そこにかかわる重要な心理的なメカニズムと影響要因について明らかにしたことである。これについての従来の知見としては，横断的なデータから学童期のある時期までは熟慮傾向が増大することが確認されていた(Kagan et al, 1964; Salkind & Nelson, 1980)。しかし，発達的なデータそのものが少ない上に，日本の子どもについては熟慮性の発達の特異性があることが知られている。つまりMFFテストの初発反応時間が年少時から日本以外の子どもに比べると長く，誤数が少ないことに加えて，年齢が増すにつれて誤数の減少率が大きくなる(Salkind, Kojima & Zelniker, 1978; Smith & Caplan, 1988)。また，小学校の入学にともない熟慮性の急激な増大も見いだされていた(波多野，1974)。しかし，こうした知見は横断的なデータに基づくものであり，各年齢集団の間の等質性については十分に保証されていなかった。また，こうした発達的な変化が，はたして縦断的な研究によっても再現されるか否かについて判断するデータは全くない状態であった。そして，さらに続けると，幼児期の後期から小学校の入学にかけての熟慮性の増大を支える心理的なメカニズムを明らかにしようとした研究も存在しなかった。これまでの研究は，MFFテストの初発反応時間と誤数の年齢差と認知的な課題の遂行の発達的な傾向性を関連づけて，発達的な変化を生み出す要因を間接的に推測したに過ぎなかったのである。

第2節　本書の結論と意義　243

　本書では，この認知スタイルの発達を以下の3つの側面から検討した。第1は，1つの小学校で得られた熟慮性・衝動性のデータを，別の小学校のデータと比較することにより，得られた発達関数の一般化可能性の検討を行い，これに関する従来の研究知見に対する厳密な裏づけを行ったことである。第2に，幼児期から小学校低学年の3年齢範囲のサンプルに対する縦断的な研究により，幼稚園の年長組から小学校1年生にかけて熟慮性の増大が顕著であり，そしてこの時期はこの認知スタイルに関する重要な質的変化の時期であることを発見したのである。第3に，これらの子どもがMFFテストに取り組んでいる時の行動観察から，注意の集中や維持，粘り強さ，標準刺激の注視数などが年長組から小学校1年生にかけて明らかに増大することも見いだしたのである。これにより，小学校の入学の前後に認知的な課題や遂行に対する意味づけや基準が形成され，そしてそれに沿って行動を自己制御するスキルの発達が認められ，こうした要因が熟慮性の増大という発達的変化を支える重要な心理的なメカニズムであることが明らかにされたのである。
(2)熟慮性・衝動性が認知発達を促進・抑制するのか，あるいはその逆の影響を及ぼすのかについて，それぞれの相対的な影響力の強さを縦断的なデータにより推定を行った。

　Kaganはこの概念を提起した最初の論文において(Kagan et al., 1964)，複雑な図形を細部に至るまで細かく分析する傾向性が熟慮性の重要な要因と考えた。そして，深く思慮することを示す「熟慮性(reflection)」という用語でその行動を特徴づけたのである。この彼のある種の思い込みが後の研究を大きく方向づけることになった。その後の研究ではこの認知スタイルとさまざまな認知的な課題の遂行との相関的，差異的な研究が盛んに行われ，中心的なテーマは熟慮的な子どもは認知的な遂行において衝動型の子どもよりもまさっていることを示すことであった。事実としていえば，大半の研究はこの作業仮説を裏づけた。問題は，こうした相関的な事実に対してどのような因果的な説明を行うかである。一つは，認知スタイルが認知発達に影響を与えるという仮説である。衝動的な態度は課題遂行のプロセスにおいては不注意のミスとなり結果に不利に働くばかりでなく，課題解決に必要な自分の

リソースの利用，つまり過去の経験と関連づけ，自分の知識や解決のレパートリーを意識化するなどのメタ認知的なスキルの利用可能性に対しても制約すると考えられる。しかし，これとは逆の因果関係の仮説も成立する。認知発達により，当然内容的な知識や課題解決のレパートリーが増大するばかりでなく，努力の配分のしかたや方略の選択というメタ認知の側面に対しても影響し，衝動的な解決を抑えるというように認知スタイルに作用するかもしれない。

　本書においては，熟慮性・衝動性の認知スタイルと認知能力との相互影響性について，縦断的なデータに基づく擬似的な実験研究(quasi experiment)からのアプローチを試みた。ここでは交差時差パネル相関分析(cross-lagged panel correlational analysis)の手法を用いて因果的な推測を行った。実際には2つのデータに基づいて分析を行った。一つは，幼児期から学童期の初期の認知能力(知能)のデータであり，もう一つは小学校低中学年の学力のデータである。2つのデータに共通していたことは，両者の測度の同一時点における相関パターンは，誤数とマイナス，初発反応時間とはプラスが支配的であった。しかし，両者の間の時差的(時間的なずれ)の相関では全体的な傾向性としては，**認知能力⇒認知スタイル**という因果的な方向性が優越していた。つまり，認知発達のレベルが熟慮性を促進し，そして熟慮性の増加により，各自の認知資源を効率的に使って問題解決することにつながる可能性が示唆されたのである。

第3節　今後の課題と展望

　本書の11の研究全体を通して，熟慮性・衝動性の研究のさらなる発展のためにどのような課題があるのだろうか。

①熟慮性・衝動性の測定方法の工夫と開発

　熟慮性・衝動性の認知スタイルを測定するための基準的な道具としてはもっぱらMFFテストに頼って行ってきた。このテストの項目の構成はKaganの全く直観的なアイディアから生じたものらしいが，実によくできていることを実感している。その理由は，子どもにとって一様に興味を感じさせるものであり，動機づけの面で最低限度のコントロールができていることである。また，実施の時間が10分程度と短いことも利便性が高い。

　しかし，項目の構成のプロセスについては全く明らかにされていないために，誤数と初発反応時間の測度の信頼性，特に誤数についてはたびたび問題が指摘されている。この点に関しては，Cairns & Cammock(1978)のMFF-20テストのような改良版ができており，それを使うことが多くなっている。だが，次の節で具体的に述べるが，今日ではこの領域の研究の数が極端に少なくなっている。特に，本書のように小学生を対象とした研究はほとんど見当たらなくなっている。この状況は本邦においても同様であるが，その理由はこのテストを実施してデータを得ることが困難になってきたことである。このテストは個別テストであり，集団で一斉に実施する質問紙調査と比べると，1人のデータを得るために多くの時間を要するばかりでなく，場所の確保も必要である。20〜30年前に比べると学校の活動に時間的な余裕がほとんどなくなり，テストのための時間確保が著しく難しい状況に変わった。また，放課後にテストを実施することも子どもの下校時における安全上の問題などから事実上不可能に近い状況になった。

　だが，このような不利な状況を克服しようとする試みもなされている。その一つが集団実施の方法であり，実際にはかなり早い時期から行われている

(辰野ほか，1972)。この測定法における基本的なパラダイムは，ある制限時間内の解答数，正答数と誤数の相対的な割合から熟慮性・衝動性の分類を行うものである。簡便性の点では申し分がないが，正誤のフィードバックがない状況というのは，この認知スタイルの基本的な動機づけ・情動の要件を欠く可能性が高いと考えられる。その理由は，個別式の MFF テストでは，テスターと対峙しているからこそ，テスターの正誤のフィードバックに敏感に反応し，各自の失敗つまり誤反応に対する不安，できた時の誇りの感情などの情動的な反応を生じさせやすいからである。また，パソコンがテスト項目を提示し，反応に対する正誤のフィードバックも行う試みもなされている(Kenny, 2009; 大野木ほか，1993)。大野木ほか(1993)の方法では，初発反応時間と誤数の間には約$-.6$の相関があり，両者の trade-off は十分に成立している。しかし，それでも標準的な MFF テストに比べるとかなり状況が異なることは確かである。同じ正誤のフィードバックがなされても，テスターとの一対一のやりとりを通じてなされる場合とパソコンの画面で結果の情報が提示されるのでは心理的な影響という視点からすると等価な状況とはいえない。たとえば，失敗に対する気まずさや恥ずかしさは，対人的な場面では影響する可能性が強いが，パソコンに対してはこうした感情が起こる可能性は低いだろう。そうなると，パソコン制御方式のテストでは衝動的な反応が促進されやすいかもしれない。いずれにしても，こうした集団式や自動化した実施法の有効性を示すためには，これらの方法の妥当性を確かめるための研究が必要である。

　この測定に関して，一つの方向性を示唆する研究がある。河合・沼田(2006)は幼児を対象にして，熟知性と単純性の2次元を想定して，MFF テストの項目も含めた多様な項目を入れたテストを開発している。特に，幼稚園や保育園の仲間や先生の顔写真では，ディテールを変化させると難易度が上がることを明らかにしている。Zelniker & Jeffrey(1976)では，衝動的な子どもは全体的な処理方略を好むという仮説から，従来の MFF テストのように詳細な分析的な処理を要するものとは全く違うテスト項目を開発している。人の顔の認知はわれわれの適応にとってはもっとも基本的な情報処理で

あるので，これがはたして全体的な処理に依存するのか，分析的な処理に依存しやすいのかに新たな切り口を与えるものとして期待される。

　最後に，最近の研究で増えている質問紙による方法について取り上げる。欧米の研究では，衝動性に関する臨床的な質問紙(Barratt Impulsivity Scale や The Urgency, Premeditation, Perseverance, Sensation seeking (UPPS) Impulsive Behavior Scale など)がいくつかあり，それを用いている(Clarke et al., 2006)。だが，質問紙で得られたいわば性格特性としての衝動性はMFFテストの結果とは対応しないという結果もあり(Perales et al., 2009)，はたして代替可能であるかどうか，すなわち妥当性については疑問がある。ところで，特に本邦においては，意思決定場面により限定した「認知的熟慮性-衝動性尺度」(滝聞, 1991)が開発され，これを用いた研究がいくつかなされている(塚本, 2006)。これは大人を対象としたもので，Y-G性格検査の思考的外向・内向の尺度の項目を含めて開発し，最終的には10項目の尺度を完成させた。大学生を対象にMFFテストとの間に有意な相関があるとの報告があり，中学生に適用した研究も出ている(市原ほか, 2010)。今日のように子どもからデータを得ることが困難な時代においては，このような簡便な方法の魅力が大きい。しかし，本書の対象の小学生や幼児にはこの種の質問紙の適用可能性に疑問があるし，それ以上に妥当性，すなわち質問紙で得られた結果が個別のMFFテストの結果としっかりと対応するかどうかの検討がまずなされなければならない。

②熟慮性・衝動性の発達を社会・文化的な文脈の中でとらえること
　熟慮性・衝動性の発達に対する認知的社会化のアプローチを考える時には，マクロシステム，つまり子どもが育つ社会の基本的な価値観やイデオロギーレベルの影響についても検討することが必要である。たとえば，歴史人口学者の速水(2001)は日本の17世紀後半の農業労働においては生産性を上げるために馬や牛などの家畜への依存度が増すことがなく，むしろ人力への依存が増しており，結果的に収穫量や農民の生活水準が増加した事実に注目している。そして，この事実は家畜や機械の導入によって農業生産力を上げた

ヨーロッパとは全く対照的であると指摘している。彼はこのような江戸期の「マンパワー」中心で労働集約・資本節約タイプの農業，つまり家畜や大型機械の導入に依存するかわりに農民自らの労働時間や作業強度を増すことで生産を上げる方式によって，仕事を厭わないことが美徳という生活道徳が形成された時代であり，まさしく「勤勉革命」であったと述べている。この点に関しては，Stevensonはアメリカの学校教育に対する警鐘として制作した映像作品『The Polished Stones』(1993)で，その題名にあるように持続的な努力がアジアの教育や経済発展を支えてきたことを強調している。日本におけるいわゆるバブル経済の崩壊以前には，努力や粘り強さの価値志向性の強さが経済成長を支えるマンパワーの特徴であると指摘するアメリカの日本研究者は少なくなかった(Rohlen, 1996; Stevenson & Stigler, 1992; Vogel, 1979)。このような生活態度やそれを支える信念は，熟慮性の発達に対して大きな影響をもたらしたことは疑いの余地はないだろう(臼井，1991)。しかし，その後の日本の社会では，持続的な努力や没我的な献身や相互協調主義といった生き方を疑問に感じる人が増え，その適応的な価値が低下してきているように見える。そうなると，熟慮性を下支えしてきた歴史・文化的なイデオロギーが今日でもなお活力を持ち続けているのか，変容してきているのかについてのマクロな視点からの分析が必要であろう。

　また，情報メディアの発展が熟慮性・衝動性に与える影響についても改めて検討する必要があるだろう(Kenny, 2009)。今日の社会で子どもたちが適応するためにはメディア・リテラシーの獲得が特に重要であろう。そこでは，多様なメディアに絶えず接触する中で瞬間的な反応や判断が求められるとともに，継時的(sequential)な情報処理よりも，同時並行的な処理がより重視されるだろう。そうなると，「速さ」の価値がメディア革命以前よりも重要になっているのかもしれない。また，これとは矛盾する面であるが，子どもの多動性や注意障害というような行動をともなう発達障害の近年の増加と子どもたちの衝動性の増大を結びつけようとする社会的な言説がある。しかし，この現象がはたして事実であるかどうかを確証してはいない。現実には，このような発達障害の行動指標として，あるいは治療効果の指標として衝動性

を位置づけて研究するものは最近では比較的多くなっている(Ghanizadeh, 2009)。しかし，こうした研究はADHDなどの発達障害と熟慮性・衝動性との関連性に焦点を当てるものであり，因果的な追究にまで及ぶものはない。そこで，縦断的な研究のデザインを用いた研究が求められる。もう一つの課題は，はたして最近の子どもたちは衝動性が高くなってきたかどうかを明らかにすることである。この点に関して，Kenny(2009)がCairns & Cammock(1978)がMFF-20テストを開発した時のデータとその後二十数年後のデータ，つまりコンピュータやビデオゲームなどの瞬時の映像情報の処理を日常的に行っている子どものデータを得て比較した研究が興味深い知見を提供している。結論を述べると，反応時間がおよそ半分近くに減っていて，しかも誤数も3分の1程度少なくなっていた。要するに，より効率的な情報処理ができるようになったのである。衝動的になったのではなくて，速くて正確なタイプになったのである。しかしながら，このように一般化するには躊躇すべきである。その理由は，サンプルがオリジナルの研究では北アイルランドであるが，この研究ではアメリカの南西部であること，もっと重要なことは前者が個別検査であるのに対して，後者ではコンピュータによる実施である。残念ながら，これ以外の時代差を調べた研究は見つけることができなかった。改めて，コンピュータやメディア社会といわれる今日においてはたして衝動性が増したのか，あるいは情報処理のスキルが速くなったのかについての研究が望まれる。

　個人の認知や行動の発達に関する文化-歴史的な文脈の中での微視発生的(micro-genetic)アプローチ(田島，2008)の必要性について少し具体的に述べることにする。ここでは，社会・文化的な文脈の影響について個人内文化という視点からも考えてみたい。本書の中では外的な課題の要請(スピード強調と正確さ強調など)に対しては熟慮型も衝動型も基本的には同じように行動を修正することができた，つまり柔軟性を示すことを見いだした。しかし，いくつかの点においては熟慮型の方がこうした自己制御の能力においてまさっている，あるいは発達的なレベルが高いことが示唆された。たとえば，鏡映描写の課題における「スピード強調」の条件では，遂行量では違いがな

かったが，明示的な目標ではなかった「正確さ」の指標においては熟慮型の方が有意に高かった。この課題ではスピードが強調されても，暗黙の前提としては単に「速いだけではダメ」という行動基準が社会的に期待されるはずである。日本においては作業におけるていねいさ，正確さに高い価値が置かれる（東，1984；Kojima, 1988）ことを考えると，熟慮型の子どもの方がこうした価値を個人内文化として取り込んでいる可能性が高いかもしれない。

　本書では，子どもが両親の視点や担任教師の視点から熟慮的と衝動的な課題の取り組み方についての評価を行うことで，間接的ではあるが社会化の影響についての検討を行ってきた。また，MFFテストの遂行中のメタ認知的な経験や行動についての分析からもこの問題にアプローチを試みた。しかし，このような研究を行ってみて改めて強く感じたのは，子どもの行動や認知，さらには自己制御行動の発達を，MFFテストあるいはその類似場面といった非常に状況限定的にしかとらえてこなかったという反省である。たとえば，熟慮性の発達を促進する要因を教室における子どもと教師とのやりとりや親子の日常的なやりとりの分析から見いだすことができないかどうかを探ることである。このような日常的場面についての観察研究の必要性も強く求められよう。

第4節　熟慮性・衝動性研究の最近の動向

　本書で扱った研究は1980年代が中心であったが，それ以後も熟慮性・衝動性の研究は世界各国で行われている。ドイツはアメリカとほぼ同時的に研究がなされていたが，最近ではイタリア(Palladino et al., 1997)，フランス(Rosey et al., 2010)，スペイン(Carretero-Dios et al., 2008)などのヨーロッパ諸国はもとより，中国(Evans et al., 2011)やケニヤ(Seçer et al., 2010)などでMFFテストは世界中で共通の心理的な測定手段として認知されている。だが，前節で述べたようにこの分野の研究，特にMFFテストを用いた研究が最近では非常に少なくなっている。本節では，この研究分野の量的な変化，特に過去20年間の動向について述べる。

　まず，PsycINFOにより雑誌に限定して論文数を検索した。検索のための用語でReflection-Impulsivityをキーワードにしたものと，Reflection-Impulsivity OR Cognitive Tempoをall textにしたものについて図5-2，5-3に示す。図の中では当該の検索用語で抽出された論文数とその中でMFFテスト(KRISPも含む)を用いた論文(「MFFテスト」)の2つに分けて

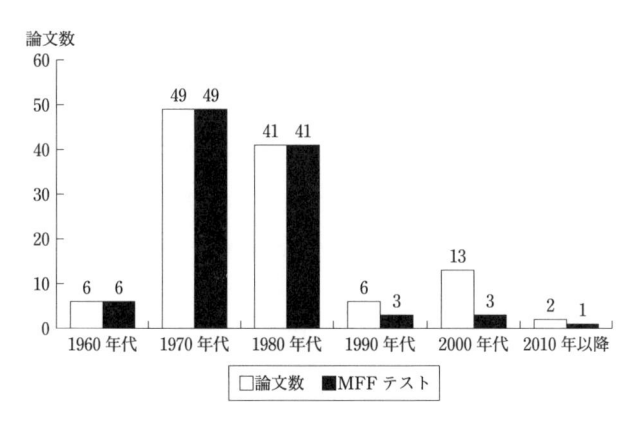

図5-2　熟慮性・衝動性関係論文数の推移(Reflection-Impulsivityをキーワード)

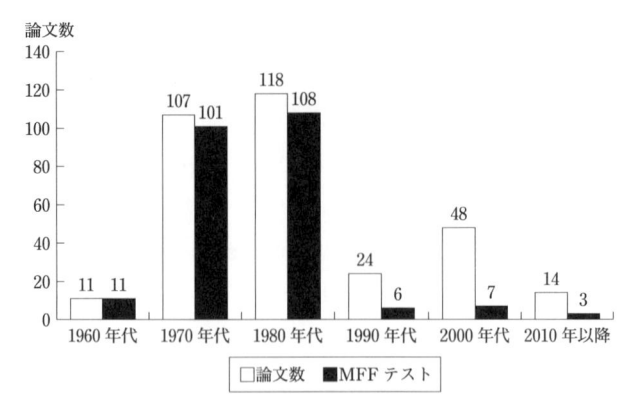

図5-3 熟慮性・衝動性関係論文数の推移（Reflection-Impulsivity OR Cogntive Tempo を all text）

表示している。熟慮性・衝動性というカテゴリーの下にまとめられる研究は，この概念の応用範囲の広さを印象づけるものである。たとえば，学習指導への適用では幼児教育から大学教育にまでわたっている。また，子どもの発達障害や成人の精神障害などの臨床的な応用も積極的になされている。

　当然であるが，2つの用語のいずれかを論文の本文中にあるものを選び出した図5-3では，Reflection-Impulsivity だけをキーワードにした図5-2に比べて多くなっている。しかし，両方とも傾向としては非常によく似ている。つまり，1970年代と1980年代に集中していることである。まさしく，熟慮性・衝動性研究はこの20年間が黄金時代であった。その後1990年代以降も少数ながら研究はなされていて，特に Cogntive Tempo も含めた検索では結構な数に上っている。ところが，MFFテストを使っているかどうかで1つずつの論文をチェックすると非常に少なくなる。この状況についてもう少し詳しく説明すると，1980年代までは Cogntive Tempo といえば熟慮性・衝動性と同じ意味で使われていたが，1990年代に入りかなり異なる意味で使われるようになった。ADHDの診断をめぐり DSM-III では注意欠陥で多動性の障害（ADD/H：Attention Disorder with Hyperacitity）と多動性を有しないタイプ（ADD/noH）の2つの下位分類を行っていたが，その後の

DSM-IV では後者の不注意(inattention)タイプを ADHD/IA として，その主要な特徴の「緩慢な認知テンポ(SCT：Sluggish Cognitive Tempo)」に焦点を当てた「cogntive tempo」研究が急増したことが論文数を底上げしたのである。この SCT は，ぼんやりしたり，注意散漫，嗜眠，無気力，動作緩慢という行動兆候をさすものである。特に 1990 年以降ではこの緩慢な認知テンポに関する研究が多い。これに対して，MFF テストを使った研究は少数だが，その中では臨床的な研究，特に成人を対象としたものが目立つ。たとえば，成人のアルコール依存症の患者(Weijers et al., 2001)，病的なギャンブラー(Kertzman et al., 2010)，思春期やせ症(Southgate et al., 2008)を対象にした研究などがある。病的なギャンブラーは衝動統制の障害であり，当座の満足を求めて，先の見通しを持てずに行動してしまうので，MFF テストでは衝動的になるはずだと仮定して研究を行っている。結果的には，反応時間には病的ギャンブラー群と統制群には差がなくて，誤数ではギャンブラー群が上回っていたので，両者を分けるのは熟慮性・衝動性ではなくて，効率的な方略使用にあると解釈している。このタイプの研究は難読症や学習の困難と認知スタイルを関連づけた初期の研究を想起させる(Messer, 1976)。つまり，いずれも 2 つの心理現象の間の相関関係を確認する研究であって，熟慮性・衝動性の本質的なメカニズムの究明を目指すものではない。その点では，この研究の実質的な進展が認められない。最近の研究を全体として概観すると，適用範囲の広がりが見える反面，理論的な研究を含めた熟慮性・衝動性の中核に迫るものがないという印象である。

ところで，日本の研究動向(CiNii で「熟慮性・衝動性」で検索)に目を向けると，1990 年以降では 19 論文が見つかった。その中で個別式の MFF テストを用いた研究は 6 件であり，もっとも最近のものは神垣・山崎(2008)であるが，これは大学生を対象としたものである。幼児を対象としたものでは荘厳(赤尾)(2005)があるが，小学生対象の研究となると宮川(2001a，b)にまでさかのぼらなければならない。そのかわりに最近の研究では質問紙の「認知的熟慮性-衝動性尺度」(市原ほか，2010)や集団式 MFF テスト(杉山・伊藤，2007)が使われている。これらの測定方法が個別式の MFF テストに

取って代わることができるかどうかはすでに述べたように疑問の余地があるので，妥当性の検討が待たれる。個別テストを実施するのがはなはだ難しいわが国の状況からすると，こうした検査法へのシフトはやむを得ないところであろう。であればこそ，妥当性を検討することが望まれる。また，日本の最近の研究の特徴の一つは熟慮性・衝動性を適性と見て，教授法とのマッチング，すなわち適性処遇交互作用（ATI）の視点からなされているものがあることである（市原ほか，2010，杉山・伊藤，2007）。市原たち（2010）は，技術科のメディア学習において，また杉山と伊藤（2007）では運動学習の分野で新たな研究領域を開こうとしている。最近の研究では新たにこの分野に参加してきた研究者によってなされていることも特筆すべきことである。これまでの研究知見を利用しながらも，それに縛られない創造的な研究が進展することが期待される。

引用文献

Ackerman, P.L., Sternberg, R.J. & Glaser, R. (1989). *Learning and individual differences. Advances in theory and research.* New York: W.H. Freeman and Company

青木民雄・平岡節・横山明・吉野要(1977)．児童の認知スタイルと伝達行動　愛知県立大学児童教育学科論集, 9, 45-51

Ault, R.L., Crawford, D.E. & Jeffrey, D.E. (1972). Strategy differences between reflective and impulsive children. *Child Development,* 43, 1076-1080

Ault, R.L., Mitchell, C. & Hartman, D.P. (1975). Some methodological problems in reflection-impulsivity research. Paper presented at the biannual convention of Society for Research in Child Development

東 洋(1984)．日本人のしつけと教育——発達の日米比較にもとづいて——　東京：東京大学出版会

東 洋・柏木恵子・ヘス, R.D.(1981)．母親の態度・行動と子どもの知的発達——日米比較研究——　東京：東京大学出版会

Banta, T.J. (1971). Tests for the evaluation of early childhood education: The Cincinnati autonomy test battery (CATB). In J. Hellmuth (Ed.), *Cognitive Studies, vol. 1,* New York: Brunner/Mazel, pp. 424-490

Barstis, S.W. & Ford, Jr., L.H. (1977). Reflection-impulsivity, conservation, and the development of ability to control cognitive tempo. *Child Development,* 48, 953-959

Bjorklund, D.F. (1989). Cognitive styles. In D.F. Bjorklund (Ed.), *Children's thinking: Developmental functions and individual differences.* New York: Brooks/Cole Publishing Company. pp. 263-284

Block, J., Block, J.H. & Harrington, D.M. (1974). Some misgivings about the Matching Familiar Figures Test as a measure of reflection-impulsivity. *Developmental Psychology,* 10, 5, 611-632

Brodzinsky, D.M. (1982). Relationship between cognitive style and cognitive development: A 2-year longitudinal study. *Developmental Psychology,* 18, 617-626

Brodzinsky, D.M. (1985). On the relationship between cognitive styles and cognitive structures. In E.D. Neimark, R. reflective & J.L. Newman (Eds.), *Moderators of competence.* Hillsdale, NJ: Lawrence Erlbaum Associates, Publishers, Hillsdale, NJ. pp. 147-174

Brodzinsky, D.M. & Rightmyer, J. (1976). Pleasure associated with cognitive mastery as related to children's conceptual tempo. *Child Development,* 47, 881-884

Bush, E.S. & Dweck, C.S. (1975). Reflection on conceptual tempo: Relationship between cognitive style and performance. *Developmental Psychology*, 11, 567-574

Cairns, E. & Cammock, T. (1978). Development of more reliable version of the Matching Familiar Figures Test. *Developmental Psychology*, 14, 227-231

Cameron, R. (1984). Problem-solving inefficiency and conceptual tempo: A task analysis of underlying factors. *Child Development*, 55, 2031-2041

Carretero-Dios, H., De los Santos-Roig, M. & Buela-Casal, G. (2008). Influence of the difficulty of the Matching Familiar Figures Test-20 on the assessment of reflection-impulsivity: A item analysis. *Learning and individual differences*, 18, 4, 505-508

Chia-Wu, L., Mei-Chin, K. & Kuo-I, C. (2010). Is more similar, better? Interactioning effect of the cognitive-style congruency and tacitness of knowledge on knowledge transfer in the mentor-protege dyad. *Asian Journal of Social Psychology*, 13, 286-292

Clarke, L., Robbins, T.W., Ersche, K.D. & Sahakian, B.J. (2006). Reflection Impulsivity in current and former substance users. *Biological Psychiatry*, 60, 515-522

Crano, D.W. (1977). What do infant mental tests test? A cross-lagged panel analysis of selected data from the Berkeley Growth Study. *Child Development*, 48, 144-151

Denney, D.R. (1972). Reflection and impulsivity as determinants of conceptual strategy. *Child Development*, 44, 614-623

Drake, D.M. (1970). Perceptual correlates of impulsive and reflective behavior. *Developmental Psychology*, 2, 202-214

Engelbrecht, P. & Natzel, S.G. (1997). Cultural variations in cognitive style: Field dependence vs field independence. *School Psychology International*, 18, 155-164

Evans, A.D., Xu, F. & Lee, K. (2011). When all signs point to you: Lies told in the face of evidence. *Developmental Psychology*, 47, 39-49

Ferrari, M. & Sternberg, R.J. (1998). The development of mental abilities and styles. In D. Kuhn & R.S. Siegler (Eds.), *Cognition, perception, and language* (*Handbook of child psychology, vol. 2*), New York: John Wiley & Sons, Inc., pp. 899-946

Flavell, J.H. (1970). Developmental studies of mediated memory. In H.W. Reese & L. P. Lipsitt (Eds.), *Advances in child development and behavior*. New York: Academic Press

藤田主一・大村政男・花沢成一(1984). 熟慮的─衝動的な幼児の課題解決様式 日本心理学会第48回大会発表論文集, 475

Gargallo, B. (1993). Basic variables in reflection-impulsicity: a training programme to increase reflectivity. *European Journal of Psychology of Education*, 8, 151-167

Ghanizadeh, A. (2009). Methylphenidate improves response inhibition but not reflection-impulsivity in children with attention deficit hyperacitivity disorder (ADHD). *Psychopharmacology*, 203, 185-186

Gjerde, P.F., Block, J. & Block, J.H. (1985). Longitudinal consistency of matching familiar figures test performance from early childhood to preadolescence. *Developmental Psychology*, 21, 262-271

Globerson, T. & Zelniker, T. (1989). *Cognitive style and cognitive development*. Norwood, New Jersey: Ablex Publishing Corporation

Goldstein, K.M. & Blackman, S. (1978). *Cognitive style: Five approaches and relevant research*.(島津一夫・水口礼治訳(1982) 認知スタイル 誠信書房)

Grigorenko, E.L. & Sternberg, R.J. (1995). Thinking styles. In D.H. Saklofske & M. Zeidner (Eds.), *International handbook of personality and intelligence*. New York: Plenum Press. pp. 205-229

波多野誼余夫(1974). 熟慮性の発達・幼児・児童の発達と教育 第2報 教育研究開発に関する調査研究(国立教育研究所), 2, 1-4

Hatano, G. & Inagaki, K. (1982). The cognitive style differences in the use of latency and the number of errors as cues for inferring Personality characteristics. *Japanese Psychological Research*, 24, 145-150

速水融(2001). 歴史人口学で見た日本 東京：文藝春秋

Haynes, V.H. & Miller, P.H. (1987). The relationship between cognitive style, memory and attention in preschoolers. *Child Study Journal*, 17, 21-33

市原靖士・島田和典・上之園哲也・森山潤(2010). 技術・家庭科技術分野「情報とコンピュータ」における学習者の熟慮・衝動型認知スタイルを考慮したディジタルコンテンツ活用方略の検討 大分大学教育福祉科学部研究紀要, 32, 139-149

Inagaki, K. & Hatano, G. (1979). Flexibility of accuracy versus speed orientation in reflective and impulsive children. *Perceptual and Motor Skills*, 48, 1099-1108

稲垣佳世子・波多野誼余夫(1981). 連続的失敗に対する反応の個人差 日本教育心理学会第23回総会発表論文集, 164-165

Irwin, A.R. & Gross, A.M. (1995). Cognitive tempo, violent video games, and aggressive behavior in young boys. *Journal of family violence*, 10, 337-350

Kagan, J. (1965). Impulsive and reflective children: significance of conceptual tempo. In J.D. Krumboltz (Ed.), *Learning and the educational processes*. Chicago: Rand McNally. pp. 133-161

Kagan, J. & Kogan, N. (1970). Individual variations in cognitive processes. In P.H. Mussen (Ed.), *Carmichael's manual of child psychology*, vol. 2, New York: Wiley. pp. 1273-1365

Kagan, J. & Messer, S.B. (1975). A reply to "Some misgivings about the Matching Famliar Figures Test as a measure of reflection-impulsivity." *Developmental Psychology*, 11, 244-248

Kagan, J., Pearson, L. & Welch, L. (1966). The modifiability of an impulsive tempo. *Journal of Educational Psychology*, 57, 559-355

Kagan, J., Rosman, B., Day, D., Albert, J. & Phillips, W. (1964). information processing in the child. *Psychological Monographs*, 78 (Whole No. 578), 1-37

神垣彬子・山崎晃(2008). 触覚と視覚を用いた熟慮型-衝動型認知スタイル測定ツールの作成――HVMT-Rの信頼性および妥当性の確認―― 幼年教育研究年報, 30, 93-98

柏木惠子(1988). 幼児期における「自己」の発達――行動の自己制御機能を中心に―― 東京：東京大学出版会

河合優年・沼田宙(2006). 幼児の視覚マッチング課題の検討――課題特性による速度/誤りトレードオフについて―― 日本発達心理学会第17回大会発表論文集, 577

Keller, J., France, J. & Ripoll, H. (2004). Stability of reflective-impulsive style in coincidence-anticipation motor tasks. *Learning and Individual Differences*, 14, 209-218

Kenny, R. (2009). Evaluating cognitive tempo in the digital age. *Educational Technology Research and Development*, 57, 45-60

Kertzman, S., Vainder, M., Vishne, T., Aizer, A. & Kotler, M. (2010). Speed-accuracy tradeoff in decision-making performance among pathological gamblers. *European Addiction Research*, 16, 23-30

Kirchner-Nebot, T. & Amador-Campos, J.A. (1998). Internal consistency of scores on Matching Familiar Figures Test-20 and correlation of scores with age. *Perceptual and Motor Skills*, 86, 3, 803-807

Klein, G.A., Blockovichi, R.N., Buchalter, P.S. & Huyghe, L. (1976). Relationship between reflection-impulsivity and problem soloving. *Perceptual and Motor Skills*, 42, 67-73

Kogan, N. (1976). *Cognitive styles in infancy and early childhood*. New York: Lawrence Elbaum Associates

Kogan, N. (1983). Stylistic variation in childhood and adolescence: Creativity, metaphor, and cognitive styles. In J.H. Flavell & E.M. Markman (Eds.), *Cognitive development. Handbook of Child Psychology, vol. 3*, New York: John Wiley & Sons, pp. 630-706

Kogan, N. (1987). Some behavioral implications of cognitive styles in childhood. *Early Child Development and Care*, 29, 95-117

Kogan, N. & Saarni, C. (1990). Cognitive styles in children: some evolving trends. In O.N. Saracho (Ed.), *Cognitive style and early education*. New York: Gordon and Breach science publishers. pp. 3-31

Kojima, H. (1976). Some psychometric problems of the Matching Familiar Figures Test. *Perceptual and Motor Skills*, 43, 731-742

小嶋秀夫(1981). 認知型 梅津八三ほか監修 新版 心理学事典 東京：平凡社 pp. 659-660

Kojima, H. (1988). The role of belief-value systems related to child rearing and education: The case of early modern to modern Japan. In D. Sinha & H.S.R. Kao (Eds.), *Social values and development: Asian perspectives*. New Deli: Sage Publications. pp. 227-253

小嶋秀夫(2001). 心の育ちと文化　東京：有斐閣

Messer, S.B. (1970). The effect of anxiety over intellectual performance on reflection-impulsivity in children. *Child Development*, 41, 723-735

Messer, S.B. (1976). Reflection-impulsivity: A review, *Psychological Bulletin*, 83, 1026-1052

Messer, S.B. & Brodzinsky, D.M. (1981). Three-year stability of reflection-impulsivity in young adolescents. *Developmental Psychology*, 17, 848-850

Messer, S.B. & Schacht, T.E. (1986). A cognitive-dynamic theory of reflection-impulsivity. In J. Masling (Ed.), *Empirical studies of psychoanalytic theories*. Vol. 2, Hillsdale: The Analytic Press. pp. 151-195

Messick, S. (1976). Personality consistencies in cognition and creativity. In S. Messick (Ed.), *Individuality in learning*. San Francisco: Jossey-Boss Publishers. pp. 4-17

宮川充司(1980). 認知的衝動型の児童における反応の柔軟性　心理学研究, 51, 164-167

宮川充司(1983). 熟慮的・衝動的な非対等性　日本心理学会第47回大会発表論文集, 520

宮川充司(1986). 日本における熟慮性-衝動性研究の方向性と理論的枠組み　会津短期大学学報, 43, 1-11

宮川充司(1989). 熟慮的—衝動的な児童における反応柔軟性および認知的好みの不均衡な対極性　心理学研究, 59, 342-349

宮川充司(2000). 日本の児童における熟慮性—衝動性認知様式に関する研究　名古屋：中部日本教育文化会

宮川充司(2001a). 児童の内省による同画探索検査(MFFT)の遂行分析　性格心理学研究, 9, 87-101

宮川充司(2001b). 児童における同画探索検査の遂行と教室行動・学業成績　心理学研究, 72, 5, 435-442

宮川充司・文殊紀久野(1978). 幼児期における認知的熟慮性—衝動性の発達と安定性　日本心理学会第42回大会発表論文集, 424

Miyakawa, J. & Ohnogi, H. (1979). The effect of strategy training on the modification of cognitive impulsivity. *Japanese Psychological Research*, 21, 139-145

宮川充司・小嶋秀夫(1980). 認知的熟慮性—衝動性のプロセス・モデル　日本心理学会第44回大会発表論文集, 424

Montare. A. (1977). Human temporal behavior and discrimination-reversal learning. *Pavlovian Journal of Biological Science*, 12, 232-246

Morgan, H. (1997). *Cognitive styles and classroom learning*. Westport, CT: Praeger

Neitzel, C. (2009). Child characteristics, home social-contextual factors, and children's academic peer interaction behaviors in kindergarten. *Elementary school journal*, 110, 1, 40-62

大野木裕明・前田洋一・宮川充司(1993). 同画探索検査(MFFT)のパソコン版作成の試み 福井大学教育学部紀要(第Ⅳ部 教育科学), 46, 1-11

Palladino, P., Masi, G. & Marcheschi, M. (1997). Impulsive-reflective cognitive style, metacognition, and emotion in adolescence. *Perceptual and Motor Skills*, 84, 47-57

Perales, J., Verdejo-Garcia, A., Moya, M. & Perz-Garcia, M. (2009). Bright and dark sides of impulsivity: Performance of women with high and low trait impulsivity on neuropsychological tasks. *Journal of clinical neuropsychology*, 31, 8, 927-944

Puustinen, M., Kokkonen, M., Tolvanen, A. & Pulkkine, L. (2004). Children's help seeking and impulsivity. *Learning and Individual Differences*, 14, 231-246

Ramirez, III, M. (2008). Cognitive and cultural styles. In N.J. Salkind (Ed.), *Encyclopedia of educational psychology*. CA, USA: Sage, pp. 152-158

Reali, N. & Hall, V. (1970). Effect of success and failure on the reflective and impulsive children. *Developmental Psychology*, 3, 392-402

Rohlen, T.P. (1996). Building character. In T.P. Rohlen & G.K. LeTendre (Eds.), *Teaching and Learning in Japan*. New York, USA: Cambridge University Press. pp. 50-74

Rollins, H.A. & Genser, L. (1977). Role of cognitive style in a cognitive task: A case favoring the impulsive approach to problem solving. *Journal of Educational Psychology*, 69, 281-287

Rosey, F., Keller, J. & Golomer, E. (2010). Impulsive-reflective attitude, behavioral inhibition and motor skills: Are they linked? *International Journal of Behavioral Development*, 34, 6, 511-520

Rozencwajg, P. & Corroyer, D. (2005). Cognitive processes in the reflective-impulsive cognitive style. *Journal of Genetic Psychology*, 166, 4, 451-463

Ruban, L.M. & Olenchak, F.R. (2006). Cognitive style. In N.J. Salkind (Ed.), *Encyclopedia of human development*. Vol. 1. Thousand Oaks: Sage publications, pp. 282-283

櫻井征子・湯浅わか子(1989). 認知的熟慮的な子どもと衝動的な子どもについての主観的世界の探究——メタ認知質問および時間評価—— 卒業論文(北海道教育大学札幌分校)

Salkind, N.J., Kojima, H. & Zelniker, T. (1978). Cognitive tempo in American, Japanese and Israeli children, *Child Development*, 99, 1024-1027

Salkind, N.J. & Nelson, F. (1980). A note on the developmental nature of reflection-impulsivity. *Developmental Psychology*, 16, 237-238

Salkind, N.J. & Wright, J.C. (1977). The development of reflection-impulsivity and cognitive efficiency. *Human Develpment*, 20, 377-387

Saracho, O.N. (2003). Matching teachers' and students' cognitive styles. *Early Child*

Development and Care, 173, 161-173
Seçer, Z., Çeliköz, N., Seçer, F. & Kayli, G. (2010). Social skills and problem behaviours of children with different cognitive styles who attend preschool education. Australian Journal of Guidance & Counseling, 20, 91-98
Shafir, U. & Pascual-Leone, J. (1990). Postfailure reflectivity/impulsivity and spontaneous attention to errors. Journal of Educational Psychology, 82, 378-387
Siegelman, E. (1969). Reflective and impulsive observing behavior. Child Development, 40, 1213-1222
Smith, J.D. & Caplan, J. (1988). Cultural differences in cognitive style development. Developmental Psychology, 24, 46-52
荘厳(赤尾)依子(2005). 同画探索(MFF)テストを用いた幼児の熟慮性・衝動性の測定 発達研究, 19, 139-149
Southgate, L., Tchanturia, K. & Treasure, J. (2008). Information processing bias in anorexia nervosa. Psychiatry Research, 160, 221-227
Sternberg, R. J. (1997). スターンバーグ(著) 松村暢隆・比留間太白(訳)(2000). 思考スタイル──能力を生かすもの── 東京：新曜社
Stevenson, H.W. (1993). The Polished Stones, Center for human growth and development. University of Michigan
Stevenson, H.W. & Stigler, J. (1992). The learning gap: Why our schools are failing and what we can learn from Japanese and Chinese education. New York: Summit
Stigler, J.W. & Hiebert, J. (1999). The teaching gap. New York: The Free Press.
杉山正高・伊藤政展(2007). 児童の運動学習における結果の知識の総体頻度と熟慮・衝動認知スタイルの相互作用 上越教育大学研究紀要, 26, 159-170
田川則紀(1989). 教師の観察による認知的熟慮性・衝動性の変容効果 卒業論文(北海道教育大学札幌分校)
田島信元(2008). 文化心理学の起源と潮流 田島信元(編) 文化心理学(朝倉心理学講座 11) 東京：朝倉書店 pp. 1-17
田島信元・臼井博(1980). 展望：認知的社会化研究 教育心理学年報, 19, 125-144
滝聞一嘉(1991). 認知的熟慮性─衝動性が印象形成における初頭効果と親近効果に及ぼす効果 日本心理学会第55回大会発表論文集, 678
Tanaka, K., Kon, N., Ohkawa, N., Yoshikawa, N. & Shimizu, T. (2009). Does breastfeeding in the neonatal period influence the cognitive function of very-low-birth-weight infants at 5 years of age? Brain & Development, 31, 288-293
辰野千寿ほか(1972). 展望：認知型 教育心理年報, 63-107
Trickett, P.K. (1983). The interaction of cognitive styles and classroom environment in determining first-graders' behavior. Journal of Applied Deveopmental Psychology, 4, 43-64
塚本真紀(2006). 予定の立案と実行に関する検討──認知的熟慮性-衝動性の影響──

尾道大学芸術文化学部紀要，6，57-62
上野一彦・撫尾知信・飯長喜一郎(1978)．絵画語い発達検査　東京：日本文化科学社
臼井博(1975)．認知スタイル(Reflection-impuleivity)に関する心理学的研究――Ⅰ視覚的探索ストラテジーの分析――　教育心理学研究，23，10-20
臼井博(1979)．認知スタイル　日本児童研究所(編)　児童心理学の進歩1979年版　東京：金子書房　pp. 91-120
臼井博(1981)．幼児の課題対処行動における認知的熟慮性―衝動性の効果　教育心理学研究，29，58-62
臼井博(1982a)．認知的熟慮性―衝動性に関する縦断的分析　日本教育心理学会第24回総会発表論文集，422-423
臼井博(1982b)．認知スタイル　詫摩武俊・飯島婦佐子(編)　発達心理学の展開　東京：新曜社　pp. 97-111
臼井博(1983)．再認記憶における認知的熟慮性・衝動性の影響――信号検出的アプローチ――　北海道・東北第5回合同心理学会
臼井博(1985a)．認知的熟慮性・衝動性に対する児童の価値志向性――予備的考察――　北海道教育大学紀要(第1部C)，36，37-52
臼井博(1985b)．メタ認知的側面からの認知的熟慮性と衝動性の検討　日本教育心理学会第27回総会発表論文集，562-663
Usui, H. (1987a). Reflection-impulsivity and cognitive maturity: A longitudinal and causal analysis, *IX Biennial Meetings of International Society for the Study of Behavioral Development*, Abstract, 37
臼井博(1987b)．認知的熟慮性・衝動性の発達――幼児期から学童期にかけての変化――　日本教育心理学会第30回総会発表論文集，362-363
臼井博(1991)．日本の子どもの問題解決の構えと認知スタイル　小嶋秀夫(編)　発達と社会・歴史・文化(新・児童心理学講座 14巻)　東京：金子書房　pp. 199-239
Usui, H. (1992). Evaluation of one's task performance in reflective and impulsive children: Analysis of metacognition. *Annual Report 1990-1991, Research and Clinical Center for Child Development*, Hokkaido University, 73-79
臼井博(1996)．熟慮的と衝動的なタイプの子どもの対人的なイメージ　日本心理学会第60回大会発表論文集，64
臼井博(2001)．アメリカの学校文化　日本の学校文化――学びのコミュニティーの創造――　東京：金子書房
臼井博(2007)．学びつづける心――小学校6年間の発達――　内田伸子・氏家達夫(編)　発達心理学特論　東京：放送大学教育振興会　pp. 181-194
臼井博・佐藤公治(1976)．最近のReflection-Impulsivity研究の動向――1970年以降の研究を中心にして――　札幌大谷短期大学紀要，9，27-74
Vogel, E. (1979). *Japan as number one: Lessons for America*. Harvard University Press（広中和歌子・木本彰子訳(1979)　ジャパンアズナンバーワン　東京：TBSブリタニ

カ)
Wagner, D., Cook, G. & Friedman, S. (1998). Staying with their first impulse?: The relationship between impulsivity/reflectivity, field dependence/independence and answer changes on a multiple-choice exam in a first-grade sample. *Journal of Research and Development in Education*, 31, 3, 166-175

Walker, N.W. (1982). Comparison of cognitive tempo and tune estimation by young boys. *Perceptual and Motor Skills*, 54, 715-722

Wapner, J.G. & Conner, K. (1986). The role of defensiveness in cognitive impulsivity. *Child Development*, 57, 1370-1374

Weijers, H., Wiesbeck, G.A. & Boening, J. (2001). Reflection-impulsvity, personality and performance: A psychometric and validity study of the Matching Familiar Figures Test in detoxified alcoholics. *Personality and Individual Differences*, 31, 731-754

White, S.H. (1965). Evidence for a hierarchial arrangement of learning process. In L. Lipsett & C. Spiker (Eds.), *Advances in child development and behavior*. Vol. 2, New York: Academic Press. pp. 197-220

Witkin, H., Lewis, M.B., Hertzman, M., Machover, K., Meissner, P. & Wapner, S. (1954). *Personality through perception*. New York: Haper

Witkin, H., Dyk, R.B., Faterson, H.F., Goodenough, D.R. & Karp, S.A. (1962). *Psychological differentiation*. New York: Wiley

Witkin, H. & Goodenough, (1981). ウィトキン・グーデナフ(著) 島津一夫(訳)(1985). 認知スタイル——本質と起源—— 東京：ブレーン出版

Wright, J.C. (1971). The Kansas Reflection Impulsivity Scale for Preschoolers (KRISP). St. Louise: CEMREL, Inc

Wright, J.C. & Vlietstra, A.G. (1977). Reflection-impulsivity and information processing from three to nine years of age. In M. Fine (Ed.), *Intervention with hyperactivity*. Springfield: Charles C. Thomas. pp. 196-243

山崎晃(1994). 熟慮型-衝動型認知スタイルの走査方略に関する研究 北大路書房

Yando, R. & Kagan, J. (1968). The effect of teacher tempo on the child. *Child Development*, 39, 27-34

Yando, R. & Kagan, J. (1970). The effect of task complexity on reflection-impulsivity. *Cognitive Psychology*, 1, 192-200

Yap, J.N.K. & Peters, R.D. (1985). An evaluation of two hypotheses concerning the dynamics of cognitive impulsivity: Anxiety-over-errors or anxiety-over-competence? *Developmental Psychology*, 21, 1055-1064

Zelniker, T. & Jeffrey, W.E. (1972). Analysis and modification of search strategies of impulsive and reflective children on the Matching Familiar Figures Test. *Child Development*, 43, 321-335

Zelniker, T. & Jeffrey, W.E. (1976). Reflective and impulsive children: Strategies of information processing underlying differences in problem solving. *Monographs of the Society for Research in Child Development*, 41 (Serial No. 168), 1-59

(資料1) MFF テストの標準的な教示

①ラポートセッション
　子どもの名前，学級，誕生日を聞く。
②練習問題
　見本と variant が 90 度になるように練習 1 の項目をひらきながら，
　「これから，『絵さがしゲーム』を始めましょう。(MFF テストを指で示しながら)，上に描いてある絵とぴったり同じ絵を(6 つの variant をぐるっと指で○を描くように示しながら)この下の 6 つの絵の中から見つけるのです。見つけたら，指でそれを示してください。いいですか。それでは，少し練習をしてみましょう。」

　見本と同じものを見つけたら，「はいっ！」といって，それを指で示してください。

　もし，正答であれば，「あたりです。よくできました。」
　もし，誤答であれば，「残念。はずれですよ，別のものを探してください。」
　もしも，次も誤答であれば，「正解は，この絵です。」といって正答を指で示す。このときに，ヒントなどを教えないこと。

　「それでは，もう一回練習してみましょう。これと(見本を指で示しながら)同じものを見つけるのですよ。はい，どうぞ。」
　正誤のフィードバックは，練習 1 と同じ。

　「絵さがしゲームゲームのやり方が分かりましたか。それでは，今度はもう少し難しいものをやってみましょう。」

③テストセッション

　（項目1をひらきながら，）

　「はいっ！」（と同時にストップウォッチで計時を開始する）

注意
①子どもがテスト図版に注目していることを確認して，次のページを開くと同時に「はいっ！」と言って，ストップウォッチを押す。
②最初にどれかのvariantを指で示したときにストップウォッチをとめて，すぐに正誤のフィードバックを行う。記録は，小数点1桁まで(2桁目を四捨五入する)。
③間違ったときには，絵のどの部分が違うなどのヒントをいわない。
④「どうして？」などを子どもから聞かれたときには，「どうしてかなぁ。自分で考えてね。」などといってさらっとかわす。
⑤次に進むときは，「今度はどんな絵が出てくるかな。」などといって，子どもの動機づけを維持するようにするが，「がんばって！」とか「よく見て，考えてね。」などの特別な激励は行わない。

　同様に，「とても速かったね！」のような遂行の目標を暗示するようなコメントもしない。

(資料2)研究3で使用した小学校教師の行動評定尺度
小学生の日常行動についての評定項目 1986/12

1. これは，○○幼稚園の卒園児について，在園中の行動の特徴がどの程度安定性をもつのかを調べるためのものです。
2. それぞれの子どもの小学校での普段の様子や行動についての先生の印象を教えていただければと思います。
3. 項目は，全部で6項目です。
4. どの項目から始めてもかまいませんが，1つの項目について名簿にある子ども全員について記入していただきたいと思います。
5. それぞれの項目はすべて5段階の評定です。

　各項目ごとに，1と5の両極端の段階にあたる行動の特徴について書かれてあります。しかし，その中にはピッタリとこない場合もあると思います。そんな時は，自分の組や同じ年齢の子どもたちの中での相対評価で行なうとよいと思います。
　たとえば，1と5は，ある特徴がきわだって目立っている(ほかの子どもに比べると強くもっている)あるいは，ほとんど見ることができない，と考えられてもよいと思います。また，3はおよそ平均的だということです。

6. 評定を行なう時は，あまり深く考え込むと，とても判断しにくくなるものです。
　先生の第一印象に基づいて，サッサッと気軽に行ってください。

(1)熟慮傾向
1 →→教師に質問された時に，十分に考えがまとまらないままに，思いつきで答えたり，質問を誤って理解して的はずれなトンチンカンな答えをすることが多い。
5 →→自分の答えに確信が持てなければ，自分から発表しようとはしない。

そのために，発表の機会をのがしてしまうこともある。

(2) 達成についての内的基準；要求水準
1 →→自分の行なうことやその出来栄えについては，ほとんど気にかけないか，すぐに自己満足する。自己評価の基準がとても甘い(低い)。
5 →→自己評価の基準がとても厳しいので，みんなが出来るようなことをうまくやっても満足しない。失敗をするととてもくやしがる。

(3) 独立性
1 →→教師や仲間にたいしてとても依存的であって，ちょっとしたこと(当然自分の力でできること)でも，すぐに聞きにいったり，手伝ってもらうことが多い。
5 →→少々自分の手に余るようなことでも，教師や仲間の力を借りずに独力でしようとする。

(4) リーダーシップ
1 →→いつも誰かの後ろについて何かをしている。集団のなかでは，その子の存在がほとんど目立たない。
5 →→いつもリーダーでいる。自然にその子のまわりに何人かの子どもが集まる。自分から仲間を引っぱっていったり，率先して何かを行なうことが多い。

(5) 自発性
1 →→何かの活動や作業をする時には，教師や仲間の誰かからの指図や指示がなければどうしたらよいのか分からないままに，何もしなかったり，ボンヤリしていることが多い。
5 →→教師や仲間からの指図や指示がなくても，自分からすすんで活動や作業を行なう。いつも，自分から何かの活動やすべきことを見つけてくる。

(6) 道徳性

1 →→「よいこと」「悪いこと」の意味が，まだハッキリしていなかったり，その判断の基準がまだできていない。たとえば，悪いことや禁止されていることをして教師から注意を受けても，なぜ「いけない」のかが分からないことがよくある。

5 →→強い良心やしっかりした道徳基準をもっていて，自分で悪いと思うことは決してしない。仲間から誘われても，悪いと思うことは断る。

(資料3)研究3で使用した幼稚園教師の行動評定尺度

(1)課題への取り組み方
1：毎日の保育のプログラムや設定された活動に対して全く乗り気でない。いつもつまらなそうな様子で過ごしており，仕方なしに何かをやらされているという感じである。
3：みんなが喜ぶような活動には，積極的に取り組む。
5：毎日の保育のプログラムや設定された活動に対して，とても積極的に取り組む。いつも生き生きとしていて，とても楽しそうに過ごしている。

(2)粘り強さ
1：何かの活動や作業を行っていて，最後まで仕上げることはほとんどない。すぐに途中で放り出してしまうことが多い。本当に簡単なことでも，自分一人でおしまいまで仕上げることはない。とても飽きやすい。
3：どの子どもにとっても，難しいような問題にぶつかると，途中で投げ出すことがある。しかし，自分の興味のある活動であれば，かなり辛抱強くがんばる。
5：とてもねばり強い。たとえ自分の手に余るような難しい問題にぶつかってもなかなかあきらめない。時間の都合などで，教師の方でやめさせようとすると，とても強く抵抗する。

(3)計画性
1：何かの活動や作業を始めるときに，ほとんど行き当たりばったりのやり方をする。たとえば，自分はここで何をしようとしているのか，これをするとどういう結果になるか，など後先のことをほとんど考えないで取り組む。
5：全く新しい，初めての活動でも，決して手当たり次第に取り組むことはない。いつも，こうしたらこうなるなどの予想をしたり，手順を考えながら行う。

(4) 好奇心

1：自分のまわりに新しいもの，珍しいもの，見たことのないもの，知らないものがあっても（あるいは，それを見せられても），それに対して興味や関心を示すことがほとんどない。たとえば，それに近づいていったり，いじったり，教師に尋ねたりすることがない。

5：珍しいものや見慣れない物を見ると，すぐに近づいていってそれをいじったり，教師に質問する。いつも，自分のまわりに何か変わったことや珍しいことはないかと，目を光らせている。

(5) 達成についての内的基準：要求水準

1：自分の行うことやそのできばえを評価するための基準をもっていないか，またもっていたとしてもとても甘い（低い）基準である。たとえば，絵を描いたり，制作をするときに，自分のできばえ（うまくできたかどうか）をほとんど気にかけない。

5：『よさ』の基準をしっかりもっており，できるだけよいものにしようと精一杯がんばる。また，うまくできなかったりするととても悔しがる。みんなができるようなことをうまくやっても満足しない。

(6) 独立性

1：教師や仲間に対してとても依存的であって，ちょっとしたこと（当然自分の力でできること）でも，すぐに聞きに行ったり，手伝ってもらったりする。

5：少々自分の手に余るようなことでも，教師や仲間の力を借りずに独力でしようとする。そんなときに，教師や仲間が助けを申し出ても，断ることがある。

(7) 自発性

1：何かの活動や作業をするときは，教師や仲間の誰かからの指図がなければどうしたらよいのかわからないまま何もしなかったり，ボンヤリして

いることが多い。
5：教師や仲間からの指図がなくても自分から進んで活動や作業を行う。いつも，自分から何かの遊びや活動を見つけてきて，それを行う。

(8) リーダーシップ
1：毎日の活動では，いつも誰かの後ろについてする。集団のなかでは，その子の存在がほとんど目立たない。
5：いつもリーダーでいる。自然にその子のまわりに何人かの子どもが集まる。自分から仲間を引っ張っていったり，率先して何かを行うことが多い。

(9) 道徳性
1：「よいこと」「悪いこと」の意味が，まだはっきりしていなかったり，その判断の基準がまだできていない。たとえば，悪いことをして教師から注意を受けても，なぜ「いけない」のかをわからないことが多い。
5：強い良心やしっかりとした道徳規準をもっていて，自分で悪いと思うことは決してしない。仲間から強く誘われても，断る。

(10) 愛他的行動(思いやり)
1：いつも自分本位で(自己中心的で)，相手のことを考えることができない。たとえば，誰かが軽いケガをしても，その人に同情を示すことがない。また，ほかの子どもが困るようなことを平気でしたりする。
5：いつも相手の見方や立場に立って考えることをするようである。仲間が困っている姿を見ると，必ず助ける。また，年少の子どもには争わずいつも譲ってあげるので，結果的には損(自己犠牲)をすることが多いが，あまり不満を言うことがない。

(資料4)研究 11 で使用した質問紙

ビデオの感想調べ

1994/07/30

学生番号：＿＿＿＿＿＿＿＿＿＿＿＿＿＿＿＿（男・女）

注　意

1. これから，一卵性双生児の5年生の二人の男の子の，「絵さがしゲーム」のビデオを見せますから，よく見てください。
2. そして，皆さんがどのような感想をもったのかを教えてほしいのです。
3. 感想を書くページは，この次のページからですが，それを開かないで，ビデオを見た後で，こちらが合図してから，開いて書いてください。
4. 記入した後では，答えは訂正しないでください。

　　　　　　　　　次のページを開かないでください。

次の①から⑫の質問について，あなたの感じていることに最もぴったりするものを選んで，(○)というように書いてください。

①この男の子の「絵さがしゲーム」の答え方は，もしあなたが実際にするとしたら，あなたの答え方とにていますか，それとも，ちがっていますか。
　　（　）とてもよくにている
　　（　）にている
　　（　）すこしにている
　　（　）あまりにていない
　　（　）にていない
　　（　）ぜんぜんにていない。

②この男の子の答え方は，はやいですか，おそいですか。
　　（　）とてもはやい
　　（　）はやい
　　（　）すこしはやい
　　（　）すこしおそい
　　（　）おそい
　　（　）とてもおそい

③この男の子は，全部で何回まちがえたと思いますか。
　　（　）回

④この男の子が，まちがえた回数は多かったと思いますか，すくなかったと思いますか。
　　（　）とても多かった
　　（　）多かった
　　（　）すこし多かった
　　（　）すこしすくなかった

(　　) すくなかった
(　　) とてもすくなかった

⑤この男の子は，このゲームでどれくらいがんばったと思いますか。
(　　) とてもがんばった
(　　) がんばった
(　　) すこしがんばった
(　　) あまりがんばらなかった
(　　) がんばらなかった
(　　) ぜんぜんがんばらなかった

⑥あなたにとって，この男の子のようなタイプは，好きなタイプですか。
(　　) とても好きなタイプ
(　　) 好きなタイプ
(　　) すこし好きなタイプ
(　　) あまり好きでないタイプ
(　　) 好きでないタイプ
(　　) ぜんぜん好きでないタイプ

⑦この男の子は，どれくらいかしこい子どもだと思いますか。
(　　) とてもかしこい
(　　) かしこい
(　　) すこしかしこい
(　　) あまりかしこくない
(　　) かしこくない
(　　) ぜんぜんかしこくない

⑧担任の先生は，この男の子は，この絵さがしゲームでどれくらいがんばったと思うでしょうか。

(　) とてもがんばった
  (　) がんばった
  (　) すこしがんばった
  (　) あまりがんばらなかった
  (　) がんばらなかった
  (　) ぜんぜんがんばらなかった

⑨担任の先生は，この男の子のようなタイプは，好きなタイプでしょうか。
  (　) とても好きなタイプ
  (　) 好きなタイプ
  (　) すこし好きなタイプ
  (　) あまり好きでないタイプ
  (　) 好きでないタイプ
  (　) ぜんぜん好きでないタイプ

⑩担任の先生は，この男の子は，どれくらいかしこい子どもだと思うでしょうか。
  (　) とてもかしこい
  (　) かしこい
  (　) すこしかしこい
  (　) あまりかしこくない
  (　) かしこくない
  (　) ぜんぜんかしこくない

⑪この男の子の学校の成績は，どのくらいだと思いますか。
  (　) とてもよいほう
  (　) よいほう
  (　) ふつう
  (　) わるいほう

(　　) とてもわるいほう

⑫ところで，この男の子はクラスの友だちから，どれくらい好かれるでしょうか。
(　　) とても好かれるほう
(　　) 割合好かれるほう
(　　) ふつう
(　　) どちらかといえば，あまり好かれないほう
(　　) 好かれないほう

もう一人の男の子のビデオがあります。今と同じようにして答えてください。ただし，合図があるまで，次のページを開けないで，待っていてください。

次のページを開かないでください。

(資料4)研究11で使用した質問紙　279

次の①から⑫の質問について，あなたの感じていることに最もぴったりするものを選んで，（○）というように書いてください。

①この男の子の「絵さがしゲーム」の答え方は，もしあなたが実際にするとしたら，あなたの答え方とにていますか，それとも，ちがっていますか。
（　）とてもよくにている
（　）にている
（　）すこしにている
（　）あまりにていない
（　）にていない
（　）ぜんぜんにていない

②この男の子の答え方は，はやいですか，おそいですか。
（　）とてもはやい
（　）はやい
（　）すこしはやい
（　）すこしおそい
（　）おそい
（　）とてもおそい

③この男の子は，全部で何回まちがえたと思いますか。
（　）回

④この男の子が，まちがえた回数は多かったと思いますか，すくなかったと思いますか。
（　）とても多かった
（　）多かった
（　）すこし多かった
（　）すこしすくなかった

（　）すくなかった
　　　（　）とてもすくなかった

⑤この男の子は，このゲームでどれくらいがんばったと思いますか。
　　　（　）とてもがんばった
　　　（　）がんばった
　　　（　）すこしがんばった
　　　（　）あまりがんばらなかった
　　　（　）がんばらなかった
　　　（　）ぜんぜんがんばらなかった

⑥あなたにとって，この男の子のようなタイプは，好きなタイプですか。
　　　（　）とても好きなタイプ
　　　（　）好きなタイプ
　　　（　）すこし好きなタイプ
　　　（　）あまり好きでないタイプ
　　　（　）好きでないタイプ
　　　（　）ぜんぜん好きでないタイプ

⑦この男の子は，どれくらいかしこい子どもだと思いますか。
　　　（　）とてもかしこい
　　　（　）かしこい
　　　（　）すこしかしこい
　　　（　）あまりかしこくない
　　　（　）かしこくない
　　　（　）ぜんぜんかしこくない

⑧担任の先生は，この男の子は，この絵さがしゲームでどれくらいがんばったと思うでしょうか。

(　　)　とてもがんばった
(　　)　がんばった
(　　)　すこしがんばった
(　　)　あまりがんばらなかった
(　　)　がんばらなかった
(　　)　ぜんぜんがんばらなかった

⑨担任の先生は，この男の子のようなタイプは，好きなタイプでしょうか。
(　　)　とても好きなタイプ
(　　)　好きなタイプ
(　　)　すこし好きなタイプ
(　　)　あまり好きでないタイプ
(　　)　好きでないタイプ
(　　)　ぜんぜん好きでないタイプ

⑩担任の先生は，この男の子は，どれくらいかしこい子どもだと思うでしょうか。
(　　)　とてもかしこい
(　　)　かしこい
(　　)　すこしかしこい
(　　)　あまりかしこくない
(　　)　かしこくない
(　　)　ぜんぜんかしこくない

⑪この男の子の学校の成績は，どのくらいだと思いますか。
(　　)　とてもよいほう
(　　)　よいほう
(　　)　ふつう
(　　)　わるいほう

（　　）とてもわるいほう

⑫ところで，この男の子はクラスの友だちから，どれくらい好かれるでしょうか。
　　　（　　）とても好かれるほう
　　　（　　）割合好かれるほう
　　　（　　）ふつう
　　　（　　）どちらかといえば，あまり好かれないほう
　　　（　　）好かれないほう

最後に,「最初のビデオの子ども」と「2番目のビデオの子ども」を比べて,次の質問に答えてください。それぞれの質問により当てはまるのは,どちらの子どもでしょうか。より当てはまるほうを選んで,○で囲んでください。

(1)答え方が速かったのは： 　　　　　　(最初の子ども　　2番目の子ども)

(2)たくさんまちがえたのは： 　　　　　　(最初の子ども　　2番目の子ども)

(3)たくさん頑張ったのは： 　　　　　　　(最初の子ども　　2番目の子ども)

(4)あなたが好きなタイプは： 　　　　　　(最初の子ども　　2番目の子ども)

(5)あなたが賢いと思うのは： 　　　　　　(最初の子ども　　2番目の子ども)

(6)担任の先生が好きなタイプは： 　　　　(最初の子ども　　2番目の子ども)

(7)クラスの仲間から好まれるタイプは：　(最初の子ども　　2番目の子ども)

(8)現在の学校の成績がよいのは： 　　　　(最初の子ども　　2番目の子ども)

(9)将来(高卒以降)伸びるのは： 　　　　　(最初の子ども　　2番目の子ども)

(10)あなたの実際の取り組み方に近いのは：
　　　　　　　　　　　　　　　　　　　　(最初の子ども　　2番目の子ども)

これで全部終わりました。

ご協力,ありがとうございました。

あ と が き

　本書は，2010年に白百合女子大学に提出した博士学位請求論文（「熟慮性・衝動性の認知スタイルの発達とその影響要因に関する発達心理学的研究」）（乙第9号）に基づくものですが，それに対して全面的な加筆と修正を行いました。私のこの研究のテーマの熟慮性・衝動性とのかかわりについて少し述べさせていただきます。私は北海道大学教育学部の中で創設5年後の発達心理学講座に1971年に2番目の大学院生として受け入れていただきました。その時の関心は漠然とパーソナリティや個人差のことでした。オルポート（Allport, G.W.）の上下2冊の『人格心理学』を読んで何となくパーソナリティの研究にあこがれを抱いておりました。しかし，肝心の発達心理学についてはほとんど勉強していなかったので大学院に入ってマッセン（Mussenn, P.H.）・コンガー（Conger, J.J.）・ケイガン（Kagan, J.）の『子どもの発達とパーソナリティ（Child Development and Personality. 3rd ed., 1969）』をまず読んでみようと思いました。パーソナリティと発達の2つの言葉に魅力を感じたのでした。読んでみて私にとってはすべてが新しい知識で，何やら興奮を覚えた記憶があります。そうしているうちに，研究室のゼミで私に初めての報告の機会がありました。その時はゴスリン（Goslin, D.A.）の『社会化ハンドブック（Handbook of socialization theory and research）』（1969）の輪読でした。その中で名前の知っているケイガンの「連続性の三つの面」の章を報告することになりました。彼はパーソナリティの発達を考える時には，表面に現れた行動が変化する場合に行動の連続性がないと考えるが，はたしてそうだろうかと疑問を投げかけていました。たとえば，幼児の時にまるでおてんばで知的なことには全く関心を持たない女の子が，青年期になって大学進学を目指し勉強に一生懸命になるという例をあげます。このように

一見別人に見えるほど行動が変化しても，この女の子は伝統的な性役割に拘束されないという点では変わっていないと見るのです。つまり，表面的な行動の変化に惑わされることなく，動かない基底的な心理的メカニズムや動機づけシステムに目を向けるのがパーソナリティ発達を考える重要なポイントだということだったと思います。このアイディアにはその後もずっと魅力を感じております。この章の中で熟慮性・衝動性の概念が紹介され，直観的におもしろそうだと感じました。私は卒論では青年のライフスタイルの類型について扱ったこともあり，もともと個人差や行動のスタイルの側面に関心を持っておりましたので，認知スタイルという言葉に惹きつけられました。

　私にとっては本当に幸運であったのは，指導教官の三宅和夫先生は1960年代のはじめにハーバードでケイガンの下で研究生活を送られ，日本における彼の最良の友人でありました。そんな事情で彼の考え方から人となりなどいろいろなお話を伺うことができました。その後も私が勤務してからですが，三宅先生はケイガンとの国際比較研究を始められ，私をハーバードの彼の下に送って，直接彼と話をする機会を作ってくださいました。また，その時に助教授の若井邦夫先生は，私が修士課程の2年目の時に三宅先生と同じハーバードのイェンチェン研究所に招聘研究員として行かれることになりました。それでお願いしてMFFテストの1セットを送っていただきました。当時はこのテストをどうしたら入手できるかと思案に暮れていましたので，これも実に幸運なことでした。若井先生は故人になられましたが，今でもありがたく感じております。そして，何とか修士論文を仕上げることができましたが，博士課程への試験で失敗という挫折を経験しました。そんな折に，三宅先生から『教育心理学研究』への投稿を勧められましたが，どうしてもそうする気持ちにならずにしばらく過ごしておりました。それで修士論文の提出から1年半たって不安なうちに書いて投稿したものが1975年度の城戸奨励賞（日本教育心理学会）という全く予想もしていない幸運に浴することができました。

　また，別の幸運にも恵まれました。大学院時代にいわゆる「東・ヘス(Hess, R.D.)プロジェクト」と称される幼児の認知発達に対する母親を中心

とする家庭や幼児教育施設などの環境要因の影響についての日米比較研究に参加することができました。これには日本側では東 洋先生を代表に，柏木恵子先生，永野重史先生，波多野誼余夫先生，稲垣佳世子先生はじめ日本を代表する発達研究者が参加されました。私たちは三宅先生の下で北海道地区のデータ収集にあたりましたが，何よりもありがたかったのは，雲の上のようなこのような先生方の議論の中に身を置くことができたことです。そして，熟慮性・衝動性に関する測定もして，この変数を認知的社会化の視点から考える機会をいただきました。

そして，このプロジェクトが私自身にとって終生の宝となることは田島信元先生との出会いです。田島先生には20代の後半から今日に至るまでまるで実の兄のように接していただいております。先生は私の研究に対して視点を広げてまとめるように勧めてくださり，自ら編集された認識と文化というシリーズの中に『アメリカの学校文化　日本の学校文化――学びのコミュニティの創造』(金子書房，2001)という形で加えていただきました。この仕事は博士論文の作成にとって大きなステップになりました。そして，先生は東京外国語大学から白百合女子大学に移られてから，博士論文の主査を務めていただきました。長年の学恩に心より感謝申し上げます。

また，博士論文の提出をお誘いくださり，仕事の遅い私をいつも温かく励ましてくださった繁多進先生，審査委員としてご指導をいただきました高橋博史，宮下孝広，鈴木忠の各先生には本当にお世話になりました。そして，学恩といえば大学院当時から同じ研究テーマで学会の折にいつもおたがいに励ましあったり，情報を交換しあった宮川充司先生(椙山女学園大学教授)の存在が大きかったです。宮川先生は研究面ではいつも私のずっと先を歩んでおられ，理論面では特に重要な示唆を数多くいただきました。また，彼の恩師の小嶋秀夫先生(名古屋大学名誉教授)には研究の初期の頃からご指導をいただきました。くしくも先生がToyota招聘教授としてミシガン大学においでの時に同じアパートに住むというご縁で親身に相談に応じていただきました。

この論文の基礎になった研究の多くは34年間勤務した北海道教育大学札

幌校の私の研究室の学生たちの協力によって支えられたものであることを申し述べます。2,3年生の専門演習では日本語の論文はもとより Child Development や Journal of Educational Psychology の熟慮性・衝動性に関する論文読みをつきあってもらい，ずいぶん議論もしました。今思えば，本当によくつきあってくれたと感謝の気持で一杯です。一緒にいろいろな実験のアイディアを考え，大きなビニールの袋に MFF テスト関連の道具を入れて幼稚園や小学校に行き，そして北大の大型計算機センターに行ってパンチカードに入力し，結果に一喜一憂したことなど思い出されます。先輩が後輩の学生に MFF テストの実施法を特訓するのが年中行事の時もありました。熟慮性・衝動性の研究にかかわった当時の学生の皆さんの名前を記して私の感謝を表したいと思います。本当にありがとうございました(北村正行(研究7)，金野　慎(研究7)，佐々木輝夫，松澤真理，大谷利恵子，上見佳代，斉藤潤子(研究5)，茨木淳子(研究3)，大竹明子(研究3)，田中文子(研究3)，田川則紀，日比野文(研究9)，櫻井征子，湯浅わか子，僧都香利，川倉綾子)。また，研究6のコンピュータプログラムの作成においては佐藤勝彦先生(札幌大学教授)に全面的に助けていただき，大変お世話になりました。そして，これらの研究に参加してくださった多くの子どもたちに心から感謝いたします。MFF テストは個別テストですから，それぞれの子どもたちの個性が実によく表れます。最初の頃の研究への参加者で当時の小学生はもう40代も半ばに，そして幼稚園児だった子どもも30代になっています。今はどのような大人になっているのだろうかと，個人のデータを一つずつ調べ直しながら思いました。また，学校の先生方には忙しい時間の中を研究が可能なように心を砕いて調整していただきました。本当にありがとうございました。子どもにとって，そして教育実践にとって，この研究から何かのヒントを提供することが私のつとめと思っております。非力ながら精進に努めたく思います。

　末尾になりますが，本書は私の勤務先の札幌学院大学の選書として出版助成を受けたものです。この間，人文学部長小林好和先生ほか研究委員会の先生方のご尽力をいただきました。新参者の私に対してこのような機会を与え

てくださった札幌学院大学(奥谷浩一学長)に対して心より感謝申し上げます。また，北海道大学出版会には，出版事情の厳しい中を引き受け，事前にていねいに読んでいただき，多くの箇所の有益なご示唆をいただきました。厚くお礼申し上げます。

　(なお，本書の研究に対しては次の年度の文部省科学研究費補助金の助成を受けた(以下のすべてにおいて，研究代表者：臼井博)。1982年度(時間統制法による認知的熟慮性・衝動性の柔軟性に関する発達的検討)，1983年度(概念学習における認知型(熟慮性・衝動性)の効果：「相対的発達遅滞モデル」の再検討)，1985-1986年度(認知的熟慮性・衝動性の発達と心理的力動性に関する縦断的研究)，1991-1993年度(認知スタイル(熟慮性・衝動性)の柔軟性と情動・動機づけに関する実験的検討)。また，1987年度には北海道科学研究事業補助金の助成を受けた(幼児の認知型(熟慮性・衝動性)の関連要因の分析)。)

事項索引

あ 行

ADHD →注意欠陥多動性障害
MFF(Matching Familiar Figures)テスト　13, 17, 20, 32, 242, 245, 246, 251
MFF-20 テスト　50, 59, 104, 122, 245

か 行

概念化のスタイル(Conceptual Style)　61
学習障害　12
隠れた目標志向性　147, 159-161, 163, 165, 237, 241
課題解決の構え　21
学校関係スキル　62
学校文化　145, 210, 233, 235
擬似的な実験(quasi experiment)　244
教育可能性(educability)　23, 62, 73
KRISP(Kansas Reflection Impulsivity Scale for Preschoolers)　15, 34
交差時差パネル相関分析(cross-lagged panel correlational analysis)　34, 41, 63, 84, 234, 244
個人内文化　249, 250

さ 行

産生欠如(production deficiency)　118
時間制御式 MFF テスト　122
時間制限・強制反応パラダイム　120, 236
時間制限つき MFF テスト(TL-MFF：Time-Limit MFF)　92, 94, 96, 98, 101
自己制御　89, 118, 243, 249, 250
自己制御のスキル　26
自己評価の枠組み　115, 236
時差的な相関　235
失敗経験　194-196, 198
失敗後の熟慮性(postfailure reflectivity)　200
失敗に対する不安(anxiety-over-errors)仮説　187

社会経済的地位(SES)　50, 63
社会的コンピテンス　80, 240
就学レディネス　62
柔軟性　90, 120
柔軟性仮説　27
熟慮化　26, 49, 233
熟慮型モデル　202, 206, 211, 217-219, 221, 222, 224, 226
熟慮性・衝動性　5, 12, 26, 32-34, 44, 59, 233, 242, 251
熟慮性・認知発達水準対応仮説　89
衝動型モデル　202, 206, 211, 216, 218, 219, 222-224
衝動性(Impulsivity)　34, 37
衝動的な子ども＝相対的な発達の遅れ仮説　121, 136
情報処理能力対等仮説　121, 136, 140
情報処理の好み仮説　89
迅速目標　151, 158, 163
心理的な分化　12, 61
正確目標　156, 158, 163
成功経験　194, 196-198
走査方略　47
速確型　38-40, 44

た 行

遅誤型　38-40, 44
注意欠陥多動性障害(ADHD)　12, 23, 119, 249, 252
中央値　15
調整変数(moderator variable)　62
DFF(Differential Familiar Figures)テスト　23
TL-MFF テスト　→時間制限つき MFF テスト
適性処遇交互作用(ATI)　11, 254
動機づけシステム　21, 145

動機的な志向性　145
trade-off　16, 21, 102, 103, 147, 246

な　行

二重中央値折半法　15, 43, 105
認知スタイル　3, 5, 8, 10, 32, 233
認知スタイルの変容可能性　119
認知的社会化　13, 27, 145, 202, 203, 215, 227, 233, 239, 247
認知的熟慮性・衝動性尺度　247, 253
認知的統制(cognitive control)　5, 9
認知的努力　113, 118, 198, 237
認知的努力の配分　106, 236
能力に対する不安(anxiety-over-competence)仮説　188

は　行

発達障害　249, 252

発達的な移行　49
場の依存性・独立性　4, 61
反応時間の頑健性　141, 199
反応の柔軟性　91, 97, 98, 100, 235
反応不確定性(response uncertainty)　15, 16, 136
非効率性　34, 38
微視発生的(microgenetic)アプローチ　249

ま　行

メタ認知　27, 46, 89, 104, 106, 108, 118, 236, 244, 250
目標志向性　148
モニタリング　118, 139

や　行

要求水準　150, 162

人名索引

50音順

市原靖士　254
伊藤政展　254
稲垣佳世子　120, 166, 183
臼井博　18, 46, 103, 120, 203, 229
大野木裕明　23, 246
神垣彬子　253
河合優年　246
小嶋秀夫　18, 21
櫻井征子　115
杉山正高　254
荘厳(赤尾)依子　253
田川則紀　203
沼田宙　246
波多野誼余夫　18, 120, 166, 183
速水融　247
宮川充司　23, 34, 45, 90, 100, 164, 253
文殊紀久野　34, 45
山崎晃　253
湯浅わか子　115

アルファベット順

Block, J.　187, 188
Brodzinsky, D.M.　24, 35, 62
Cairns, E.　104, 122, 245, 249
Cameron, R.　118
Cammock, T.　104, 122, 245, 249
Caplan, J.　19, 20, 24, 83
Ferrari, M.　6
Flavell, J.H.　118
Genser, L.　22
Gjerde, P.F.　33, 34, 46
Jeffrey, W.E.　246
Kagan, J.　17, 18, 21, 61, 92, 136, 186, 187, 202, 233, 243, 245
Kenny, R.　249
Kogan, N.　5
Lewin, K.　12
Messer, S.B.　35, 46, 47, 186, 187
Messick, S.　5, 8
Peters, R.D.　187
Piaget, J.　13, 62
Rollins, H.A.　22
Salkind, N.J.　18, 21, 34, 48
Smith, J.D.　19, 20, 24, 83
Sternberg, R.J.　6, 7
Stevenson, H.W.　21, 248
Trickett, P.K.　83, 84
Walker, N.W.　183
Witkin, H.　4, 10, 12
Wright, J.C.　34, 48
Yando, R.　17, 202
Yap, J.N.K.　187
Zelniker, T.　18, 23, 246

臼井　博（うすい　ひろし）
　1948 年　北海道に生まれる
　1971 年　北海道教育大学札幌分校卒業
　1975 年　城戸奨励賞受賞（日本教育心理学会）
　1976 年　北海道大学大学院教育学研究科博士課程中退
　現　在　札幌学院大学人文学部教授。博士（心理学）
　専　攻　発達心理学・教育心理学
　主な著書
　『アメリカの学校文化　日本の学校文化』（金子書房，2001 年）
　『乳幼児の心理学』（共著）（有斐閣，1991 年）
　『子どもの人格発達』（共訳：J. ケイガン著）（川島書店，1979 年）
　『乳幼児の人格形成と母子関係』（分担執筆：三宅和夫編）（東京大
　　学出版会，1991 年）
　『発達心理学ハンドブック』（分担執筆：東　洋編）（福村出版，
　　1992 年）
　『発達心理学特論』（分担執筆：内田伸子・氏家達夫編）（放送大学
　　教育振興会，2007 年）

子どもの熟慮性の発達――そのメカニズムと学校文化の影響
2012 年 3 月 30 日　第 1 刷発行

著　者　　臼　井　　　博
発行者　　吉　田　克　己

発行所　　北海道大学出版会
札幌市北区北 9 条西 8 丁目 北海道大学構内（〒 060-0809）
Tel. 011(747) 2308・Fax. 011(736) 8605・http://www.hup.gr.jp

アイワード／石田製本　　　　　　　　　　　Ⓒ 2012　臼井　博

ISBN978-4-8329-6766-3

創刊の辞

札幌学院大学の母体は、敗戦直後、陸続として戦場より、動員先より復帰してきた若人たちが、向学の念断ちがたく、一九四六年六月に法科・経済科・文科の総合学園として発足させた札幌文科専門学院であり、当時、北海道において最初の文科系総合学園であったのである。爾来、札幌短期大学、札幌商科大学、札幌学院大学と四十数年にわたり伝統を受け継ぎ、一昨年には、学園創立四十周年、開学二十周年の記念式典を盛大に挙行するとともに、本学正門横に札幌文科専門学院当時の校舎を模してエキゾチックな白亜の殿堂・建学記念館の建設を果たし、札幌文科専門学院の「建学ノ本旨」をしのび、いよいよ北方文化の新指導者、日本の指導者たるにふさわしい人格の育成に邁進すると同時に、「世界文化ノ興隆」への寄与を果たす覚悟を新たにしたのである。

しかも、本年には、現在の三学部および商学部二部に加え、さらに二学部増設に向けて力強い第一歩を踏みだし、北海道における文科系私学総合大学として一、二の規模を競う飛躍を遂げようとしている。この時にあたり、「札幌学院大学選書」を企画し、次々と、北方文化ひいては世界文化に寄与しうるであろう書物を刊行する運びとなったことは、誠に時宜に適したことといわなければならない。

いうまでもなく、生命を有しない「思想」は、亡びることもなければ、再生することもない。その時々の時流に迎合し、反対する、主体性を喪失した「うたかた」の如き思想、権威に追従する無定見な思想、内外の学説をそのまま引き写した無節操な思想、傲岸浅薄な独断的思想。これらの「思想」は、亡びも再生もしない。願わくば、思想に生命の息吹を送り、学問の名に恥ずることのない書物が刊行されんことを。日本の文化ひいては世界の文化に金字塔を樹立する「選書」の刊行を心から期待したい。

一九八九年六月十三日

札幌学院大学学長　荘子邦雄

書名	著者	体裁・定価
21世紀の教育像 ―日本の未来へ向けて―	栃内香次・木村純 編著	四六・280頁 定価1800円
地域づくり教育の誕生 ―北アイルランドの実践分析―	鈴木敏正 著	A5・400頁 定価6700円
排除型社会と生涯学習 ―日英韓の基礎構造分析―	鈴木敏正 編著	A5・296頁 定価5800円
高等継続教育の現代的展開 ―日本とイギリス―	姉崎洋一 著	A5・288頁 定価6000円
近代アイヌ教育制度史研究	小川正人 著	A5・496頁 定価7000円
近代日本の夜間中学	三上敦史 著	A5・416頁 定価8200円
日本植民地下の台湾先住民教育史	北村嘉恵 著	A5・396頁 定価6400円
近代沖縄における教育と国民統合	近藤健一郎 著	A5・358頁 定価5800円
大学入試の終焉 ―高大接続テストによる再生―	佐々木隆生 著	四六・280頁 定価1800円

〈価格は消費税を含まず〉

北海道大学出版会